本书由陕西师范大学出版基金资助出版

陕西师范大学国家重点学科建设项目

张懋镕 主编

中国古代青铜器整理与研究

青铜卮卷

齐耐心 孙战伟 著

科学出版社

北京

审图号：GS（2018）5946号
图书在版编目（CIP）数据

中国古代青铜器整理与研究. 青铜厄卷 / 张懋镕主编；齐耐心，孙战伟著. —北京：科学出版社，2018.11
陕西师范大学国家重点学科建设项目
ISBN 978-7-03-055976-0

Ⅰ. ①中… Ⅱ. ①张… ②齐… ③孙… Ⅲ. ①青铜器（考古）–研究–中国 Ⅳ. ①K876.414

中国版本图书馆CIP数据核字（2017）第312901号

责任编辑：李 茜 曹 伟 / 责任校对：邹慧卿
责任印制：肖 兴 / 封面设计：北京美光设计制版有限公司

科 学 出 版 社 出版
北京东黄城根北街16号
邮政编码：100717
http://www.sciencep.com

中国科学院印刷厂 印刷
科学出版社发行 各地新华书店经销

*

2018年11月第 一 版　　开本：787×1092 1/16
2018年11月第一次印刷　　印张：15 1/2 插页：2
字数：368 000

定价：198.00元
（如有印装质量问题，我社负责调换）

多卷本《中国古代青铜器整理与研究》编写缘起

经过十几年的准备工作，多卷本的《中国古代青铜器整理与研究》即将出版。回顾往事，真是百感交集。

30年前，我的处女作《释"东"及与"东"有关之字》发表，从那时候起，青铜器的学习与研究注定成为我一生的追求。

29年前，我开始师从李学勤先生研习古文字。中国古文字有很多分支，如甲骨文、金文、战国文字、简牍帛书文字。先生告诉我："你在陕西，陕西有很多青铜器，你就做金文研究吧。"在先生的指导下，我受到严格的学术训练，这令我终身受益。我的硕士学位论文是《周原出土西周有铭青铜器综合研究》。所谓综合研究，就是从青铜器、古文字、历史文献三方面来研究。从此，综合研究成为我研究青铜器遵循的准则与方法。

1989年，西北大学文博学院成立新的专业——博物馆专业，大概考虑到我本科学的是考古，于是把我从文献专业调到博物馆专业。我除了继续讲古文字，又开了一门新课"青铜器鉴定"。自此之后，我开始系统研习青铜器，包括没有铭文的青铜器。

在长期的教学与研究工作中，我渐渐对中国古代青铜器有了新的认识。

概而言之，中国古代青铜器的研究，自两宋以来，已有一千多年的历史，取得了丰硕的成果。尤其是近百年来的研究，在青铜器的分期、分区系、分国别、分器类诸方面卓有成效，为世人所瞩目。

回顾历史，也毋庸讳言，我认为就青铜器基础性工作而言，其资料的整理还远远不够。且提一个最基本也是最简单的问题：迄今为止究竟有多少件中国古代青铜容器？几万还是十几万（尚且没有涉及兵器、工具、车马器、钱币、铜镜等），恐怕连一个非常粗略的估计都没有，专家也说不清楚。家底不清，研究对象模糊，研究很难继续深入。由于中国古代青铜器资料十分庞杂，其收集、整理并非易事，所以这一部分的工作非常重要。说到研究，比如青铜器的定名，鼎、鬲、簋等各类器物的分类研究，它们之间的相互关系，各类纹饰的分类研究，纹饰和器物之间的相互关系，各个阶段铭文的特点，器物、纹饰、铭文三者之间的互动关系以及对断代的作用等，其研究或不够系统，或不够深入，有些方面甚至是空白。

20多年来，我一直在进行这方面的研究工作，写了《西周方座簋研究》《两周青铜盨研究》《西周青铜器断代两系说刍议》《试论中国古代青铜器器类之间的关系》《试论青铜器自名现象的另类价值》等文章，希望从器类、断代、地域、定名等多个角度和层面对青铜器进行探索。

同时我也十分关注国内外青铜器研究专家的成果，他们的论著是我案头的必备书籍，我经常阅读，受益无穷。

在研究中，我深感个人力量的有限。从1999年招收青铜器方向研究生起，就逐渐形成了一个构想：如果研究生本人没有更好的研究题目，我就请他（她）来做青铜器中的某一部分，整理、研究某一类青铜器，或某一类纹饰，或某一时段的铭文，等等。经过十多年的积累，已经完成了20多篇硕士和博士学位论文。其中分器类的整理与研究完成多半，某一地区、某一时段的青铜器的整理与研究正在进行，纹饰与铭文的分类、分时段研究也做了一部分。这些为多卷本《中国古代青铜器整理与研究》的编撰奠定了基础。同时，我注意到其他先生也在指导研究生做类似的学位论文，对我们也很有启发与帮助。

前几年，在编写《青铜器论文索引》的过程中，我与线装书局的刘聪建先生多有接触。他听了我的上述介绍后，很感兴趣，遂与我商定，在原有研究生学位论文的基础上，由我主编，各专题作者分别著述，形成一套多卷本《中国古代青铜器整理与研究》。但由于种种原因，在线装书局只出了三卷。如今，在科学出版社的大力支持下，计划得以重新实现，拟在今后的若干年里，陆续完成和出版20卷以上的著作。

写作多卷本《中国古代青铜器整理与研究》的目的拟在全面、系统整理青铜器资料，充分吸取古今中外研究成果的基础上，对青铜器的形制、纹饰、铭文、组合关系等方面做全方位考察和研究，并试图总结出关于中国古代青铜器产生、发展、消亡的基本途径、规律、特点及其原因。这是一个遥远的目标，但我们有信心一步一步地走近它。

由于这套多卷本《中国古代青铜器整理与研究》的作者都是毕业不久的研究生，眼界有限、文字青涩在所难免。我的指导也很有限，很多问题我也不懂或知之甚少。当时作学位论文时，我希望他们放大胆子去写，因此他们的观点与我也不尽一致。但无论如何，在阅读他们的学位论文时，在与他们的反复讨论、交流中，我也有很多收获，这是最令人快乐的事情。我将阅读后的感想写出来，作为序言放在书前，就是希望继续与大家讨论，将《中国古代青铜器的整理与研究》延续下去。而随着一本本书稿的出版，这一批年轻的作者也正在走向成熟，这或许是比书稿的出版更有意义的事情。

最后，要感谢参加我的研究生学位论文答辩以及审阅论文的诸位先生，并希望今后继续得到你们的批评与帮助。感谢陕西师范大学暨历史文化学院给予的大力支持，感谢科学出版社李茜与曹伟两位编辑的辛勤工作，让我们十几年来的梦想终于得以实现。

乙未年立冬后二日张懋镕写于
陕西师范大学中国青铜文化研究中心

15卷出版感言

迄今为止，《中国古代青铜器整理与研究》已出版15卷。2015年出版第一批6卷，2016年出版第二批6卷，2018年出版第三批3卷。按照我们的计划这套书有30卷，如今已完成一半的工作，有必要做一个小结。

我们这套系列书编著的宗旨是：以青铜器的器类整理与研究为主，以区系、国别以及纹饰、铭文的整理与研究为辅，对中国古代（汉以前）的青铜礼容器进行初步的整理与研究，希望能为今后的青铜器研究做一点基础性工作。

与以往的系列书不同，这套书是在硕、博士学位论文的基础上完成的，所有作者的专业方向和指导教师都是一致的。从硕、博士学位论文到书稿的出版，跨度最长的超过10年。若将硕、博士学位论文与书稿做一比较，就不难发现，二者之间存在很大的差距，换言之，从中可以窥见他们的成长历程。正如我在"编写缘起"中所期望的"随着一本本书稿的出版，这一批年轻的作者也正在走向成熟，这或许是比书稿的出版更有意义的事情"。

先谈谈我们编写这套书的有利条件。

第一，天时。大致40年来，我们的学习和生活一直处在中国一个比较稳定的历史阶段。与诸多前辈学者相比，我们真的很幸运，不仅早已远离了战争的硝烟，也不用担心被打成"右派"，更不必考虑肚子能否填饱。单位的图书资料还算丰富，自己也可以用节省下来的钱购买一点必备的书籍。对于《中国古代青铜器整理与研究》这样一套30卷本的系列书来说，从开始立意到最后完成，时间跨度很大，如果没有一个平稳安定的环境，早就夭折了。

第二，地利。我们的作者大都出生在陕西，学习、生活在陕西，这是一块富饶的热土，历史悠久，文化积淀深厚，说"地灵人杰"，想必有人会说我们自吹，但以自己的家乡为荣，则是人之常情了。作为"青铜器之乡"的陕西，几千年来青铜器层出不穷。每一次重要的发现，都让人热血沸腾。当青铜器还在墓里躺着的时候，我们就有幸下到坑底，早早目睹它们的真容。我们曾多少次与青铜器亲密接触，摩挲把玩……。此景此情，常让我们欲罢不能，不写点儿东西真就对不起祖先了。

第三，人和。要完成这样一套30卷的系列书，必须有一个关系紧密、人数足够的研究团队。好在我从1999年开始正式招收研究生，迄今为止已有40多名硕、博士生毕业。从书名可知，我们是整理与研究并重。整理的工作量非常大，譬如青铜簋就有3000来件，这也是以往这项工作迟迟没有人去做的重要原因，而研究生恰恰有充裕的时间和充沛的精力来完成这项工作。

我和作者以及作者相互之间保持着紧密的联系。不仅我不止一次地审读每一部书稿，也请其他作者帮忙审读，或者由作者自己请其他作者审读。有些大家共同关心的问题，会在微信和QQ群里讨论，或者举办小型的讨论会来商议。

我不敢说我们的作者有多么聪明，但我可以说我们的作者是勤劳而朴实的。譬如任雪莉博士，她本是英语本科专业毕业，上了研究生才开始学习青铜器，而且她那时已经拖家带口，求学的西安与家所在的宝鸡有不近的距离，可以说条件比较差。然而她不仅完成了硕士和博士学位论文，还以此为基础，出版了《中国古代青铜器整理与研究·戴家湾卷》和《中国古代青铜器整理与研究·青铜簋卷》两部书，博士学位论文外审获得全优，并荣获2016年陕西省优博论文称号。令人刮目相看的还有胡嘉麟博士。早先他在银川的西北第二民族学院（北方民族大学）历史专业读本科，那时他对考古还很陌生。十多年来，他刻苦钻研，阅读了大量书籍，并四处考察，积极参与相关学术活动，虚心向前辈学者学习，不仅完成了篇幅很大的《中国古代青铜器整理与研究·青铜簠卷》，还发表了不少论文。读到这些论文，我很欣慰，他正在褪去青涩，走向成熟。

我要感谢我的作者，为了这套书的完整性，他们有时要牺牲个人的一些利益。由于这套书的出版经费得到陕西师范大学的资助，书的封面写有"陕西师范大学国家重点学科建设项目"的字样，不能冠以作者现在所在单位的名称，如此一来，成果有可能不被作者所在单位认可，进而影响到作者科研成果的计算和职称的评定，所以我要向他们致歉。

第四，得到多方面的帮助。首先在时间的支配和出版经费的资助方面得到陕西师范大学与历史文化学院两级领导的全力支持，并作为"陕西师范大学国家重点学科建设项目"立项。其次这14篇学位论文在答辩时，王辉、尹盛平、张天恩、曹玮、周晓陆、赵丛苍、王晖等专家提了不少宝贵意见，对提高论文水平帮助很大。在系列书陆续出版的过程中，王子今、王辉、朱凤瀚、刘绪、张天恩先生又先后写出书评，或褒奖或批评，都让我们受益匪浅。我们很清楚，自己的水平不够，愧对那些褒奖的语言，我们把专家的金玉良言看作我们今后努力的方向。同时还要感谢作者所在单位领导和同人的支持与帮助。

再谈谈我们编写这套书的不利因素。

第一，包括主编在内，我们的作者大部分毕业于陕西师范大学和西北大学，没有北京大学、清华大学那样的名校毕业生。就专业而言，其中只有6人是西北大学考古专业本科毕业。我审读过多篇北京大学考古专业的博士学位论文，其视野之开阔、资料之熟谙、文笔之流畅，令人钦佩。就青铜器研究者需要具备的学术素养而言，我们自知差距不小。

第二，这15卷书中14卷是在硕、博士学位论文的基础上写成的。其中只有《中国古代青铜器整理与研究·青铜簋卷》和《中国古代青铜器整理与研究·西周金文字体卷》的前身是博士学位论文，其他12卷均出自硕士学位论文。暂不论质量，就篇幅而言，这些硕士学位论文的字数多在3万~5万字，要把论文变成几十万字的书稿，无论对于作者还是主编来说，都是一个巨大的挑战。

第三，15卷书的14位作者出书时的平均年龄是34.4岁。作为文科学生来说，这个年龄主要还是埋头读书的时候。即便是研究，也刚刚开始，能写几篇文章就不错了，要他们去完成这么一套系列书，确实有点勉为其难。记得我在西北大学上学的时候，我的好几位老师都说过这样的话：坐十年冷板凳，十年内不要写文章发表。这是真知灼见。只是后来形势不一样了，不发表文章、不写书，就难以生存。无奈之下，我一直把出书的目标定得比较低，他们只要能将资料归笼在一起，做一点初步的研究，就行了。我不能有或者说不敢有什么奢望，否则也许是拔苗助长，害了学生。

第四，水平参差不齐。譬如《中国古代青铜器整理与研究·青铜豆卷》的文笔比较好，而有些硕士学位论文本身就比较差。这些比较差的学位论文，原本也可以不转化为书稿出版，但是考虑到我们这套书的整体设计理念，除非作者不愿意出版，我还是尽可能尊重他们的意愿，将其书稿排入我们的出版计划。如此一来，要把这些学位论文都变成书稿，就更为艰难。鉴于这套书的编写原则，我们不可能请其他人来承担其中某一书稿或多部书稿的撰写工作。众所周知，近十多年来研究生扩招，导致总体水平下降，不少研究生的学位论文还不如20世纪的大学本科生的学位论文。相信当过研究生导师的先生都有很深的感受。虽然这15本书稿经过多次修改校正，但是还有很多问题，正如诸位先生在书评中指出的那样。当然，主要责任还是在我。为此我一直是如履薄冰，惴惴不安。

有学者批评我们这套系列书观点不统一，主编和作者的看法也有所不同，从而让读者无所适从。批评是正确的。对此，我想做点说明，我们的情况确实比较特殊。我们这套系列书的编撰想法产生在多篇研究生学位论文已经形成之后，所以不便于对这些论文的观点做更改，除非作者自己愿意更改。从第一篇研究生学位论文写作伊始，我遵循的原则是学术自由，除非属于字词和概念错误，我必须要他（她）改正，否则任由作者发挥。当然，我会将自己的观点明确告诉我的学生。如果学生同意我的观点，我会和他（她）做进一步的讨论；如果学生不同意我的观点，我也不会干涉，但我会在序言中表明我的态度。譬如关于戴家湾墓地的族属，关于罍、尊、瓿的区分，我和作者的观点就不一样。记得我年轻时写过一些论文，请教我的导师李学勤先生，先生提了很多很好的意见，但那时的我年轻气盛，有些意见并没有采纳，至今回想起来还很后悔。人的学术成长是有一个过程的，难免犯错误，也许吃点教训印象更深刻，反而有好处。

总之，我们将总结经验、吸取教训、改进工作方法，继续编写出版这套系列书，同时也希望继续得到学界同行的批评指正，共同为繁荣学术而努力。

关于青铜卮产生与发展的几点思考（代序）

张懋镕

青铜卮是一类很特殊的酒器，它初现于春秋早期，而其时正是中国古代青铜器发展处于低谷的时期；它初现于山东地区，一反主要青铜器类首先产生于王畿的规律；它来自边地，然而发展迅速，很快进驻中原腹地，且遍及大江南北。原因何在？

关于这些问题，齐耐心和孙战伟的《中国古代青铜器整理与研究·青铜卮卷》[①]已经做了很好的分析。首先与当地的自然地理环境有密切关系。海岱地区农业并不发达，但畜牧业和连带的制皮业比较发达，导致跟皮质容器有关的铜卮出现。其次，两周之际正是民族大融合的时期，由于山东地区的地理位置，在文化上易于受到北方民族的影响。而铜卮本身是东夷文化的产物，它是东夷人在青铜容器的基础上吸收其他文化的特点而形成的。再次，出土早期铜卮最多的莒国，在东夷诸国中国力最强，除了与北部的齐、鲁等国交往密切外，与南方地区的陈国、黄国，中原地区的晋国等国都有密切往来。就目前的资料来看，铜卮也是在此时首先由山东地区传入河南南部的陈国、黄国一带的。随后，铜卮继续往西部、北部、南部传播。北达北京延庆军都山一带，西抵甘肃张掖，南至湖南湘潭。

除了《青铜卮卷》所言以外，我们还想补充两点。

第一，从商周饮酒器的发展脉络来看青铜卮产生的必然性。

最早出现的青铜酒器有爵、斝、盉、觚。其中只有觚是饮酒器。据王文娟的硕士学位论文《商周青铜觚研究》的分析，青铜觚仿自陶觚，陶觚的形态很像陶杯，陶觚很可能是从陶杯中的觚形杯发展演化而来的[②]。鉴于觚来源于杯，所以也有把觚叫作觚形杯的。觚的基本用途是饮酒器，所以早期的觚尺寸都比较小。

我们在《中国古代青铜酒器器类演变的差异性研究——从青铜斝谈起》[③]一文中，在《商周青铜觚研究》的基础上收集出土青铜觚的通高数据，制作表0-1。

---

① 齐耐心、孙战伟：《中国古代青铜器整理与研究·青铜卮卷》（以下简称《青铜卮卷》），科学出版社，2018年。本文凡是引用《青铜卮卷》的说法，以下不再一一注明。

② 王文娟：《商周青铜觚研究》，西北大学硕士学位论文，2005年，33页。

③ 张懋镕：《中国古代青铜酒器器类演变的差异性研究——从青铜斝谈起》，《古文字与青铜器论集》第五辑，科学出版社，2016年，337页。

表0-1　出土青铜觚通高统计表

朝代	分期	10~19厘米	20~29厘米	30~39厘米	40厘米以上	小计
商代早期	第一期	22	12			34
商代中期	第二期	14	30			44
商代晚期	第三期第一阶段		51	2		53
商代晚期	第三期第二阶段	1	40	19		60
商代晚期	第四期第一阶段	7	42	1	1	51
西周早期	第四期第二阶段	1	13			14
总计		45	188	22	1	256

由表0-1可见，在商代早期后段即二里冈上层文化期，出土的铜觚数量较少，而且多半是小型觚，通高在20厘米以下。到了第二期即二里冈上层向殷墟过渡期和殷墟一期，大致相当于商代中期，高度有了提升，20厘米以上的青铜觚占多数，而且开始变得厚重，纹饰也开始复杂起来。第三期第一阶段即殷墟二期的青铜觚在向高大型发展。此期已没有20厘米以下的小型觚，20~29厘米的中型觚有51件，数量大大超过商代中期，而且其中大多数觚的高度在25厘米以上，特别是出现了30厘米以上的高体觚。第三期第二阶段即殷墟三期的觚体量超过殷墟二期，虽然20~29厘米的青铜觚要少于殷墟二期，但是30厘米以上的青铜觚竟有19件。通高超过30厘米的青铜觚总共22件，殷墟三期就拥有19件，占到绝大多数。1952年辉县褚邱村出土的子觚（《商周》08888）①通高35厘米。传世东父壬觚（《商周》09615），通高37厘米。殳觚（《商周》08941），通高34.9厘米，重4.36千克。到了商末更有体量最大的觚——山东益都苏埠屯出土的亚醜方觚（《商周》09375），高达43.3厘米，重7.54千克，称得上"觚王"（图0-1）。这样重的觚，自然无法提举，不能作为饮酒器，而只能是盛酒器了。所以到了商代末年，觚并不适合饮用，青铜觚的原始功用退化，必然会被其他与其功能相近的酒器所取代。

青铜觚在商代晚期之后走向两个极端：一部分觚的器壁变薄，腰身变细，容量减少，导致不实用。如1976年陕西扶风庄白一号窖藏出土的目云纹觚，腰身极细，腹径与通高之比为1∶0.1，即只有粗体觚的三分之一。旅父乙觚腰身更细，腹径与通高之比为1∶0.06，是腰身最细的觚（图0-2）。一部分觚的器壁变厚，个头变高，重量大增，同样导致不实用。

青铜觯出现在商代晚期盘庚迁殷之后，取代觚的正是体量比它小的觯。是青铜觯而不是其他器类来取代青铜觚，一个重要原因是它与青铜觚原本形态相似。曹斌博士在其硕士学位论文《商周青铜觯研究》的第九章中已经谈到青铜觯取代青铜觚的四点

---

① 吴镇烽：《商周青铜器铭文暨图像集成》（以下简称《商周》），上海古籍出版社，2012年。

 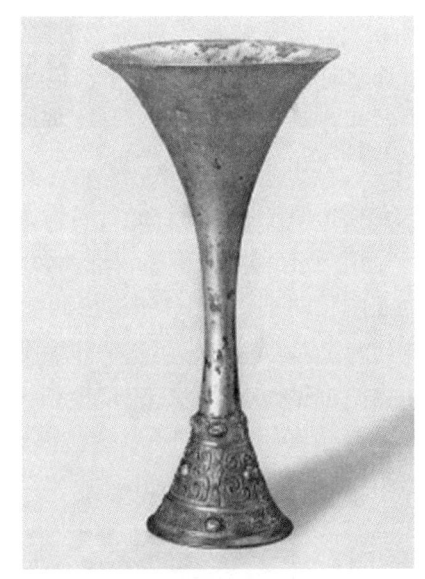

图0-1　亚醜方觚　　　　　　　　　图0-2　旅父乙觚

原因，如从器型角度来看，觯侈口、束颈，利于饮酒；觯较同时期觚低矮，正好与爵相配①。

虽然由于西周初年禁止酗酒，导致不少酒器器类的衰亡，但实际上饮酒器的使用并没有停止，只是在变换角色。

从西周中期开始，青铜觯迅速走上了衰亡之路，原因何在？曹斌博士也总结了几点。首先，西周早期的"禁酒"举措，在一定程度上抑制了商末以来酗酒风气。西周中期"穆王修典"，周文化制度得以全面确立。在重食文化的大背景下，尊、卣、觚、爵等酒器开始大量减少，青铜觯也难以幸免。其次，青铜觯流行的地域主要集中在河南地区及关中地区，数量相对较少，分布地域不广。再次，青铜觯从第三期晚段开始逐渐向细高方向发展，至穆王时期，发展到极致，许多觯的高度达到了20厘米，已不宜作为礼器与爵成对出现②。

我们曾经谈到，从穆王时期开始，有一种自名为"饮壶"的器物出现，无论器型和功能都与觯接近。二者平均高度接近，在10～20厘米，腹部比较宽侈，敞口，有矮圈足。如伯㦰饮壶，就是穆王时的标准器（《商周》10857-58）③（图0-3），还有伯饮壶（《商周》10855）、伯作姬饮壶（《商周》10856）、冕仲饮壶（《商周》10863）通高分别为：14.5、16.9、19.0、14.8厘米，都是西周中期的器物。若将伯㦰饮壶的象

---

① 曹斌：《商周青铜觯研究》，陕西师范大学硕士学位论文，2007年，39页。
② 曹斌：《商周青铜觯研究》，陕西师范大学硕士学位论文，2007年，41页。
③ 张懋镕：《试论中国古代青铜器器类之间的关系》，《古文字与青铜器论集》第二辑，科学出版社，2006年，138页。

鼻耳除去，与粗体觯没有多少差别。觯在西周早期以后衰落，中期已很少能看到觯了，而此时饮壶刚刚崭露头角，很难说它们之间没有一种替代关系。

值得注意的是陕西长安县（现西安市长安区）张家坡墓地M165出土一件杯形器，其铭曰："井（邢）叔作饮壶。"（《商周》10859）[①]（图0-4）。这件饮壶与以上几件饮壶有相似之处，而且都自名为饮壶，可见功能是一样的。与之同一墓地的M166、M197则出土有铜觯。M166属墓地分期第一期，相当于武成康时期，M197属第二期，相当于昭穆时期，而M165属第四期，相当于夷厉共和时期，由于它们同出于一个墓地，年代上基本衔接，可进一步证明饮壶与觯有一种更替关系，衔接之时约在西周中期。由此可见饮壶在一定程度上挤占了青铜觯的生存空间，在青铜觯走向衰亡之时，替代了它。

图0-3　伯𢼸饮壶

图0-4　邢叔饮壶

还需要指出的是，邢叔饮壶虽然自名为饮壶，但与其他饮壶的形态有所区别。邢叔饮壶更像一件杯。虽然腹部有点收缩，但不是很明显。这种形制的饮酒器可以追溯到商代晚期，如传出河南安阳的󠀁杯（《商周》10851）（图0-5）、湖南博物馆收藏的亚若癸杯（《商周》10862）（图0-6），也有学者把它们叫作觯。还有一件传世的万杯（《商周》10865）（图0-7），与粗体觚差不多，也有论著将其称为觯或者觚。与万杯相似的无铭文的青铜杯在长安张家坡窖藏中也出土过[②]，共有5件，年代接近，在西周中晚期之际。一式2件，大小相同，高13.6厘米，形态似觚，短而粗（图0-8）；二式1件，高13.3厘米，一侧有鋬（图0-9）；三式2件，高12.2厘米，两侧有镂空把手（图0-10）。三种样式虽然有异，但主体是一种觚形杯，二式和三式无非在一式的基础上增加单鋬或双鋬而已。这无疑在告诉我们饮壶与觚、杯之间的联系。

---

① 中国社会科学院考古研究所：《张家坡西周墓地》，中国大百科全书出版社，1999年，159~161页。

② 中国科学院考古研究所：《长安张家坡西周铜器群》，文物出版社，1965年，20页。

图0-5 󰀀杯

图0-6 亚若癸杯

图0-7 万杯

图0-8 无耳杯

图0-9 单鋬杯

图0-10 双鋬杯

可见从西周中期开始，饮酒器如觚、觯等逐渐消亡。酒器中只有壶、罍沿用时间长，但壶、罍等酒器，形体大，不适宜做饮酒器，这就需要一种小型饮酒器与之相配，于是饮壶与杯应运而生。饮壶虽在西周中期替代了觯，但饮壶毕竟是昙花一现，西周晚期很快就消失。饮壶的数量非常少，不足以取代觯，因此除了饮壶，还有青铜杯，当然数量也不多。其原因除了禁止酗酒，还因为西周中晚期发现的墓葬数量实在有限，而且不少被盗掘了，组合关系无从了解。在西周中晚期，虽说觯衰落了，但是在北赵晋侯墓地等处还是出土了一部分，说明禁止酗酒的政策在高层并没有得到全面贯彻。

到了春秋早期，铜卮出现了，它体量较小，侈口、束颈，腹部饰环耳，更利于饮酒，在形制上正合适与壶、罍等大型盛酒器相配，故而铜卮能够迅速崛起并繁盛起来。

青铜卮在墓葬出土青铜器组合方面有两个重要的特点：一个就是如《青铜卮卷》所言卮在初现时就单独随葬，如山东栖霞吕家埠M1、M2和淄川南阳墓；而后还有不少墓葬存在只随葬一件铜卮的现象，如山西闻喜上郭村墓地、湖北当阳金家山墓地、河北延庆军都山玉皇庙墓地等。这种现象和爵在二里头墓葬中初现时以及在商代墓葬中单独出土一样，显示卮在小型墓葬中很流行，说明卮具有良好的社会基础。另一个是青铜卮行用的层次多，无论大中小型墓葬都有它的存在。据《中国古代青铜器整理与研究·青铜壶卷》统计①，各阶段出土青铜壶的器物组合完整的墓葬情况：西周早期有15座，小型墓只有1座（墓室面积3.9平方米）、5~10平方米的有7座、10~20平方米有5座、20平方米以上有2座。同出的饮酒器有觚、觯。西周中期7座，8~10平方米2座、10~20平方米有2座、20平方米以上有3座。有一部分墓葬出土觯。西周晚期15座，10~20平方米有5座、20平方米以上有10座。个别墓葬出土觯。春秋早期23座，5~10平方米的3座、10~20平方米有13座、20平方米以上有7座。有一些墓葬出土卮，或明器觯。春秋中期15座，5平方米以下2座、10~20平方米有4座、20平方米以上有9座。大部分墓葬出土卮。春秋晚期16座，5~10平方米4座、10~20平方米有3座、20平方米以上有9座。大部分墓葬出土卮。战国早期31座，小型墓1座（3平方米）、5~10平方米7座、10~20平方米有10座、20平方米以上有13座。少部分墓葬出土卮。战国中期21座，小型墓2座、5~10平方米1座、10~20平方米有5座、20平方米以上有13座。出土卮的墓葬很少，但有青铜杯出现。战国晚期19座，小型墓1座、5~10平方米6座、10~20平方米有3座、20平方米以上有9座。出土卮和杯的情况与中期接近。

从以上数据可知，西周墓葬出土饮酒器以觚、觯为主，并随着时间的推移，觚先消失，觯的数量也逐渐减少。春秋早期是过渡期，觯很少，且以明器形式出现，同时卮开始登场。由此可见，饮酒器并未消失，而是由卮来替代。春秋中晚期大部分墓葬出土卮。战国早期以后，卮的数量减少，取代者是青铜杯。

---

① 裴书研：《中国古代青铜器整理与研究·青铜壶卷》，科学出版社，2015年，167~184页。

需要说明的是，当卮与壶相配置时，通常出现在中型及其以上的墓葬中，这是因为壶的地位较高。而当卮作为唯一的酒器单独在墓葬中出现时，墓葬的规格通常没有那么高。正因为卮既可以与壶相配置出现在较大的墓葬中，又可以单独出现在较小的墓葬中，所以卮可以在不同级别的墓葬中出土，这使得它在春秋战国时期非常流行。这是卮能跨越五六百年，遍及大半个中国的原因之一。

综上所述，我们可以理出一条饮酒器在不同历史阶段的表现形式：觚（从商代早期至西周早期）—觯（商代晚期至西周晚期）—饮壶、杯（西周中晚期）—卮（春秋早期至汉代）。

可以这样理解：饮酒器的总的名称是杯，觚、觯、饮壶不过是杯的别名，是适应不同时代要求的产物。从最初的陶杯到西汉的耳杯，是从实用又回归到实用的一个过程。觚、觯、饮壶、卮则是这个发展过程中杯被礼制化的种种产物。

第二，从东周的时代特点来看新器种产生和发展模式的变化。

如本文开始所言，为什么青铜卮出现在青铜器发展相对缓慢的阶段，而且没有首先发轫于王畿地区？我们的推测是东周时期的文化氛围不同于商和西周，导致青铜器新器类产生和发展的模式发生了改变。为了说明问题，我们不妨同时来看看与青铜卮相似的另一个器种——青铜鍪[①]。

首先，青铜卮和青铜鍪这两类器开始出现时都属于地方性器类。

如前所言，青铜卮最先出现在山东莒县西大庄墓地，而青铜鍪原本出自巴蜀地区，对此，学界也没有疑问。换言之，这两种新器种都不是来自当时的王畿地区，这与商和西周时期主要器种的产生地不同。鼎、爵、斝、盉最先出现在偃师二里头遗址——夏王朝晚期都城的所在地；鬲、簋、觚、罍、尊、卣、盂、盘最先出现在郑州商代遗址——商代早期的都城的所在地；觯、方彝最先出现在殷墟遗址——商代晚期的都城所在地。簠最先出现在宝鸡石鼓山墓地——在西周早期的王畿范围内[②]。在商与西周时期，商王室与周王室对天下有相当的掌控力，都城所在之处也就是政治、经济、文化的中心，自然成为重要礼器器类的诞生地。东周时期，天下纷争，周王室地位一落千丈，诸侯国各自为政，已经无所谓中心。相比而言，春秋时期的山东和战国时期的巴蜀地区经济发展形势较好，有产生新礼器器类的条件。

自史前社会以来，山东就与中原密不可分。两地的早期青铜文化被称为"中原-海岱"文化，或干脆以"黄河中下游地区"字样出现，将两地包括在内。在夏商周时期，山东的大部分地区就是三代王朝的组成部分。《古本竹书纪年》记载：帝相"元

[①] 张懋镕：《铜鍪小议》，《四川文物》2009年第2期；张懋镕：《古文字与青铜器论集》第三辑，科学出版社，2010年，188、189页。

[②] 张懋镕：《青铜簠兴起于宝鸡说》，《古文字与青铜器论集》第五辑，科学出版社，2016年，21~25页。

年征淮夷"，"二年，征风夷及黄夷"，"七年，于夷来宾"。帝少康"即位，方夷来宾"。帝杼时，"征于东海及三寿"。帝芬"三年，九夷来御，曰畎夷、于夷、方夷、黄夷、白夷、赤夷、玄夷、风夷、阳夷"。帝芒时"命九夷"。帝泄"二十一年，命畎夷、白夷、赤夷、玄夷、风夷、阳夷"。至夏末帝发时，仍有"诸夷宾于王门，献其乐舞"①。可见夷人受夏朝所统治。据李学勤先生考证，从德州到潍坊的大片地区属于夏朝的势力范围。到了商朝晚期，最著名的战争就是帝辛"征夷方"，地点多在山东。进入西周，由于周王朝分封的诸侯国如齐、鲁、滕都在山东，加快了不同文化的融合，至此东夷文化完全融汇到西周文化里了②。这样作为东夷文化特征的青铜卮自然很容易为处在山东的包括姬姓贵族在内的其他部族所吸纳。

其次，器种主人的族属都不是华夏族。

如前所言，青铜卮是东夷文化的产物，青铜鍪是巴蜀文化的产物。可见这两种器种都不是华夏族发明的。而商和西周出现的新器种的主人的族属都是华夏族。譬如最早的青铜甗，虽然出自远离商王畿地区的湖北盘龙城，但这里是商王朝在南土的重要据点，这件甗的文化属性很明确③。至于在同一时期中原为什么没有出土甗，很可能是中原没有发现未经盗掘的20平方米以上的大墓。还有青铜盨，最早出土在河南平顶山应国墓地④，但应国是西周的姬姓诸侯国，文化面貌与王朝并无二致。鉴于西周王畿地区如周原和丰镐地区缺少未经盗掘的大墓，所以现在还不能说这些地方不会发现更早的簠和盨。簠最先出现在宝鸡石鼓山墓地，但簠上有铭文，这一点也有助于说明簠是华夏族的发明。东周时期是各民族大发展和大融合的时期。周边的少数民族受到华夏族的巨大影响，在政治、经济、文化方面都有了明显的进步，因此有能力制造新器类。青铜卮和青铜鍪首先从所谓四夷中产生就不难理解了。

再次，要关注的是东周时期礼器向实用器转变的大趋势。从中国古代青铜器的发展轨迹来看，新石器时代晚期出现最早的青铜器，均为兵器、工具、装饰品之类，都是实用器。进入文明社会以后，青铜器被赋予礼制文化的意义。夏商周时期的礼乐器是当时精神信仰的集中体现，又是宗法制度、等级制度的物化。春秋以后，随着社会制度的变革，青铜器渐渐失去往昔至尊的地位，向日用器物转化，又回归为实用器。前面谈到青铜卮的发展脉络，从早期实用的酒杯，变成礼制载体的青铜觚、觯、卮，到了战国晚期青铜卮又开始向实用回归，秦汉的耳杯就是其结果。

---

① 方诗铭、王修龄：《古本竹书纪年辑证》，上海古籍出版社，1981年，5~15页。

② 李学勤：《夏商周与山东》，《烟台大学学报》（哲学社会科学版）2002年第3期；李学勤：《中国古代文明研究》，华东师范大学出版社，2005年，374~382页。

③ 李学勤：《盘龙城与商朝的南土》，《新出青铜器研究》（增订版），人民美术出版社，2016年，13~17页。

④ 张懋镕：《两周青铜盨研究》，《古文字与青铜器论集》第二辑，科学出版社，2006年，85页。

至于青铜鍪则更为明显。它产生在战国早期，流行在战国中期以后，自身的实用特点恰恰与此时青铜器的发展潮流合拍，从而大有用武之地。铜鍪首先为秦国所接纳，则与秦国的文化制度和观念有关。春秋时，秦国还是严格按照"周礼"来铸造和使用青铜礼器。从战国中期开始，秦国改造旧有的青铜礼器制度，吸收先进的中原青铜文化。其原因是商鞅变法后，秦国实行门户开放，加强与中原诸国的联系①。虽然各国都在变法，但只有秦国较为彻底。有学者指出：这方面的依据是，许多东方诸侯国的战国中晚期的大墓，依然有成套的青铜礼器，而这种现象在秦国并未见到②。在中型墓葬中，秦国与东方诸侯国的差别也很明显。秦墓中出土的铜器不仅数量少、种类少，而且体量小、纹饰简单；相反，东方诸侯国墓中出土的铜器数量多、种类多，而且体量大、纹饰比较复杂，制作也比较精致。总体来说，秦国青铜器在数量和质量上均逊于中原青铜器③。这一点与铜鍪的简陋、粗糙但又实用正相吻合，铜鍪入主秦国便是很自然的事情了。

从形制来看，青铜卮与青铜鍪有相似之处。两者体量都不大，都在腹的两侧设置单耳或双耳。虽然青铜卮的装饰要好于青铜鍪，但与其他礼器相比还是比较简单。这显然与它们的实用性有关。尤其是青铜鍪，其下腹部和底部有烟炱痕迹，说明它是实用器物。而其实用性正是铜鍪大有作为的地方。战国早期铜鍪刚刚产生，只流行在巴蜀地区；战国中晚期，随着秦灭巴蜀，铜鍪进入关中；随后在秦灭东方六国的过程中，铜鍪逐渐向各地扩散④。

以上所论只是一些初步的想法，并有推测的成分，写出来希望诸位方家学者不吝赐教。

附注：本文系国家社科基金项目"夏商周青铜礼器的兴衰及其原因"（立项号：15BKG007）的阶段性研究成果。

---

① 陈平：《试论关中秦墓青铜容器的分期问题》，《考古与文物》1984年第3期，58～74页，1984年第4期，62～71页。
② 俞伟超：《秦汉青铜器概论》，《古史的考古学探索》，文物出版社，2002年，202页。
③ 吴镇烽、尚志儒：《陕西凤翔高庄秦墓地发掘简报》，《考古与文物》1981年第1期，12～38页。
④ 陈文领博：《铜鍪研究》，《考古与文物》1994年第1期，66～76页；刘弘：《巴蜀铜鍪与巴蜀之师》，《四川文物》1994年第6期，16～19页。

目　录

多卷本《中国古代青铜器整理与研究》编写缘起 …………… 张懋镕（ i ）

15卷出版感言 …………………………………………………………（ iii ）

关于青铜卮产生与发展的几点思考（代序）………………… 张懋镕（ vii ）

绪论 ……………………………………………………………………（ 1 ）

第一章　铜卮的定名 …………………………………………………（ 9 ）
    第一节　铜卮定名分析 ……………………………………………（ 9 ）
    第二节　东周铜卮与秦汉"卮"的区别 …………………………（ 14 ）

第二章　类型学分析 …………………………………………………（ 18 ）
    第一节　分布概况 …………………………………………………（ 18 ）
    第二节　型式分析 …………………………………………………（ 21 ）
    第三节　分期和断代 ………………………………………………（ 44 ）
    第四节　小结 ………………………………………………………（ 60 ）

第三章　墓葬组合 ……………………………………………………（ 62 ）
    第一节　山东地区 …………………………………………………（ 62 ）
    第二节　中原地区 …………………………………………………（ 68 ）
    第三节　南方地区 …………………………………………………（ 75 ）
    第四节　北方地区 …………………………………………………（ 76 ）
    第五节　小结 ………………………………………………………（ 78 ）

第四章　铜卮的功用 …………………………………………………（ 81 ）

第五章　铜卮的起源及相关问题 ……………………………………（ 85 ）
    第一节　铜卮的起源与传播 ………………………………………（ 85 ）
    第二节　陶卮的类型学分析 ………………………………………（ 93 ）

第六章　铜匜与其他器类的关系——兼论铜匜的消亡 ……………………（107）

第一节　铜匜与铜敦的关系 ……………………………………………（107）
第二节　铜匜与耳杯的关系 ……………………………………………（111）
第三节　铜匜的消亡 ……………………………………………………（116）

第七章　铜匜纹饰分析 …………………………………………………………（118）

第八章　结语 ……………………………………………………………………（139）

附表 ………………………………………………………………………………（141）

附表一　山东地区铜匜分期表 …………………………………………（141）
附表二　中原地区铜匜分期表 …………………………………………（145）
附表三　南方地区铜匜分期表 …………………………………………（147）
附表四　北方地区铜匜分期表 …………………………………………（148）
附表五　出土铜匜统计表 ………………………………………………（149）
附表六　传世铜匜统计表 ………………………………………………（211）

参考文献 …………………………………………………………………………（216）

绪　论

铜匜是流行于春秋战国时期的一种重要的青铜礼器，在墓葬青铜器组合中，常常作为核心器物，起着举足轻重的作用。对其进行研究，有助于我们更好地认识青铜器的特点与发展规律。近30年来，铜匜的重要性引起了学者的关注，发表和出版了很多有见解的论著。本书在尽可能全面搜集资料的基础上，吸取前人的研究成果，拟从铜匜的起源、定名、功用等方面加以研究，期望能更深入地认识这一类器物。

铜匜最早见于春秋早期的山东中南部地区，并在山东境内最早盛行开来，之后传入北方、南方以及中原地区。由于铜匜大多没有铭文，所以对它的命名、功用等一直存在争议。中华人民共和国成立后，随着考古事业的发展，出土了一批数量可观的铜匜，铜匜这一器类逐步清晰地出现在我们的视野内。这类器物的形制特征与宋代、清代金石学者著录中记载的"杯""舟"形制相同，因而在未出现自名之前，学界历来依据清人的定名，称其为"舟"。1966年洛阳出土一件哀成叔匜，其自名为"❏"，学界普遍将❏这一铭文厘定为"鉼"，而李学勤先生结合新见的一件自名器，将该自名厘定为"匜"[①]。笔者认为，从字形上看，铭文"❏"字的写法确实与"鉼"有一定的差距，故本书遵从李学勤先生的定名，将这类器物称为"匜"。关于定名，将在第一章进行详细论述。但是由于这类器的自名器太少，加之形制特征不是很典型，所以时至今日，依然有人称其为"舟""鉼"。

秦汉时期也有一种名为"匜"的器物，与本书所述的"匜"形制差别较大，因此不列入本书的研究范围，本书所探讨的铜匜形制如下：器身横截面呈椭圆形，腹部饰单环耳或双环耳，底部为平底或附四（三）足或为圈足，通高在5～15厘米，罕见通高超过15厘米者，不见通高超过20厘米者。

一、前人的研究成果

前人对铜匜的研究可以分为三个阶段。

第一阶段：起步阶段（北宋到中华人民共和国成立前）。这一阶段学者已经注意到铜匜，将其作为青铜器的一个器类收录在著作中，并结合文献对铜匜的用途做出阐

---

① 李学勤：《释东周器名匜及有关文字》，《文物中的古文明》，商务印书馆，2008年，330～334页。

释。但由于器物数量以及研究方法的限制，学者们的看法多有偏颇。

"卮"这一命名最早见于宋代王黼的《宣和博古图录》①，该书收录的4件铜卮皆为椭圆形，其中"建光卮"应为现在我们所通称的"耳杯"，其余3件器物则是本书所研究的铜卮。北宋吕大临《考古图》②一书收录两件与卮有关的器物，并记录了这两件器物的大小、尺寸、容积、重量、收藏者和出土地。从描述看，这两件器物器口横截面呈椭圆形，一件作者吕大临根据《淮南子》③"窥面于盘水则圆，于杯则椭"的记载，将其命名为两耳杯，断定其年代为秦汉时期，归为秦汉器卷十。《考古图》所录的这两件两耳杯也属于我们所讨论的铜卮。该书还收录了一件下有承盘的器物，作者认为这一组合形制符合《周礼正义·司尊彝》④中"尊彝皆有舟"的记载，认为此器乃"古舟"也。赵九成的《续考古图》卷五⑤收录一件与卮有关的器物，该器器口平面呈椭圆形，有盖，两耳，有足，属于本书所研究的铜卮。赵九成依《考古图》的原则命其名为两耳杯，并认为此器可能为酒器，明确指出了这一器类的用途。明胡文焕《古器具名》⑥一书遵从《宣和博古图录》的定名，收录一件汉云雷卮，对其描摹尺寸、重量、容积，并辅以解说。该器也属本书研究铜卮的范畴。

清代梁诗正《西清古鉴》⑦在《考古图》"古舟"一名的基础上，共收录5件器口横截面呈椭圆形的青铜器，将其称为"舟"，并将它和彝放在一起。这一排列方式以及命名极有可能是受《宣和博古图录》《古器具名》两书的"彝舟总说"的启发。两书的作者认为舟并非是承托彝之器物，而是与彝相须之器物，"盖尊之与壶，瓶之与罍焉"，故舟应是与彝性质用途一致的器物。同时，该书也有"卮"一目，其下收录两件器，应是现在我们通称的"鍪"。另外，《西清古鉴》收录的6件盉，从形制看当属本书讨论的"卮"。《西清续鉴甲编》⑧依照《西清古鉴》体例共收录了5件器物，其中一件带铭文，作者释铭文为"舟"，并将卮单独列出，以示区别。该书收录的4件卮器口横截面皆成椭圆形、两耳，在尺寸和容积等方面也相差无几，与该书的"舟"

---

① （宋）王黼：《宣和博古图录》，清乾隆十八年天都黄晟亦政堂修补明万历二十八年吴万化宝古堂刻本。
② （宋）吕大临：《考古图》，清乾隆四十六年四库全书文渊阁书录钱曾影钞宋刻本，中华书局，1987年。
③ 何宁：《淮南子集释》，中华书局，1998年。
④ （清）孙诒让：《周礼正义》，中华书局，1996年。
⑤ （宋）赵九成：《续考古图》，清乾隆四十六年四库全书文渊阁书录钱曾影钞宋刻本，中华书局，1987年。
⑥ （明）胡文焕：《古器具名》，明万历自刻本。
⑦ （清）梁诗正：《西清古鉴》，清乾隆二十年内府刻本影印本，上海古籍出版社，1991年。
⑧ （清）王杰：《西清续鉴甲编》，清宣统三年涵芬楼石印宁寿宫写本影印本，乾隆五十八年。

类器相同。《西清续鉴乙编》①收录3件舟，器口横截面皆为椭圆形，而该书中命名为卮的3件器物中有一件也当归入"舟"类。《宁寿鉴古》②收录7件舟、6件卮，其中3件卮应当归入舟类器。《西清四鉴》所录的"舟"特点皆为口部横截面为椭圆形，而"卮"在形制上较为复杂，有一些与所谓的"舟"器形相同，可见清人对"舟"的形制认识是模糊不清的。

在款识方面，《历代钟鼎彝器款识法帖》卷十八③收录建光卮1件，只录铭文"建光中室有四"，与《宣和博古图录》卷六收录"汉建光卮"相同，实际上是耳杯。同一件器还见收录在《啸堂集古录》④中。

宋、清时期已经对铜卮进行了收录，并对收录的铜卮记录尺寸、描摹图像，也做了简单的考释、断代。但学者并没有很好地把握"卮"这一器形的本质特征，故这一时期的学者对同一器物都可能有"杯""卮""舟""盦"四种不同的名称。另外，当时的学者也没有涉及对器物形制、纹饰的分析。

民国时期，受传统金石学的影响，仍以收录铜卮的器形和铭文为主。《颂斋吉金图录》⑤沿用《宣和博古图录》的命名，收录1件象纹卮，记录了其尺寸大小、附录器物图片以及纹饰拓片。《新郑出土古器图志初编》⑥收录两件"簋"，从器形看，器口横截面呈椭圆形，实为铜卮。《新郑出土古器图志续编》收录1件"夔耳簋"实为铜卮，收录的另一件"螭耳舟"实为青铜簋。《郑冢古器图考》卷五⑦在《新郑出土古器图志》（初编、续编）基础上，对新郑出土的铜卮进行考释，并详细说明了"舟"一名的合理性。该书认为"舟"并非彝器下面的基座，而是配合彝器使用的礼器。

随着西方考古学的传入，考古类型学的方法逐渐运用于青铜器的研究领域。最具代表性的当属容庚的《商周彝器通考》，该书对收录的2件铜卮的名称、用途、器物形制、纹饰、铭文等均做了研究。作者遵从《宣和博古图录》的定名亦称其为"卮"，并根据纹饰特点将两件器物定名为"垂叶象鼻纹卮""蟠虺纹卮"，其中蟠虺纹卮腹底刻有铭文"父庚✦"，容庚先生认为是伪刻。这一时期是青铜器研究方法的过渡期，逐渐由金石学方法向考古学方法转变。

第二阶段：发展阶段（中华人民共和国成立至2010年）。中华人民共和国成立以来，随着考古事业的进一步发展，出土的铜卮逐渐增加，数量相当可观，尤其是以哀

---

① （清）王杰：《西清续鉴乙编》，民国二十年北平古物陈列所依宝蕴楼钞本石印本。
② （清）王杰：《宁寿鉴古》，涵芬楼依宁寿宫写本石印本，民国二年（1913年）。
③ （宋）薛尚功：《历代钟鼎彝器款识法帖》，民国二十四年海城于省影印明崇祯六年朱谋垔刻本。
④ （宋）王俅：《啸堂集古录》，涵芬楼影印，1922年。
⑤ 容庚：《颂斋吉金图录》，燕京大学考古学社，1933年。
⑥ 靳云鹗：《新郑出土古器图志初编》，1923年影印本。
⑦ 关百益：《郑冢古器图考》，中华书局，1940年。

成叔匜发现为标志，这是首次科学发掘所见的有自名的铜匜。这一时期，学者运用考古学方法，对铜匜的发展演变做出探讨。但学者的论述多不够深入全面，主要集中在区域性的讨论上。

铜匜在综合性的研究著述中所占比重也在不断上升，如马承源先生的《中国青铜器》①、朱凤瀚先生的《古代中国青铜器》②、高明先生的《中原地区东周时代青铜礼器研究》③等，都对铜匜浓墨重彩地加以论述。而且对铜匜的研究还出现了专门文章，如刘翔先生的《说鉌》④一文，首次对这一器形进行了初步定义。在这一阶段，学者已经开始关注铜匜，并逐步加大了对它的研究力度。但学者对铜匜的看法，无论是名称、形制的界定，还是对它的起源、功用以及发展情况，都还存在一定分歧。

在铜匜定名研究方面，马承源先生在《中国青铜器》⑤一书中，引用《周礼·春官·司尊彝》中汉儒对舟的解释，是放置尊彝的托盘，否定了"舟"的这一定名，遂将其定名为椭杯，归为杯的一种类型，对吕大临的定名稍作修改。该书也列有"鉌"一目，该目共收录2件器物，分别是传世的蔡太史匜、左关鉌。马承源先生认为"鉌"是某些容器在一定地区内的通名。1966年洛阳出土一件自名为"鉌"的哀成叔器，刘翔先生撰《说鉌》⑥一文，以4件自名的青铜器——蔡大史匜、哀成叔匜、史孔器、左关鉌为出发点，概括总结有自名的这一器形的特点：椭圆形、敛口、鼓腹、双环耳，这是首次对这一类器形进行明确的定义。"鉌"这个称呼似乎已成定论。2003年，李学勤先生发表《释东周器名匜及有关文字》⑦一文。李先生举出所见鉌形器，自名为"匜"，从角只声，并分析了"哀成叔鉌""蔡太史鉌""史孔鉌"中的自名，从古文学的角度认为，该字应该厘定为"匜"，青铜鉌的名称应遵从《宣和博古图录》的定名为"匜"。朱凤瀚先生的《中国青铜器综论》⑧一书在提到这个问题时，认为"鉌"和"匜"都是这种器物的名称，只是因为方言的原因，所以产生了两种不同的名称。铜匜的定名目前仍然存在争议，尚待进一步研究。

在铜匜形制研究方面，郭宝钧的《商周铜器群综合研究》⑨对铜匜的形制变化、

---

① 马承源：《中国青铜器》，上海古籍出版社，1988年，177~180页。
② 朱凤瀚：《古代中国青铜器》，南开大学出版社，1995年，124~126页。
③ 高明：《中原地区东周时代青铜礼器研究》，《考古与文物》1981年第2期。
④ 刘翔：《说鉌》，《江汉考古》1987年第2期。
⑤ 马承源：《中国青铜器》，上海古籍出版社，1988年，177~180页。
⑥ 刘翔：《说鉌》，《江汉考古》1987年第2期。
⑦ 李学勤：《释东周器名匜及有关文字》，《文物中的古文明》，商务印书馆，2008年，330~334页。
⑧ 朱凤瀚：《中国青铜器综论》，上海古籍出版社，2009年，262页。
⑨ 郭宝钧：《商周铜器群综合研究》，文物出版社，1981年。

器物组合关系均做了研究。马承源的《中国青铜器》①对铜匜形制和纹饰的时代特征做了论述。高明的《中原地区东周时代青铜礼器研究》②一文，选择中原地区22座铜器墓进行分期断代研究，作者将所有礼器分为六期10组，其中13座墓葬出土铜匜，共26件。高明先生将26件铜匜依据底部特征分为二型：Ⅰ型为圜底，Ⅱ型为腹底附有圈足，二型之下再各分二式。朱凤瀚先生《古代中国青铜器》③一书的铜匜部分也主要以中原地区铜匜为研究对象，对其做了细致的讨论。根据底部特征将其分为两类：一类是无蹄足匜；一类是有蹄足匜。无蹄足匜按照口部特征分为二型：敛口和敞口。敛口再按照腹部特征分为四亚型。有蹄足匜按照腹底特征分为二型。2009年朱凤瀚先生在原有《古代中国青铜器》一书的基础上增加新资料、新的研究成果，汇成《中国青铜器综论》④一书，该书在铜匜的研究中增加了许多新近出土的资料，开阔了我们的研究视野。刘彬徽先生的《山东地区青铜器研究》⑤一文对山东地区出土的铜匜做了初步统计，该文收录25件山东地区出土的铜匜，并将其分为A、B、C三型：A型为单耳平底匜；B型为双耳平底匜；C型为腹下附四足匜。文中虽提到B型之下又可分为几个亚型，但并未详细论述。刘彬徽先生在文中最后总结指出山东地区是铜匜的发源地。王恩田先生的《东周齐国铜器的分期与年代》⑥一文，对齐国的铜匜做了细致的形制分类及年代分期，该书将收录的22件铜匜按照口部、底部以及铜匜的高度等特征分为五型：A型为卷沿高体；B型为卷沿矮体；C型为卷沿蹄足；D型为子母口；E型为直口。五型之下再分式，但每一型的式别特征不甚明了。王恩田先生又选取相应的29座墓葬和单位进行分期，根据墓葬的分期分析铜匜的形制演变，指出春秋早期齐国地区流行卷沿高体匜，春秋中、晚期流行卷沿矮体匜，战国早期流行子母口匜，战国中期流行直口匜，战国晚期铜匜基本上趋于绝迹。该文对东周齐国铜匜分析的较为细致。杜迺松先生在《东周时代齐鲁青铜器探索》⑦一文中认为铜匜可能源于齐国。毕经纬的硕士学位论文《山东出土东周青铜礼容器研究》⑧，对山东地区铜匜做了比较系统的研究。文章中收录山东地区出土铜匜66件，其中4件未能复原、3件未能归入形式，将59件铜匜根据耳部、底部和足部特征分为五类：甲类单耳匜，根据腹部由深至浅的变化将其

---

① 马承源：《中国青铜器》，上海古籍出版社，1988年，177~180页。
② 高明：《中原地区东周时代青铜礼器研究》，《考古与文物》1981年第2期。
③ 朱凤瀚：《古代中国青铜器》，南开大学出版社，1995年，124~126页。
④ 朱凤瀚：《中国青铜器综论》，上海古籍出版社，2009年。
⑤ 刘彬徽：《山东地区青铜器研究》，《中国考古学会第九次年会论文集》，文物出版社，1997年。
⑥ 王恩田：《东周齐国铜器的分期与年代》，《中国考古学会第九次年会论文集》，文物出版社，1997年。
⑦ 杜迺松：《东周时代齐鲁青铜器探索》，《南方文物》1995年第2期。
⑧ 毕经纬：《山东出土东周青铜礼容器研究》，陕西师范大学硕士学位论文，2009年。

分成四式。乙类为双耳盉，根据口部差异分为二型，A型为侈口、小卷沿盉。A型根据无盖到平盖、由平盖到隆起的变化又分为五式。B型为敛口或直口盉，根据口部变化又分为二亚型。Ba型根据腹部由深变浅分为三式，Bb型为直口盉。丙类为三足异型盉，根据盖及腹部差异分为二型，A型实为四足。丁类为镂空圈足盉。戊类为平底、假圈足盉。毕经纬在文中也认为铜盉最早出现在山东地区，而且指出铜盉的出现是受这一时期山东地区东夷文化"平底之风"的影响。从以上学者的研究著作可以看出，山东是铜盉出现频率非常高的地区。

在铜盉铭文著录方面，中国社会科学院考古研究所编著的《殷周金文集成》[①]、刘雨和卢岩编著的《近出殷周金文集录》[②]收录了多件铜盉铭文，具有重要的研究价值。其中哀成叔盉、蔡太史盉、史孔盉、左关盉均有自名，为铜盉的定名、分类提供了重要的文字依据。

另外，《上马墓地》[③]《洛阳中州路（西工段）》[④]《曲阜鲁国故城》[⑤]《临猗程村墓地》[⑥]等一批发掘报告对各个墓葬出土的铜盉做了详细介绍，还描述了墓葬的规模、葬制以及同出的器物，这是我们研究铜盉的第一手资料。

第三阶段：繁荣阶段（2010年至今）。铜盉作为一个独立器类，虽然相对于其他器类出现时间较晚、数量较少、流行时间较短，但它在春秋战国时期墓葬组合中却担任了重要角色。它的特殊性，近年来逐渐引起学者的注意，出现了铜盉的系统研究文章。例如，吴伟华《山东出土东周铜鍪及相关问题研究》一文，对山东地区出土的铜盉进行类型学分析，认为山东出土铜鍪可分为二型五期。春秋时期流行椭圆腹鍪，战国时期流行圆角方腹鍪。春秋早期流行单环耳鍪，春秋中期至战国晚期流行双环耳鍪。春秋早期偏早铜鍪产生于鲁北地区，其原型为陶罐。春秋早期偏晚传播到沂沭河流域。春秋晚期铜鍪的分布范围南达湖北、江苏，北达河北，西达甘肃，至战国中期逐渐消亡[⑦]。再如，毕经纬《铜鍪研究》一文，运用类型学分析铜盉的形制、演变、分期，重点分析了铜盉的流布、区域特征与使用人群及对北方椭圆形器的影响。该文认为铜盉产生于东夷文化，并传至中原，是东周时期重要的青铜器类[⑧]。

鉴于此，我们认为有必要对铜盉做一全面分析，以利于我们更好地认识这一器类。

---

① 中国社会科学院考古研究所：《殷周金文集成》，中华书局，1988年，4650页。

② 刘雨、卢岩：《近出殷周金文集录》，中华书局，2002年。

③ 山西省考古研究所：《上马墓地》，文物出版社，1994年，307~397页。

④ 中国科学院考古研究所：《洛阳中州路（西工段）》，科学出版社，1959年，149~163页。

⑤ 山东省文物考古研究所等：《曲阜鲁国故城》，齐鲁书社，1982年，108、109页。

⑥ 中国社科院考古研究所：《临猗程村墓地》，中国大百科全书出版社，2003年。

⑦ 吴伟华：《山东出土东周铜鍪及相关问题研究》，《考古》2012年第1期。

⑧ 毕经纬：《铜鍪研究》，《考古学报》2015年第4期。

二、本书研究方法

　　本书主要运用统计学、考古类型学和文化因素分析等方法对铜匜的形制、铭文以及区域特点进行综合研究。

　　铜匜的类型学研究是运用考古类型学的方法，对铜匜进行型式划分，明确器物各个时代的特点，揭示器物演变的规律，继而构建铜匜分期谱系的基本框架，并确立各个时期的标准器和亚标准器。铜匜的区域文化研究主要运用文化因素分析法对各个地区出土铜匜的特征进行对比分析，探讨各个地区铜匜特征的演变轨迹。

　　对于铜匜的命名学界还存在争议，本书通过对所见的5件自名器的铭文以及器形进行综合比较分析，初步认定该器物定名为"匜"更为合理。并将其与秦以后的"匜"在形制上加以区分。

　　铜匜主要盛行于东周，东周时期周王室力量衰微，诸侯国各自为政，春秋时五霸争雄，战国时七雄并立。文化的向心力和同一性逐渐削弱，各地方的文化"百花齐放、百家争鸣"各具特色。这种地方文化争奇斗艳的特点表现在青铜器上就是不同的地区相同的器类形制各有不同，当然各地在交流和碰撞中，文化也会相互影响。因此本书在对铜匜进行类型学分析时，先进行分区，将出土铜匜地域分为山东地区、中原地区、南方地区、北方地区四个区。在分区基础上再对不同地区铜匜进行类型学分析。对铜匜进行型式划分时，以山东地区出土铜匜的型式为基础，其余三区铜匜如能划入山东地区型式则仍沿用山东地区铜匜的型式，如若型式不同则在已有型式之外再分型式。这样既能发现铜匜的共性，又能区分不同地区铜匜的差异，从而考察铜匜在各地区之间的交流和传播。

　　此外，本书通过对墓葬器物组合的分析，明确铜匜在礼器组合中的地位和器物组合的变化，进而探讨铜匜功用的变化及兴衰的原因。

三、铜匜的研究意义

　　铜匜研究是古代青铜器研究的重要组成部分。铜匜出现在两周之际的山东地区，具有地方特色，随后传播到中原、南方、北方等地。春秋中晚期，铜匜在墓葬组合中出现频率非常高，构成中原地区墓葬的基本铜礼器组合。可见，铜匜在青铜礼器中的地位不可小觑。它的起源时间、使用范围都具有可探讨的价值。铜匜起源于其他青铜器类处于衰落期的两周之际，它在此时兴起，值得探究。铜匜集中出土于山东、中原地区，尤以山东地区数量较大、种类较为复杂，与当地文化有何渊源也值得我们思考。

以研究现状而言，目前铜卮的研究多侧重某一具体问题的讨论，虽然已有很多学者开始关注铜卮，并做专文加以研究，但仍有很多问题存在争议。而且铜卮作为青铜器文化的一部分，其形制、纹饰、铭文、器物组合关系的研究成果均可与其他器物相互参考，因此有必要对铜卮再做进一步的综合研究。如前所述，前辈学者对铜卮的研究已经做了大量开拓性的工作，取得了显著的成果。近年来的考古发掘工作，又为我们研究铜卮提供了有利的条件。本书将在前人研究的基础上，依靠考古发掘资料，兼收传世铜卮，对铜卮进行深入的探讨。

第一章 铜卮的定名

第一节 铜卮定名分析

本书称之为"卮"的器物为口部和腹部横截面皆呈椭圆形的青铜器。《宣和博古图录》最早将这一器形命名为"卮"。在此之前的宋代吕大临的《考古图》①收录1件铜卮,将其命名为"两耳杯"。《续考古图》②沿用了《考古图》的定名,仍然称其为"杯"。清代《西清古鉴》③首次将此种青铜器称为"舟",并将卮单独列出,以示区别。但是,从该书收录的卮和舟的形制判断,多数"卮"和"舟"是属于同一类的。另外《西清古鉴》所录名为"盉"的器物,形制上也属铜卮。

到了近代,容庚先生《商周彝器通考》④一书引用《说文·卮部》对卮的解释"卮,圜器也,一名觛,所以节饮食",遵从《宣和博古图录》将其命名为"卮"。马承源先生《中国青铜器》⑤一书将其命名为椭杯,与《考古图》的观点一致。1966年洛阳哀成叔器出土,器物内底铸有自名,学者多将其释读为"鍑",如刘翔先生《说鍑》一文。

综合前人的研究,我们发现,学者对铜卮的命名有杯、舟、鍑、卮四种。

《考古图》在收录的单耳杯后注释"古杯多狭长,见《淮南子》",吕大临之所以称其为"杯",是因为《淮南子》"窥面于盘水则圆,于杯则椭"⑥的记载。但《淮南子》是汉代的典籍,该书中提到的"杯"应该是汉代常见的耳杯。

《西清古鉴》将其命名为"舟",根据器物呈椭圆形的特点并结合《周礼·司尊彝》"尊彝皆有舟"的记载,得出"舟"之名的结论。马承源先生《中国青铜器》一书认为舟是放置尊彝的座托,否定了"舟"这一命名⑦。而且随着考古学的发展,出土

---

① (宋)吕大临:《考古图》,清乾隆四十六年四库全书文渊阁书录钱曾影钞宋刻本,中华书局,1987年。
② (宋)赵九成:《续考古图》,清乾隆四十六年四库全书文渊阁书录钱曾影钞宋刻本,中华书局,1987年。
③ (清)梁诗正:《西清古鉴》,清乾隆二十年内府刻本影印本,上海古籍出版社,1991年。
④ 容庚:《商周彝器通考》,中华书局,2012年。
⑤ 马承源:《中国青铜器》,上海古籍出版社,1988年,177~180页。
⑥ 何宁:《淮南子集释》,中华书局,1998年,807页。
⑦ 马承源:《中国青铜器》,上海古籍出版社,1988年,177~180页。

器物不断增加，新出现的一些器形有力地驳斥了这种主观臆测。曾侯乙墓[①]曾出土尊盘相套的组合形式，李学勤先生就此著文《论擂鼓墩尊盘的性质》[②]论述了曾侯乙墓出土尊盘的用途和定名，并认为安徽寿县蔡昭侯墓[③]出土的尊、盘与曾侯乙墓所见尊、盘一样，应该是相套出现，有异曲同工之妙。李学勤先生结合《周礼·司尊彝》"司尊彝掌六尊六彝之位……春祠夏禴，祼用鸡彝、鸟彝，皆有舟；……其朝践用两大尊，其再献用两山尊，诸臣之所酢也"，将承托尊之盘定名为舟，并且认为这种尊盘组合就是文献所记载的"祼器"。何景成、王彦飞《自名为"舟"的青铜器解说》[④]一文，搜集青铜器自名为"舟"的一类器物，分析了"舟"的铭文书体、器物的组合关系等。文章认为舟是一种盘形器，和尊配套使用，用来承载尊，与汉代的"承旋"类似。因此，"舟"是另外一类器物的名称，与本书讨论的"匜"是完全不同的两类器物。

匜与鉴命名的争论点在于该器物自名的厘定问题。1966年哀成叔匜发现后简报将其定为"鉴"，刘翔先生又结合其他4件自名相似的器物，将它们统称为"鉴"，并界定了这类器物的形制。而李学勤先生结合新见的一件自名器物，将该自名厘定为"匜"。李学勤先生在《释东周器名匜及有关文字》[⑤]一文中提到：

  蔡太史"鉴"……字的左边为"金"，右边有"木"，另外的部分和图a（图1-1，1）右半其实是一样的，即在"口"下增加一笔。

  哀成叔"鉴"……看图c（图1-1，3）知字系反书。把字翻过来，就不难看出，字也从"金"，另一边有"木"及在"口"侧加一短笔。这与蔡太史"鉴"的字结构并无差别，只是"口"的增笔有点不同。

  史孔"鉴"……字不从"金"，仅从"木""口"，其"口"可理解为上述"口"字加笔那个字的省简。

  "口"字加笔是什么字呢?通过战国古文的研究，可知是"只"字。《说文》云"只，从口，象气下引之形"，笔作图e（图1-1，5）之形。在战国文字中，"只"作图f、g、h（图1-1，6～8）等形（汤馀惠：《战国文字编》，第320页，福建人民出版社，2001年。何琳仪：《战国古文字典》，第746—747页，中华书局，1998年），都是在"口"下加笔，以"象气下引"。其间如图f（图1-1，6），不难看出正是图a、b（图1-1，1、2）所从的直接衍变，

[①] 湖北省博物馆：《随县曾侯乙墓》，文物出版社，1980年。

[②] 李学勤：《论擂鼓墩尊盘的性质》，《江汉考古》1989年第4期。

[③] 安徽省文物管理委员会等：《寿县蔡侯墓出土遗物》，科学出版社，1956年。

[④] 何景成、王彦飞：《自名为"舟"的青铜器解说》，《古文字研究》第三十辑，文物出版社，2014年，162～167页。

[⑤] 李学勤：《释东周器名匜及有关文字》，《文物中的古文明》，商务印书馆，2008年，330～334页。

其余变化的轨迹也是清楚的。

因此,……"觗"字,……"铄"字,……"枳"字。这也解决了释"釾"字时的声旁并不从"禾"的困难。"和"字以"禾"为声,不能改从"禾"为从"木"。"枳"字从"只"声,音与"只"全同,所以从"只"、从"枳"是同样的。

"只""枳"在古音都是章母支部字(陈复华、何九盈:《古韵通晓》,第177页,中国社会科学出版社,1987年),与"卮"字的音完全相同,可相通假。这证明宋人把这种形制的青铜器定名为"卮"是十分正确的。

"卮"为什么可写作从"角"从"只"声的"觗"?《汉书·高帝纪》注引东汉应劭云"卮,乡饮酒礼器也。古以角作,受四升。古'卮'字作'觗'",说明了这个问题。古以角作,故字可从"角";今以铜制,故字又可从"金"。至于声旁作"只""枳""氏"等,都是一样的。作为通假字,仅以表音,也就可以用"枳"来代替了。

李学勤先生从文字学角度,对该类器形定名为"卮"的分析缜密细致。此外,李学勤先生还在其《释东周器名卮及有关文字》文中举出陈肪簋,文中提到:

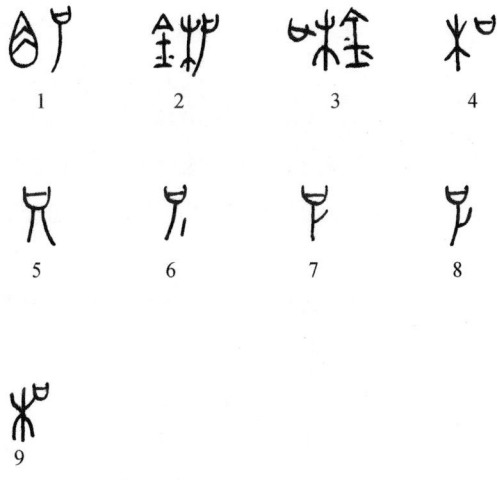

图1-1 "卮"字相关字形图

1.新见青角只铜器"觗"字 2.蔡太史卮"铄"字 3.哀成叔卮"釾"字 4.史孔卮"枳"字
5.《说文》"只"字 6~8.楚简文字"只"旁 9.左关卮"枳"字

陈肪簋……,和子禾子釜等一样是齐器。铭文开首说:"惟王五月元日丁亥,肪曰:余陈仲裔孙,釐叔枳子……"这个"枳"字前人也释为"和",或云釐叔即陈釐子,或云和为齐太公(参看杨树达:《积微居金文说》,中华书局,1997年,167页)。按陈釐子名乞不名和,田齐太公并无釐叔谥号。

簋铭的"枳"应读为同属章母支部的"支"。作器者贩是陈敬仲完裔孙，釐子乞的支子。"支子"见于《仪礼·丧服》，即嫡长子之弟。

通过字形分析，我们可以判断，铜㐀的自名与"鉌"相去较远，应该厘定为"㐀"。另外，笔者又搜集了《集成》中自名书体与"㐀"相似的几件器物，并从器形上做进一步确认。这几件器物分别是左关鉌、史孔和、蔡太史㐀、哀成叔㐀、邵宫和、新见㐀。它们自名的铭文拓片见图1-2。

图1-2 "㐀"金文字形图
1. 史孔和 2. 左关鉌 3. 邵宫和 4. 蔡太史㐀 5. 哀成叔㐀 6. 新见㐀

首先，从字形看，图1-2所列6个自名的字形书体虽然较为接近，但细分起来差别较大。可以将他们分成三类：第一类，鉌（和），史孔和、左关鉌（图1-2，1、2）；第二类，㐀，蔡太史㐀、哀成叔㐀、新见㐀（图1-2，4~6）；第三类：和，邵宫和（图1-2，3）。

第一类：左关鉌、史孔和，两者的自名鉌和和都是木字旁加口，不同之处在于"钅"字旁的有无。"钅"表示质地，和没有"钅"字旁属于省笔现象，因此，两字可以认为是同一个字。

第二类：蔡太史㐀、哀成叔㐀、新见㐀。三者口部都有出笔，按照李学勤先生的看法，都是"只"的异形，三者应为同一字"㐀"。

第三类：邵宫和铭文中的"和"的写法明显与前两者不同，前两者皆为"木"，而邵宫和中"和"的左边为"禾"。可见"禾"与"木"在金文的写法上是有差别的，之前将"㐀"中间的"木"定为"禾"是不可取的。

其次，从它们的用途和器形看，也应分成三类：第一类，史孔和、左关鉌（图1-3，1、2），两者口部横截面呈圆形，用途为量器的鉌（和）；第二类，邵宫和，水器盉（图1-3，3）；第三类：口部横截面呈椭圆形的酒器㐀，蔡太史㐀、哀成叔㐀（图1-3，4、5）。

第一类：史孔和、左关鉌口部横截面为圆形，与蔡太史㐀、哀成叔㐀以及我们之后习见的铜㐀形制确有本质的区别，不能归为一类。史孔和，高7.5厘米，直径11厘米，圆口，平底，腹部有一圈绳纹，是一件传世器，现藏国家博物馆。郭沫若和夏

图1-3 自名器器形图
1. 史孔盉 2. 左关鉶 3. 邵宫盉 4. 蔡太史匜 5. 哀成叔匜

鼎将其定为量器①,郭沫若先生甚至说史孔盉"可与商鞅量、秦权、秦量、汉尺等量器媲美,是中国计量史、农业史上一件不可多得的文物",该器是西周时期的量器"合"②。左关鉶,1857年出土于山东省胶县灵山卫③,同出的还有子禾子铜釜、陈纯铜釜。子禾子铜釜有铭文"左关釜节于廩釜,关鉶节于廩",结合左关鉶与子禾子铜釜的铭文可知,三件器物是一组同时使用的量器④。综上所述,第一类的两件器物在功用上应属量器。

第二类:邵宫盉,形制特殊,形制像壶,颈部一侧有流,可能是盉的异形体,故其自名也与"盉"有差别。

第三类:蔡太史匜和哀成叔匜,两者口部和腹部横截面皆呈椭圆形。这两件器物共同特征明显,应为同一类器形。

这种口部横截面为椭圆形的铜器厘定为"匜"更有道理。

---

① 穆玉敏:《中国历史博物馆国宝失踪第一案》,《档案春秋》2010年第8期。
② 穆玉敏:《中国历史博物馆国宝失踪第一案》,《档案春秋》2010年第8期。
③ 刘翔:《说鉶》,《江汉考古》1987年第2期。
④ 赵晓军:《中国古代度量衡制度研究》,中国科学技术大学博士学位论文,2007年,65、66页。

第二节　东周铜卮与秦汉"卮"的区别

孙机先生在《汉代物质文化资料图说》一书中对秦汉卮有专门的论述，他认为"卮是汉代常用的饮器，它原是用木片卷曲而成"①。鉴于汉卮与本书所论铜卮的区别，本节对汉代卮再做一简要论述。

最早出现"卮"一词的文献是《战国策·齐策》，记载："楚有祠者，赐其舍人卮酒，舍人相谓曰：'数人饮之不足，一人饮之有余。请画地为蛇，先成者饮酒。'一人蛇先成，引酒且饮之，乃左手持卮，右手画蛇，曰：'吾能为之足。'未成，一人之蛇成，夺其卮曰：'蛇固无足，子安能为之足？'遂饮其酒。"这则记载就是有名的"画蛇添足"。从文中的表述我们不难发现，卮是一种可以手持的饮酒器。

其他文献也有与"卮"相关的记载：

《韩非子》"堂溪公见昭侯曰：'今有白玉之卮而无当，有瓦卮而有当，君渴将何以饮？'君曰：'以瓦卮'"②。

《说文》："卮，圜器也，一名觛，所以节饮食。"③

《礼记·玉藻》郑玄注："圈，屈木所为，谓卮、匪之属。"④

《淮南子·氾论》："今夫溜水足以溢壶榼，而江河不能实漏卮。"⑤

……

总而言之，文献中被称为"卮"的器物都是酒器，只是材质不同，如玉卮、瓦卮、木卮等。

另有一类青铜器，即战国时期出现，流行于汉代的平底或平底下附三足的圆筒形铜器，近年来也被称为"卮"。这类青铜器最早见于《考古图》，共收录3件，书中将其称为"奁"（图1-4）。《宣和博古图录》收录3件同类器，也称其为"奁"，与我们现在称为"方彝"的青铜器归为一类。《考古图》和《古器具名》等书还收录一种名叫"漏壶"的器物，与这类器形相似，只是腹部下方有流，故称"漏壶"（图1-5）。《西清古鉴》收录5件同类器，也称其为"奁"。《西清续鉴甲编》卷十六收录7件同类器、《西清续鉴乙编》卷十七收录6件同类器、《宁寿鉴古》卷十三收录9件同类器，都将其称为"奁"。综上所述，我们发现，清代及其以前的学者将这类青铜器称为"奁"。"奁"，《说文解字》记载"奁，镜匣也"，是一种收纳物品的盛

---

① 孙机：《汉代物质文化资料图说》，上海古籍出版社，2008年，359页。
② 王先慎：《韩非子集解》，中华书局，2003年。
③ （汉）许慎著，（清）段玉裁注：《说文解字注》，上海古籍出版社，1981年。
④ （汉）郑玄著，（唐）孔颖达正义，吕友仁整理：《礼记正义》，上海古籍出版社，2008年。
⑤ 顾迁译注：《淮南子》，中华书局，2009年。

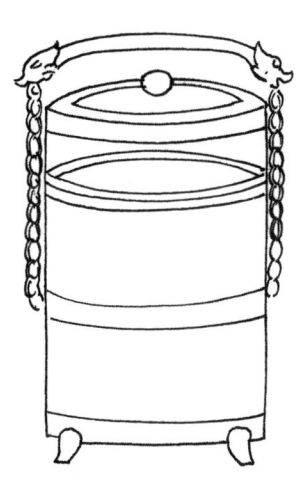 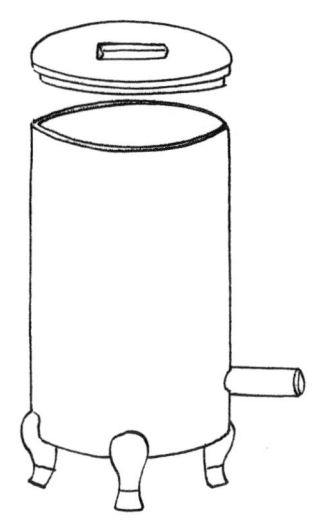

图1-4 携卮（《考古图》卷十）　　　　图1-5 漏壶（《考古图》卷九）

器。《宣和博古图录》《古器具名》等将青铜彝也称为"卮"，可见当时学者认为它们都是盛器，但这显然是有问题的。

1964年王振铎先生在《文物》杂志发表《论汉代饮食器中的卮和魁》一文，将这类青铜器定名为"卮"。文中列举文献对"卮"的记载，说明"卮"应是一种饮酒器。并搜集重要著录和报告所列16件器物，详述质地和尺寸，认为这类筒形器应是文献所述的"卮"。此后，这一类器物被称为"卮"，沿用至今。

王振铎先生认为筒形体是"卮"的共同特征，盖、耳（即鋬）、足的有无和纹饰的不同只是型式上的差异，都属于同一类器。但是，从出土器物的自名来看，盖、耳、足的不同不仅仅是同一类器物型式的差别。1962年，山西省右玉县大川村发现一批有西汉成帝"河平三年"铭文的铜器①，其中两件器物自名为"樽"，通高25厘米，口径23厘米，腹部两侧饰铺首衔环，腹下部附三熊足，盖上有提环（图1-6）。器形符合王振铎先生所列"卮"的型式，但自名"樽"。1977年阜阳县双古堆出土一批器物，其中有两件自名为"卮"的器物，通高11厘米，口径12厘米。圆形，直壁，平底，腹一侧有环形鋬手（图1-7）。两种器物同出于西汉墓葬，时代相当、器形相似，自名却完全不同。细究起来，两件器物虽然腹部相像，都是圆筒形，但差别也很明显。樽器有盖，腹下三足；卮器无盖，平底。两类器物的体量也有区别，樽器体量远大于卮器。山西右玉县出土樽，铭文中提到"铜温酒樽"，孙机先生认为这里的"温"通"醖"，是一种高浓度的酒②。樽和卮的区别主要在于体量，樽大卮小，卮的

---

① 郭勇：《山西省右玉县出土的西汉铜器》，《文物》1963年第11期。
② 孙机：《汉代物质文化资料图说》，上海古籍出版社，2008年，362页。

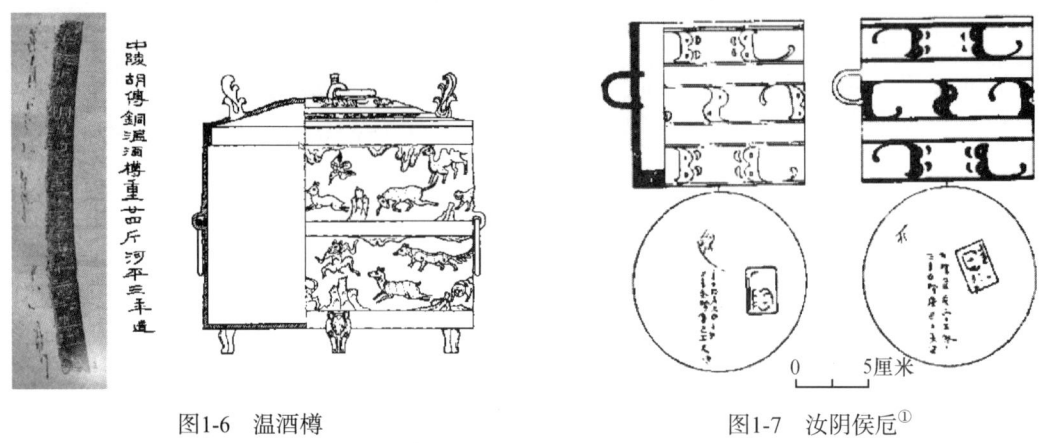

图1-6　温酒樽　　　　　　　　　图1-7　汝阴侯卮①

体腹一侧有环耳以利于把持。汉代卮很少有青铜质地,主要是漆器制品②。

　　王振铎认为在考古发掘的"原始社会晚期遗物中,早就出现了这种卮型的陶器"③,可能创制历史悠久。龙山文化遗址及其墓葬中确实出现很多这种器物④,但仔细观察,两者有明显的区别:龙山时期出土这类陶器(图1-8),腹中部成弧形,口大底小,而秦汉时期的"卮"腹为直壁,口部和底部大小相同。形制上差距较大,而且两者在时代上有断层,恐非延续下来的一类器物。

图1-8　龙山时期单耳杯

　　有一种钵形器也被称为"卮",该器器身形制似钵或碗,腹部附一单环耳。从形制上看,东周时期铜卮与这种钵形卮较为相近,但这种器物出现时代较晚,约在西汉

---

① 安徽省文物工作队、阜阳地区博物馆、阜阳县文化局:《阜阳双古堆西汉汝阴侯墓发掘简报》,《文物》1978年第8期。

② 田旭:《秦汉青铜容器研究》,清华大学硕士学位论文,2008年。

③ 王振铎:《西汉计时器"铜漏"的发现及其有关问题》,《中国历史博物馆馆刊》1980年第00期。

④ 国家文物局考古领队训练班:《兖州西吴寺》,文物出版社,1990年,79页。

晚期①（图1-9），两者之间在时代上有断层。而且这一器物并无自名为"卮"者。

这类圆筒形的"卮"盛行于汉代，本书所讨论的铜卮在战国晚期就已基本消失，可见两者有本质的差别。王子今先生著文《试谈秦汉筒形器》②分析，秦汉时期卮等筒形器，受到竹筒做器的影响。

两者都称为"卮"说明两者之间可能有某种关系。秦汉时期筒形卮盛行于铜卮将要消失的时代，从秦汉时期的文献中看，这一时期的卮也是一种酒器，在形制或者其他方面可能受到铜卮的影响，故仍然沿用"卮"这一名称。这一点在出土文物资料中也是有迹可循的，山东临淄商王村一号大墓③出土铜卮1件，椭圆形，腹部一侧有一衔环，与之相对的一侧为匕形錾手，这种匕形錾手与西汉时期钵形铜卮上的錾手极为相似（图1-9、图1-10）。但前文已经说过，这一型式的汉代卮出现较晚，要弄清两者之间的联系还需要新的考古资料的证明。当然，两者也可能并无任何关系，毕竟这种钵形卮出现较晚，而且数量较少，筒形卮和东周时期铜卮在形制上差异也很大，两者可能只是名称相同，就像两者在铭文中的写法，虽然读音相同，但写法却不相同。

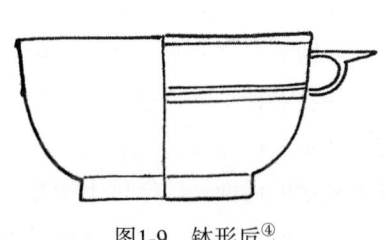

图1-9　钵形卮④

图1-10　临淄商王村M1:113铜卮⑤

---

① 田旭：《秦汉青铜容器研究》，清华大学硕士学位论文，2008年。
② 王子今：《试谈秦汉筒形器》，《文物季刊》1993年第1期。
③ 淄博市博物馆：《山东临淄商王村一号战国墓发掘简报》，《文物》1997年第6期。
④ 南京博物院：《江苏盱眙东阳汉墓》，《考古》1979年第5期。
⑤ 淄博市博物馆：《山东临淄商王村一号战国墓发掘简报》，《文物》1997年第6期。

第二章 类型学分析

春秋时期，周王室已不再具有像西周时期那样支配其他诸侯国的统治地位，从而为列国的发展带来了一种宽松的环境，各主要诸侯国竞相发展自己的势力，并陆续吞并与自己临近的小国。而在各诸侯国内部，因分封制度而有领地、属民的卿大夫也趁机扩大军事、发展经济、刮削公室、把持国政，在各诸侯国内出现诸侯和卿大夫之间、卿大夫彼此之间争夺权力的斗争。这种分裂割据的政治势力使作为贵族等级制度与礼制重要象征的青铜器也发生相应的变化，呈现出地域性增强的特点。西周时期，淮水、汉水以北各诸侯国虽各有地方性器物，但主流依然是尊奉宗周，均以王畿地区青铜器为典范，体现出较强的向心性。但春秋以降，王室衰微，以往那个政治、经济、文化中心不复存在，青铜义化的向心性局面被打破，出现了区域性的青铜文化圈，在春秋中晚期渐渐形成自己独特的青铜器礼制与工艺风格。与此同时，在西周时还被视为戎夷蛮狄的诸少数民族所建立的国家，青铜制造业也得到较快发展，并在春秋中晚期造就了区别于旧有华夏诸侯国风格的青铜器系统。春秋时期政治上的分裂割据局面反映在青铜文化上，促使地域特色加强、个性加强，在青铜文化上形成纷繁复杂的局面。鉴于以上情况，在考察春秋时期青铜器时，我们应比以前更加注意青铜器的区域性，即需要做分区讨论。铜匜出现和使用集中在春秋战国时期，因此我们在讨论铜匜的特点时先将其出现的地区进行划分，再分区进行讨论。当然，地域性、个性并不排斥共性，春秋时期各地区间的青铜器无论在形制、纹饰还是铸造工艺等方面仍存在若干共性，代表了这一时期共有的某些时代风格。我们在分区讨论之后，再进行综合比较，得出每个地区的共性与个性。

第一节 分布概况

一、山东地区

山东省内，分布着齐、鲁和若干小诸侯国。齐、鲁两国从出土文物的风格上看，有很多相近之处。山东南部一些历史悠久的小国仍保留东夷古代文化的痕迹[①]。

该地区是目前所见出土铜匜最多的地区，从山东东部半岛到中部泰山、沂蒙山山

---

① 李学勤：《东周与秦代文明》，上海人民出版社，2007年，86页。

地丘陵再到鲁西北平原，都出土铜厄。发现铜厄的地点主要有长岛大竹山岛、长岛王沟村墓地、蓬莱辛旺集墓地、蓬莱柳格庄墓地、烟台市金沟寨村墓地、栖霞吕家埠墓地、栖霞杏家庄墓地、海阳嘴子前村墓地、青岛安乐大队墓地、平度东岳石村墓地、潍坊留村遗址、潍坊岳泉遗址、潍坊达字刘遗址、临朐泉头墓地、莒县西大庄墓地、莒南大店墓地、沂水东河北村墓地、沂水刘家店子墓地、沂水纪王崮墓地、沂水略橦墓、临沂凤凰岭墓地、沂源姑子坪遗址、新泰周家庄墓地、新泰郭家泉墓地、莱芜西上崮墓地、莱芜戴鱼池墓地、泰安黄花岭墓地、泰安大汶口遗址、肥城王庄遗址、曲阜鲁故城墓地、滕州薛故城遗址、滕州庄里西墓地、滕州东康留墓地、枣庄峄城区徐楼墓地、阳谷景阳冈村墓地、济南左家洼墓地、长清仙人台墓地、长清岗辛墓地、章丘女郎山墓地、邹平大省墓地、临淄刘家新村墓地、临淄高新区隽山墓地、临淄辛店墓地、临淄东下庄墓地、临淄相家庄墓地、临淄东申桥村墓地、临淄赵家徐姚墓地、淄川南阳村墓地、淄川磁村墓地、阳信西北村墓地等。

二、中原地区

（一）河南地区

河南省地处黄河中下游，自古属豫州，居九州之中，故有"中原""中州"之称。春秋战国时，河南北部为宋、卫、郑、魏、韩等国属地，现在考古学上一般将其视为中原文化圈[①]。

属于中原文化区的铜厄出土地点有淇县赵沟墓地、淇县宋庄墓地、辉县琉璃阁墓地、荥阳官庄墓地、洛阳中州路墓地、洛阳613研究所墓地、洛阳纱厂路墓地、洛阳西郊墓地、洛阳汉河南墓地、洛阳西工区墓地、洛阳解放路墓地、洛阳西郊一号战国墓、洛阳体育场路墓地、陕县后川村墓地、新郑郑韩路墓地、新郑李家村墓地、新郑郑韩故城兴弘花园墓地、新郑铁岭墓地、新郑郑禹公路墓地、新郑郑韩故城热电厂墓地、新郑唐户墓地、尉氏河东周村墓。

（二）山西地区

山西省，春秋时属于晋国，战国时被赵、魏等国瓜分。考古学上，一般将春秋时期晋国南部，战国时魏国、赵国南部与以洛阳为中心的东周王城这一区域称为中原文化。山西省内出土铜厄的区域正属于中原文化圈。主要地点有运城南相村墓、闻喜上郭村墓、闻喜邱家庄墓、临猗城村墓地、万荣庙前村墓、新绛宋村墓、新绛东柳泉遗址、新绛西柳泉遗址、侯马上马墓地、侯马东高墓、曲沃曲村遗址、潞城潞河村墓、屯留武家沟墓、长子羊圈沟墓、长治分水岭墓地、太原金胜村墓地、原平刘庄墓等。

---

① 李学勤：《东周与秦代文明》，上海人民出版社，2007年，10、11页。

（三）河北南部地区

河北南部邯郸一带战国时隶属赵国，文化因素与中原地区相同，属于中原文化圈。中原文化区所见铜匜地点主要有涉县李家巷墓、邯郸白家村墓等。

（四）关西地区

该地区的陕西、甘肃两省境内发现了少量铜匜。陕西、甘肃在春秋战国时期属于秦、西戎之地，由于该地区所见的铜匜与中原地区铜匜并无二致，故将此地区划入中原文化圈。发现铜匜的主要地点有陕西凤翔高庄墓地、陕西凤翔八旗屯墓、陕北横山遗址、甘肃张掖木龙坝、甘肃礼县圆顶山等。

三、南方地区

本书所列南方地区包括湖北、湖南、江苏等。这三地出土有铜匜，其中以湖北地区最多，湖南、江苏只是零星所见。从地理位置看，湖北、湖南在春秋战国时属于楚文化范围，江苏则是吴、越的境地，但江苏所见铜匜很少，且形制与湖北所出铜匜并无二致，因此，我们认为江苏所见铜匜应是受到楚文化影响而产生的。南方地区属于楚文化的范畴，本区所出铜匜的主要地点有当阳金家山墓地、当阳赵家湖墓地、襄阳山湾墓地、云梦睡虎地墓、南京六合程桥墓、苏州城东北遗址、麻城李家湾墓、湘潭古塘桥墓。

河南南部也属楚国势力范围。楚文化区的铜匜出土地点有平顶山应国墓地、淅川下寺墓、信阳平桥墓、潢川高蹈场墓、固始侯古堆墓。

四、北方地区

河北北部，春秋战国时属于燕赵之地，也有一些少数民族所建的诸侯国，虽然国祚不长，但也曾盛极一时，如灵寿地区的中山国。赵国北部、中山国、燕国及更北的方国部族则构成北方文化圈。北方文化圈所见铜匜地点主要有灵寿西岔头村墓、灵寿中山国墓地、新乐中同村墓、唐县钓鱼台村遗址、涿鹿大堡镇遗址、怀来甘子堡墓地、延庆军都山墓地、延庆县东北墓地等。

我们共搜集到285件铜匜，出土259件、传世26件（附表五、附表六）。通过地区分布分析，我们发现，铜匜的分布范围广，北至北京延庆，南至湖南湘潭，东到黄海，西到甘肃张掖。铜匜的区域性分布明显，山东地区是铜匜的"聚居地"，数量最多。铜匜的融入性强,齐鲁文化、中原文化、燕文化、秦文化、戎人文化都发现有铜匜。

李学勤、朱凤瀚等先生在其论著中讨论过东周时期的区域文化划分问题,如李学勤先生将东周时代列国分为七个文化圈:中原文化圈,地处黄河中游,北到晋国南部,南到郑国、卫国,也就是战国时期周和三晋(不包括赵国北部);北方文化圈,包括赵国北部、中山国、燕国及更北的方国部族;齐鲁文化圈,即山东境内齐、鲁和若干小诸侯国构成的文化圈;楚文化圈,即长江中游地区的楚国,包括楚之南,楚之北受楚国影响的各方国部族;淮水流域和长江下游的吴越文化圈;西南地区的巴蜀文化圈;秦文化圈[1]。朱凤瀚先生将青铜文化圈划为八大区域:中原地区,北方地区,山东地区,汉水以北、淮水流域及邻近地区,汉水流域及长江中游地区,长江下游地区,湘东、桂东与岭南地区,关西地区[2]。两位先生所分的区域大致相同。

根据铜匜的主要出土地点,我们发现齐鲁文化圈、中原文化圈、北方文化圈、楚文化圈基本囊括了铜匜的出土范围,关西地区、吴越文化圈只见零星几件铜匜。本书将关西地区出土的青铜器归入中原文化圈,吴越文化圈所出铜匜归入楚文化圈,一并讨论。本书的分型分式、墓葬组合等将按照文化区域不同,分别进行讨论,这样能够更好地判断区域特征。

第二节 型式分析

我们通常"把式规定为只表示先后(上下)的直系关系,而把类和型主要视为平行(左右)的旁系关系,或原生与次生(派生)的关系"[3]。同一类器物又可以有不同的标准进行形制划分。本书铜匜的型式划分主要是为了区域研究的需要。笔者在搜集资料过程中发现,铜匜底部的特征最能反映它在不同区域的分布情况,故本书对铜匜的形制划分首先依照底部的特点来区分。这里需要说明的是,各式之间的时代并不是绝对独立的,同式器物的延续时间或长或短,甚至可以跨越几个时期。因而式与式之间所体现的是一种相对的早晚关系,其中也不排除后一式中时代较早者的绝对年代可能早于前一式中时代较晚者的绝对年代。

铜匜按照底部特征可以分为三大类:甲类平底,乙类底部附四足,丙类圈足。由于铜匜地域性特点非常明显,故本书先对铜匜进行地区的分类,再按地区的不同进一步做类型学的分析,最后进行总结。本书根据前文提到的文化圈结合现代地理区划将铜匜分了四个地区:山东地区(即齐鲁文化圈)、中原地区(即中原文化圈,包含关

---

[1] 李学勤:《东周与秦代文明》,上海人民出版社,2007年,10页。
[2] 朱凤瀚:《中国青铜器综论》,上海古籍出版社,2009年,1533页。
[3] 邹衡:《论古代器物的形式分类》,《夏商周考古学论文集(续集)》,科学出版社,1998年。

西出土的5件铜匜）、北方地区（即包含燕文化和戎人文化的北方文化圈）、南方地区（主要是楚文化圈，包含吴越文化圈出土的2件铜匜）。

一、山东地区

（一）型式划分

山东地区共出土132件匜，形制明确者有85件，下文对这85件铜匜进行形制分析。

1. 甲类

铜匜数量最多，共78件。按耳部特征可分为二型：A型，单耳；B型，双耳。

A型　13件。根据口部以及腹部特征可以分为二亚型。

Aa型　10件。鼓腹，束颈，侈口。根据口部长径逐渐加大，可以分为三式。

Ⅰ式：5件。口平面略呈椭圆形，侈口，鼓腹，平底。标本：莒县西大庄M1∶14针脚纹匜[①]，腹部饰一周针脚纹。高6.4厘米，口径8.8厘米×7.9厘米，底径6.7厘米×6.2厘米。春秋早期偏早（图2-1）。

Ⅱ式：4件。口平面呈椭圆形，侈口，卷沿，单环耳，平底。标本：蓬莱柳格庄M4∶55三角纹匜[②]，口沿下饰不规律涡纹和三角纹。口径9.8厘米×7.4厘米，腹深6厘米，底径6.5厘米×5.8厘米。春秋中期偏早（图2-2）。

Ⅲ式：1件。口平面呈长椭圆形，盖微鼓，盖顶一环纽。标本：沂水刘家店子M1∶99有盖匜[③]，盖与口下饰蟠螭纹。腹径18.8厘米×15.4厘米，通高13.5厘米。春秋中期偏晚（图2-3）。

图2-1　针脚纹匜
（莒县西大庄M1∶14）

图2-2　三角纹匜
（蓬莱柳格庄M4∶55）

图2-3　有盖匜
（沂水刘家店子M1∶99）

---

① 莒县博物馆：《山东莒县西大庄西周墓葬》，《考古》1999年第7期。
② 烟台市文物管理委员会：《山东蓬莱县柳格庄墓群发掘简报》，《考古》1990年第9期。
③ 山东省文物考古研究所、沂水县文物管理站：《山东沂水刘家店子春秋墓发掘简报》，《文物》1984年第9期。

Ab型　3件。鼓腹，侈口，束颈，腹部短边两侧各有一小系纽。根据腹部的深浅可以分为二式。

Ⅰ式：2件。鼓腹，束颈，侈口，腹较深。标本：临淄齐古城M1∶9夔龙纹匜[①]，口沿下饰二小纽，腹饰夔龙纹，口沿下2厘米处饰宽4厘米的夔龙纹带。两范合铸。高8.5厘米，口径10.2厘米×8厘米，腹径12.5厘米×10.5厘米。春秋早期偏晚（图2-4）。

Ⅱ式：1件。侈口，卷沿，平底，腹较前一式浅。标本：曲阜鲁故城M203云纹匜[②]，腹上部饰垂鳞纹，下部饰三角云纹，器高7厘米，长13.5厘米，宽9.7厘米。春秋中期偏早（图2-5）。

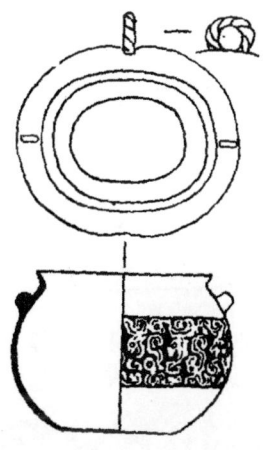

图2-4　夔龙纹匜
（临淄齐古城M1∶9）

图2-5　云纹匜
（曲阜鲁故城M203）

B型　65件。根据腹部及口部特征可以分为四亚型。

Ba型　4件。侈口，束颈，鼓腹，腹部短边各有一小细纽。根据腹部由浅变深可分为三式。

Ⅰ式：1件。腹部较深。标本：栖霞吕家埠M1素面匜[③]，口微侈，圆唇，鼓腹，平底。短边饰两个对称的小系纽，耳径0.08厘米。两长边饰两个对称的大环形耳。耳径2厘米，口径14厘米×8厘米，腹径16厘米×12厘米，高7厘米。春秋早期偏晚（图2-6）。

Ⅱ式：2件。腹部变浅。标本：滕州薛故城M1∶1鸟纹匜[④]，侈口，鼓腹，小平

---

① 齐国故城遗址博物馆、临淄区文物管理所：《山东临淄齐国故城西周墓》，《考古》1988年第1期。

② 山东省文物考古研究所等：《曲阜鲁国故城》，齐鲁书社，1982年，108、109页。

③ 栖霞县文物管理所：《山东栖霞县松山乡吕家埠西周墓》，《考古》1988年第9期。

④ 山东省济宁市文物管理局：《薛国故城勘查和墓葬发掘报告》，《考古学报》1991年第4期。

底。颈部短边两侧各置一小系纽，腹部长边一侧置兽首形錾，另一侧置环形錾。腹部饰一周鸟纹。通高11.8厘米，口长12厘米。春秋中期偏晚（图2-7）。

Ⅲ式：1件。腹部变浅，器身有盖。标本：海阳嘴子前M4：132有盖匜①，腹部满饰三角螭纹，盖面满饰花纹、雷纹地，共有十条蛇屈曲盘绕，四蛇有鳞纹，其余的没有，二蛇有足，蛇首昂立，栩栩于器面。通高10.2厘米。春秋晚期偏早（图2-8）。

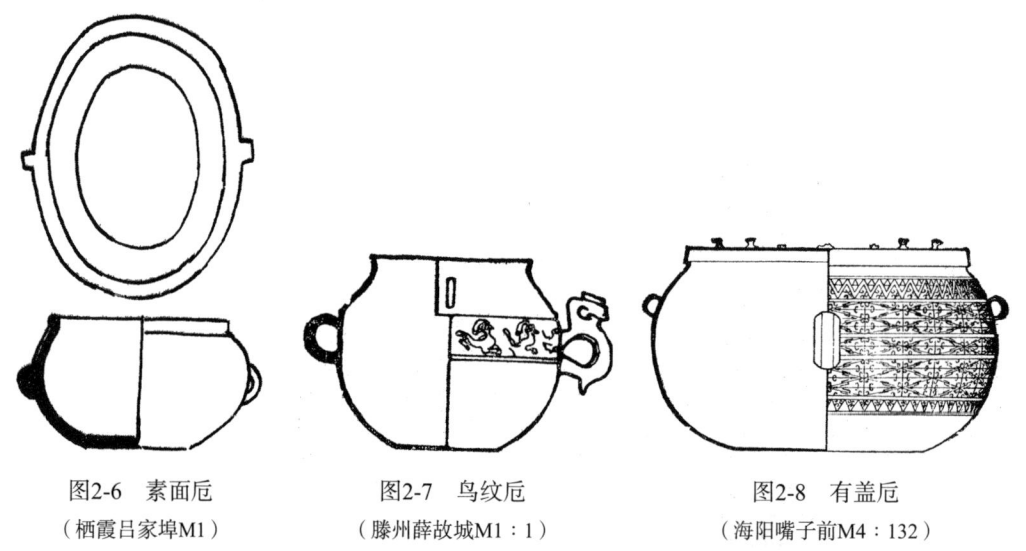

图2-6　素面匜　　　　图2-7　鸟纹匜　　　　图2-8　有盖匜
（栖霞吕家埠M1）　　（滕州薛故城M1∶1）　　（海阳嘴子前M4∶132）

Bb型　19件。鼓腹，侈口，束颈。根据盖的出现及其形制，分为五式。

Ⅰ式：3件。鼓腹，侈口，束颈，口平面微呈椭圆形，无盖。标本：曲阜鲁国故城M305三角云纹匜②，腹部饰三角卷云纹。器高6.1厘米，口径9.2厘米×7.3厘米。春秋中期偏早（图2-9）。

Ⅱ式：5件。鼓腹，侈口，束颈，口平面呈长椭圆形，无盖。标本：凤凰岭殉4∶4三角纹匜③，圆唇，平底。腹中部饰变形三角纹，腹两侧各饰一对称环耳。高7.8厘米，口径17.8厘米×12.4厘米。春秋中期偏晚（图2-10）。

Ⅲ式：6件。鼓腹，侈口，束颈，口平面呈长椭圆形，有盖，平顶。标本：滕州薛故城M2∶79有盖匜④，盖顶置四个环形纽。高8.8厘米，长15.5厘米，宽12.5厘米。春秋晚期偏早（图2-11）。

Ⅳ式：3件。鼓腹，侈口，束颈，口平面呈长椭圆形，有盖，弧顶。标本：邹平

---

① 烟台市文物管理委员会、海阳县博物馆：《山东海阳县嘴子前春秋墓的发掘》，《考古》1996年第9期。
② 山东省文物考古研究所等：《曲阜鲁国故城》，齐鲁书社，1982年，108、109页。
③ 山东省兖石铁路文物考古工作队：《临沂凤凰岭东周墓》，齐鲁书社，1987年，12、13页。
④ 山东省济宁市文物管理局：《薛国故城勘查和墓葬发掘报告》，《考古学报》1991年第4期。

大省M7有盖匜[1]，器形较矮，长椭圆形，鼓腹，盖微隆起，小平底。盖中有一半圆形鼻，外周置对称四环纽，腹部有对称环耳。通高9～10厘米，口径16.5～16.8厘米，腹径17～18.9厘米。春秋晚期偏晚（图2-12）。

Ⅴ式：2件。鼓腹，侈口，束颈，口平面呈长椭圆形，有盖，盖顶隆起。标本：济南左家洼M1：10有盖匜[2]，盖隆起，中心有一环纽，周围四环纽。高10.85厘米，口径18厘米×13.6厘米。战国早期（图2-13）。

 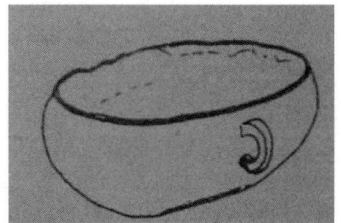 

图2-9　三角云纹匜　　　　图2-10　三角纹匜　　　　图2-11　有盖匜
（曲阜鲁国故城M305）　　（临沂凤凰岭殉4：4）　　　（滕州薛故城M2：79）

 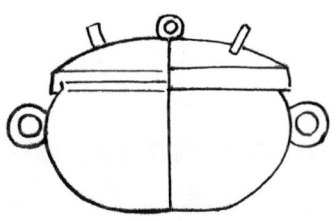

图2-12　有盖匜　　　　　　图2-13　有盖匜
（邹平大省M7）　　　　　（济南左家洼M1：10）

Bc型　26件。敛口，斜收腹，最大径在器身中部偏上。根据腹壁斜收程度以及口沿的变化分为五式。

Ⅰ式：4件。敛口，小卷沿。斜收腹，腹部最大径靠近口沿处，腹壁微弧。标本：临沂凤凰岭器物坑：35素面匜[3]，圆唇，素面。高9厘米，口径24.5厘米×18.8厘米。春秋中期偏晚（图2-14）。

Ⅱ式：3件。卷沿消失，腹壁由口沿下内收。标本：淄川磁村M1：4有盖匜[4]，

---

① 山东省惠民地区文物组、邹平县图书馆：《山东邹平县大省村东周墓》，《考古》1986年第7期。

② 济南市文化局文物处、历城区文化局：《山东济南市左家洼出土战国青铜器》，《考古》1995年第3期。

③ 山东省兖石铁路文物考古工作队：《临沂凤凰岭东周墓》，齐鲁书社，1987年，12、13页。

④ 任相宏、张光明、刘德宝：《淄川考古》，齐鲁书社，2006年。

器盖为平顶，其上有一个环纽。通高7厘米，腹径16.6厘米×12.2厘米。春秋晚期偏早（图2-15）。

Ⅲ式：8件。腹壁内收，最大径上移。标本：滕州薛故城M6：2有盖匜[①]，椭圆形，敛口，口沿下部外鼓，有肩。肩两侧饰对称双耳。有盖，盖纽为环形。高14厘米，口径13厘米×17厘米。春秋晚期偏晚（图2-16）。

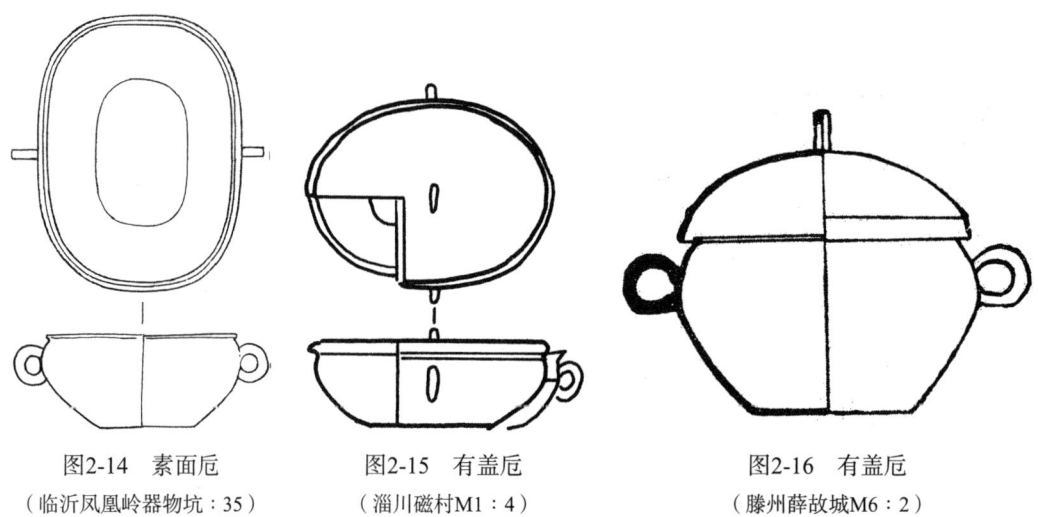

图2-14　素面匜
（临沂凤凰岭器物坑：35）

图2-15　有盖匜
（淄川磁村M1：4）

图2-16　有盖匜
（滕州薛故城M6：2）

Ⅳ式：9件。腹壁内收变直。标本：泰安黄花岭绳纹匜[②]，椭圆形口内敛，两侧附对称二耳，耳上饰有绳纹，平底。高6.2厘米，口径12厘米×13.5厘米。腹部比其他型式的铜匜深。战国早期（图2-17）。

Ⅴ式：2件。腹壁斜收成直壁。有盖，盖顶隆起。标本：临淄赵家徐姚M1：2有盖匜[③]，深腹，弧形盖，顶置四个环纽，纽与盖身铆合，盖内壁有铆痕。通高12.8厘米，长轴20厘米，短轴15.6厘米。战国晚期（图2-18）。

Bd型　16件。直口。无盖、平盖或盖顶隆起。

标本1：临淄齐墓LXM6X：13素面匜[④]，器呈圆角长方形，敛口，弧腹，平底，两长边有一对称环耳。口径12厘米×10.2厘米，底径9.1厘米×7.6厘米，高6.8厘米，通高10.3厘米。战国早期（图2-19）。

标本2：临淄东申桥有盖匜[⑤]，方圆直口，两环耳。盖上三纽，出土时底部有鲜艳的孔雀蓝色。高12.5厘米，口径15厘米×12.6厘米。战国中期（图2-20）。

[①] 山东省济宁市文物管理局：《薛国故城勘查和墓葬发掘报告》，《考古学报》1991年第4期。
[②] 林宏：《山东泰安市黄花岭村出土青铜器》，《考古与文物》2000年第4期。
[③] 淄博市临淄区文化局：《山东淄博市临淄区赵家徐姚战国墓》，《考古》2005年第1期。
[④] 山东省文物考古研究所：《临淄齐墓》第一集，文物出版社，2007年，293页。
[⑤] 李剑、张龙海：《临淄出土的几件青铜器》，《考古》1985年第4期。

第二章 类型学分析

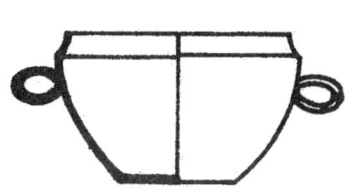

图2-17 绳纹匜
（泰安黄花岭）

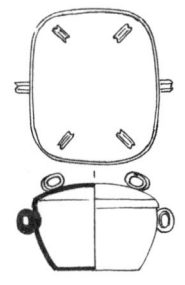

图2-18 有盖匜
（临淄赵家徐姚M1∶2）

图2-19 素面匜
（临淄齐墓LXM6X∶13）

2. 乙类

6件。腹下附4蹄足，有盖，盖顶隆起，盖顶及器身饰乳钉纹。山东地区出土乙类铜匜数量较少，形制依从中原地区乙类铜匜的划分方式，划入乙类A型Ⅰ式。标本：长清仙人台M5∶75四足匜[①]，盖覆盘形，顶中间一环形小纽，周围有四个较大的环形纽。器腹及顶盖饰有蟠虺纹三周，其中器腹及盖顶近沿的蟠虺纹带还间以乳钉纹。口径18.6厘米×13.5厘米，通高14.5厘米。春秋晚期偏早（图2-21）。

3. 丙类

1件。腹下附圈足。标本：淄川磁村M02∶3圈足匜[②]，方唇，侈口，鼓腹，平底，圈足，圈足上有两行相对排列的三角形镂孔，在腹部短腹径的两端有两个环形纽，素面，器盖微隆起，盖上有五个环纽。通高9.2厘米，腹径12.6厘米×9.7厘米。春秋晚期偏晚，该器形制与中原地区丙类铜匜差距较大，故将该器单列为C型（图2-22）。

图2-20 有盖匜
（临淄东申桥）

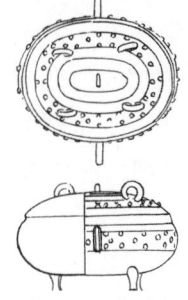

图2-21 四足匜
（长清仙人台M5∶75）

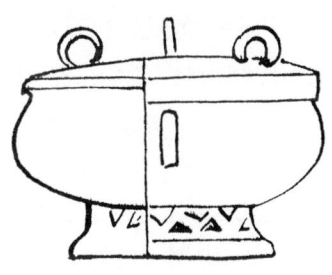

图2-22 圈足匜
（淄川磁村M02∶3）

---

① 山东大学历史文化学院考古系：《长清仙人台五号墓发掘简报》，《文物》1989年第9期。
② 任相宏、张光明、刘德宝：《淄川考古》，齐鲁书社，2006年。

（二）形制演变及其特征探讨

甲类Aa型Ⅰ式是铜匜的早期形态，此型匜主要出现在莒县西大庄、临朐泉头村、栖霞、淄川，集中于山东中南部，半岛地区也有出土。Ⅱ式匜主要发现于莒县、沂源、潍坊一带。甲类Aa型匜口沿由斜宽向平窄发展，腹部由深向浅演变，平底逐渐变大。纹饰的发展趋势是从素面到腹部增加了纹饰，再到以通体素面居多，流行时间从春秋早期到中期。铜匜在山东地区出现在两周之际，而中原最早出现于春秋中期前段的洛阳中州路M2415[①]，从时间上看，山东地区应是铜匜的起源地，至于其起源于山东的原因，详见下文。

甲类Ab型匜与甲类Aa型匜的唯一区别在于短边上的系纽。这一形制的铜匜演变趋势是器高与器身最大径之比逐渐变小，腹部由深变浅，体型由小变大。纹饰主要有垂叶象鼻纹、夔龙纹、垂鳞纹、三角云纹、鸟纹。与甲类Ab型铜匜形制接近的还有一件，出土于莒县茶城，该器物现藏于莒县博物馆。该器腹部较Ab型Ⅰ式铜匜更深，体量较小，但无共存器物，时代尚难判断，暂不列入本书型式讨论范围。

总体来看，A型单耳是铜匜的早期形态，出现在春秋早期，一直延续到春秋中期，之后被双耳铜匜取代。

甲类Ba型出现于春秋早期晚段，由甲类Ab型铜匜演变而来，流行时间较短，春秋晚期后消失不见。Ba型匜的发展趋势是腹部逐渐变深，由无盖到平盖。

甲类Bb型最早出现于春秋中期早段。基本形态为鼓腹、敛口、束颈，演变趋势为由深腹变为浅腹[②]，由无盖变平盖，再演变为弧顶盖。这一类匜应该是由甲类Aa型演变而来。

甲类Bc型匜出现于春秋中期偏晚，延续时间较长，一直到战国晚期。形态由无盖向平盖再向弧盖发展，口部卷沿逐渐消失，腹部由斜收平缓向斜直发展，口部平面由椭圆形向圆角长方形发展。甲类Bc型铜匜的另一个重要特点是腹部由浅变深，高与器身最大径之比逐渐变大：Ⅰ式0.35～0.45，Ⅱ式0.45～0.55，Ⅲ式0.55～0.65，Ⅳ式大于0.7。由于发掘报告的尺寸记录并不详细，这种统计方法还有待于进一步验证。

甲类Bd型匜出现于战国早期，主要特征是直口，口部平面多呈圆角长方形。流行于战国早、中期，流行时间较短。甲类Bd型铜匜可能源于甲类Bc型匜，长清岗辛大墓：7[③]口部横截面近似长方形，直口，腹部斜内收。直口特征属于Bd型，腹部特征接近Bc型Ⅳ式。是故Bd型可能是由Bc型匜发展而来。战国中期墓葬章丘女郎山M1出土一件铜匜（M1：37），直口，口部横截面呈圆角方形，平顶盖上饰一环纽（图2-23）。

---

① 朱凤瀚：《中国青铜器综论》，上海古籍出版社，2009年，1592页。
② 这里所说的腹部深浅是按照腹深与口径之间的比例来衡量的，与容积无关。
③ 山东省博物馆、长清县文化馆：《山东长清岗辛战国墓》，《考古》1980年第4期。

从口部形制上看属于甲类Bd型，但腹饰单环耳。单环耳铜盉本书将其划入A型，出现在春秋早期，春秋中期偏晚之后消失。战国中期出现的这件单环耳铜盉除耳部特征外与甲类A型铜盉相去甚远，更接近甲类Bd型铜盉，腹部附单环耳可能是一种复古现象。

乙类铜盉形制与甲类B型青铜敦形制接近（图2-24），尤其是与甲类Bc型铜敦形制相似，该型青铜敦出现在春秋晚期，下限是战国早期[①]。说明乙类铜盉在形制上受到铜敦的影响。两者之间的区别则是乙类铜盉器口横截面为椭圆形，而铜敦器口横截面为正圆形。铜盉的体量要小于铜敦。乙类铜盉的通高不高于15厘米，最高者长清仙人台M5∶75通高为14.5厘米。而铜敦的通高一般要高于15厘米，甚至超过20厘米，铜敦的口径通常在20厘米以上，远远大于铜盉口径的尺寸。铜敦腹下多附三蹄足，而铜盉多附四蹄足，少见三足。这与两者形制有关，铜敦器身为圆形，三足即可承托器身，而铜盉器身为椭圆形，器身较长，四足才能较好地承托器身。有关铜盉与铜敦的区别，我们将在下文详述。

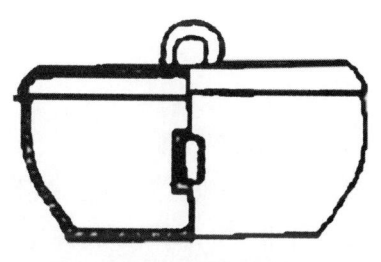

图2-23 单环耳盉
（章丘女郎山M1∶37）

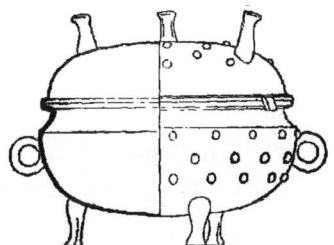

图2-24 乳钉纹敦
（左家洼LM1∶8）

丙类铜盉，山东地区目前仅见1件，圈足较高，时代为春秋晚期偏晚，可能受到中原地区铜盉形制的影响，详见下文。

山东地区出土的铜盉从时代上跨春秋早期到战国晚期。其中春秋早期出土8件盉，7件为单耳、1件为双耳。最大口径或腹径小于10厘米的有2件；最大口径或腹径大于15厘米的有2件，只有蓬莱辛旺集和栖霞吕家埠2件最大腹径或口径超过了15厘米。春秋早期出土的盉，其高度都在10厘米以下。可见盉在出现之初，器形相对较小。从春秋中期开始，尺寸变大，春秋中期13件盉中8件有尺寸记录，其中4件最大口径或腹径大于15厘米，占春秋中期总数的50%；春秋晚期22件有尺寸的铜盉中，19件腹径或口径大于15厘米、1件接近15厘米，所占比例90%；战国早期，有复兴现象，最大口径或腹径大于15厘米的器物只占总数的60%；战国中晚期都不小于15厘米。在山东地区所有的29件有盖盉中，24件高于10厘米；在高于10厘米的铜盉中，只有2件腹径或口径小于15厘米。可见，铜盉的高度和腹径的尺寸基本上相互对应。

[①] 谷朝旭：《中国古代青铜器整理与研究·青铜敦卷》，科学出版社，2016年，29~36页。

二、中原地区

（一）型式划分

中原地区所见铜匜137件，其中17件因残损等原因，简报或者报告未刊出图片，故本书对所见图像清晰的120件铜匜进行型式分析。

中原地区出土铜匜的形制与山东地区出土铜匜形制有异有同。中原地区相比山东地区，铜匜出现时间较晚，就目前掌握的资料来看，早期的单耳铜匜极少，但中原地区底部特征较为丰富，不仅有平底铜匜，更多见圈足铜匜与附足铜匜，后两类铜匜数量明显增加。本书对中原地区的型式划分大体依据山东地区的划分标准，能划入山东地区同类铜匜的中原器物与山东地区进行对照，对圈足匜与四足匜进行详细的型式划分。另外，出现个别异型铜匜，将单独讨论。

1. 甲类

中原地区所出山东地区铜匜的形制为Ab型、Ba型、Bb型、Bc型。

Ab型　1件。器口呈椭圆形，微鼓腹，平底，与山东地区Ab型Ⅱ式铜匜形制接近。洛阳体育场路西M8832：26弦纹匜[1]，腹侧短边各附一环形耳，长边一侧有一大环耳。盖上一环纽。腹部有上、中、下三组弦纹，每组各饰三周弦纹。通高9.8厘米，口长16.6厘米，宽14.2厘米；底长12厘米，宽8.6厘米（图2-25）。

Ba型　2件。侈口，束颈，鼓腹，腹部短边各有一小系纽。式别特征与山东甲类Ba型Ⅱ、Ⅲ式同。

Ⅱ式：2件。标本：中州路M2415：5雷纹匜[2]，椭圆形口微敛，唇外侈，浅腹，平底。腹两侧各饰一环耳，短边附凸纽。腹部有两带雷纹。高7.3厘米，腹径16.7厘米×12.5厘米，春秋中期偏早（图2-26）。

Bb型　共46件。侈口，束颈，鼓腹。依照口沿特征划分为三式。

Ⅰ式：5件。卷沿较深，颈部明显。标本：闻喜上郭村76M4：2云雷纹匜[3]，器壁薄，卷沿，鼓腹，底微内凹，腹侧有一对环耳（一只脱落），腹饰云雷纹一周。腹径13.7厘米×11厘米，高8厘米。春秋中期偏早（图2-27）。

Ⅱ式：35件。卷沿缩小，器身稍矮。标本：新郑弘兴花园M42：2兽耳匜[4]，椭圆

---

[1] 洛阳市文物工作队：《洛阳体育场路西东周墓发掘报告》，文物出版社，2011年，188页。

[2] 中国科学院考古研究所：《洛阳中州路（西工段）》，科学出版社，1959年，95页。

[3] 山西省考古研究所：《1976年闻喜上郭村周代墓葬清理记》，《三晋考古》第一辑，山西人民出版社，1994年，123页。

[4] 河南省文物考古研究所：《郑韩故城兴弘花园与热电厂墓地》，文物出版社，2007年，103~105页。

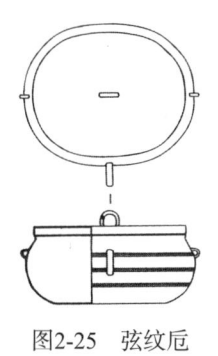 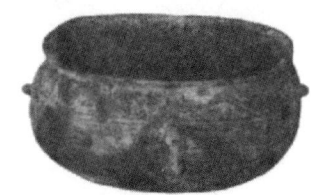 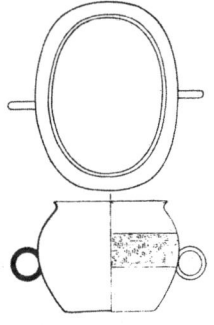

图2-25　弦纹匜　　　　　图2-26　雷纹匜　　　　　图2-27　云雷纹匜
（洛阳体育场路西M8832∶26）　（中州路M2415∶5）　（闻喜上郭村76M4∶2）

形，卷沿，方唇，短束颈，鼓腹，平底。两侧各有一兽形耳。素面。口径13.8厘米×10.7厘米，底径8.6厘米×7厘米，高7.3厘米。春中期偏晚（图2-28）。新郑铁岭墓地M429∶3素面匜[①]，窄卷沿，圆唇，微束颈，弧肩，鼓腹，下腹弧收甚，圈平底。器无盖，素面，长侧饰对称环耳。口径16.8厘米×12.9厘米，腹径18.2厘米×14.5厘米，底径8厘米×5.5厘米，高7.4厘米。春秋晚期偏早（图2-29）。

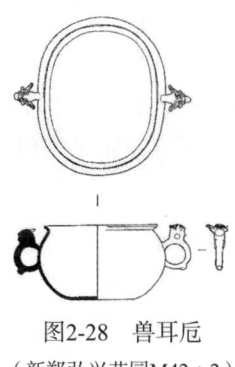 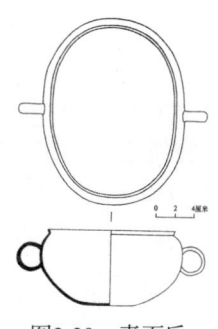

图2-28　兽耳匜　　　　　　　图2-29　素面匜
（新郑弘兴花园M42∶2）　　　（新郑铁岭墓地M429∶3）

Ⅲ式：6件。窄卷沿，微束颈。标本1：陕县后川M2056∶7有盖匜[②]，椭圆形。敞口微敛，沿略外卷，浅弧腹，平底。长腹各一环耳，耳上做兽面。盖面平，周沿下折，盖面中央立一环钮。器壁较薄。高9.5厘米，身高7.2厘米，口径13.9厘米×19.5厘米，底径7.5厘米×12.6厘米（图2-30）。标本2：新郑兴弘花园M35∶5兽耳匜[③]，椭圆形，窄折沿，弧腹，平底。腹部对称兽形双环耳。素面。口径14.2厘米×12.4厘米，底径11×6.4厘米，高5.8厘米（图2-31）。

---

① 郑州市文物考古研究院等：《新郑铁岭墓地M429发掘简报》，《中原文物》2010年第1期。
② 中国社会科学院考古研究所：《陕县东周秦汉墓》，科学出版社，1994年，56~58页。
③ 河南省文物考古研究所：《郑韩故城兴弘花园与热电厂墓》，文物出版社，2007年，96~108页。

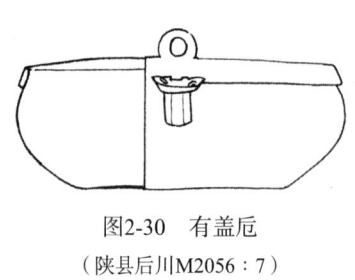
图2-30 有盖匜
（陕县后川M2056：7）

图2-31 兽耳匜
（新郑弘兴花园M35：5）

Bc型 共13件。敛口，腹部最大径接近口部，腹下部向内斜收。根据口部及腹部变化可以分为五式。

Ⅰ式：6件。微卷沿，不甚明显。腹部最大径外鼓。

标本1：闻喜上郭村89WSM5：10兽耳匜[①]，整体呈椭圆形，敛口，圆唇，鼓腹，平底，纵向两侧有兽首环形耳。素面。通高7厘米，腹径18.4厘米×14厘米，双耳最大距离18.3厘米。春秋中期偏晚（图2-32）。

标本2：洛阳613所C1M6112：7有盖匜[②]，器椭圆形，敞口微敛，口沿平直，浅弧腹，附对称环耳，平盖，周沿下折，上饰对称的4个环纽。素面。通高10厘米，身高7.8厘米，口径18厘米×14厘米，底径12厘米×7厘米。春秋中期偏晚（图2-33）。

Ⅱ式：2件。敛口，卷沿消失，腹部斜下收。标本：长治分水岭M270：17兽耳匜[③]，椭圆形，腹斜收，平底，近口沿处有兽面双耳对称。高7厘米，口径15厘米×21厘米。春秋中期偏晚（图2-34）。

Ⅲ式：2件。敛口较甚，腹部斜下收。标本：运城南相M1：6素面匜，敛口鼓腹，平底，腹部两侧有对称环耳。素面。口径9.4厘米，高7.5厘米（图2-35）。

Ⅳ式：2件。敛口，有颈，腹壁下收较直。标本：长子M1：6素面匜[④]，椭圆形，敛口，宽肩，平底，一对附耳。素面。高7.6厘米。春秋战国之际（图2-36）。

Ⅴ式：1件。敛口，有颈，腹壁斜直。标本：洛阳解放路陪葬坑C1M395：142素面匜[⑤]，椭圆形，子口，斜腹，平底，半环形双耳。素面。高6.5厘米，口径11.2厘米×8.2厘米。战国晚期（图2-37）。

以上三种形制是山东地区出现过的，另外还有C型铜匜属于中原地区特有的形制，不见于山东地区。

[①] 山西省考古研究所：《闻喜县上郭村1989年发掘简报》，《三晋考古》第一辑，山西人民出版社，1994年，139页。

[②] 洛阳市文物工作队：《洛阳市613所东周墓》，《文物》1999年第8期。

[③] 陕西省文物工作委员会晋东南工作组、山西省长治市博物馆：《长治分水岭269、270号东周墓》，《考古学报》1974年第2期。

[④] 山西省考古研究所：《山西长子县东周墓》，《考古学报》1984年第4期。

[⑤] 洛阳市文物工作队：《洛阳解放路战国陪葬坑发掘报告》，《考古学报》2002年第3期。

第二章　类型学分析

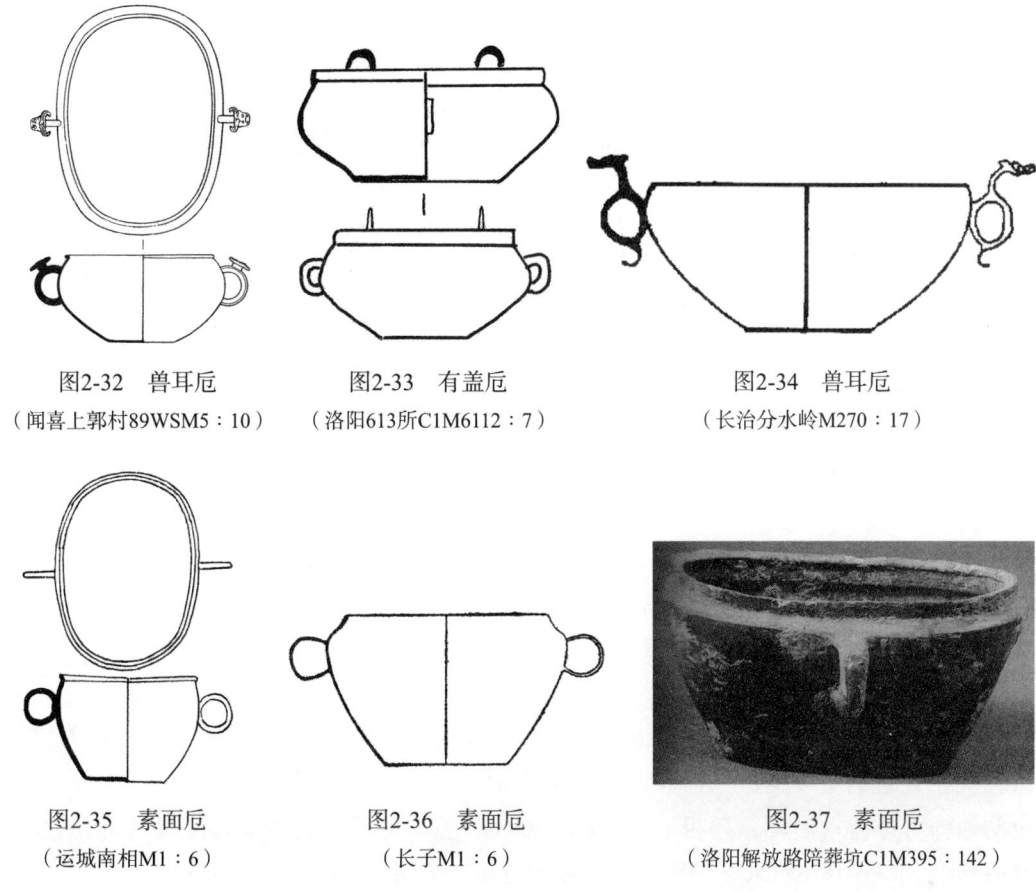

图2-32　兽耳匜
（闻喜上郭村89WSM5∶10）

图2-33　有盖匜
（洛阳613所C1M6112∶7）

图2-34　兽耳匜
（长治分水岭M270∶17）

图2-35　素面匜
（运城南相M1∶6）

图2-36　素面匜
（长子M1∶6）

图2-37　素面匜
（洛阳解放路陪葬坑C1M395∶142）

C型　7件。敞口，弧壁，双耳靠近口沿，似盆形。根据腹部由浅变深分为二式。

Ⅰ式：4件。腹部较浅。标本：洛阳西工区C1M4∶4兽耳匜①，椭圆形，敞口，浅腹，圜底，口两侧附一对兽头形环耳。高5厘米，口径15厘米。春秋中期偏晚（图2-38）。

Ⅱ式：3件。腹部较Ⅰ式深。标本：上马墓地M2148∶3素面匜②，口呈圆角长方形，直腹无颈，环形耳。素面。口径16厘米×9.7厘米，高6.2厘米。春秋中期偏晚（图2-39）。辉县琉璃阁甲墓有盖匜③，敞口细缘，束颈浅腹平底，腹上一对环耳。有盖，盖上有环纽，可反置用。长20厘米，宽19.2厘米，高11.5厘米。春秋晚期偏早（图2-40）。

2. 乙类

山东地区乙类铜匜出土数量少，使用时间仅限于春秋晚期，故没有进行型式划

---

① 洛阳市文物工作队：《洛阳两座东周铜器墓》，《中原文物》1983年第4期。
② 山西省考古研究所：《上马墓地》，文物出版社，1994年，61页。
③ 河南博物馆、台北"历史博物馆"：《辉县琉璃阁甲乙二墓》，大象出版社，2003年，102页。

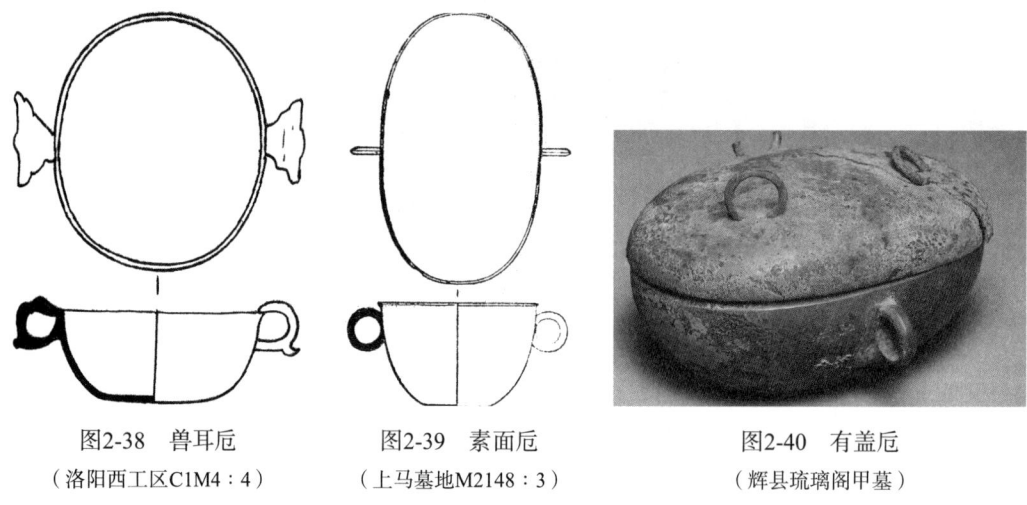

图2-38　兽耳匜　　　　图2-39　素面匜　　　　图2-40　有盖匜
（洛阳西工区C1M4∶4）　（上马墓地M2148∶3）　（辉县琉璃阁甲墓）

分。中原地区乙类铜匜数量明显增多，使用的时间跨度明显拉长，形制明显不同。根据腹部和底部的特征可以分为二型。

A型　8件。鼓腹，圜底。根据腹部及足部的变化，分为二式。

Ⅰ式：4件。下腹圜底凸出，腹部较深。标本：新郑郑韩路M6∶3四足匜[①]，素面，有盖，盖顶隆起，近缘处折出一道直壁。盖顶中央有椭圆形捉手，捉手由镂空8条缠绕在一起的龙纹构成。器身敛口，窄卷沿，鼓腹，圜底，四蹄形足中空。器身长边两侧饰对称兽首形耳，兽粗眉，圆眼，双角，张口吐舌，舌卷曲构成环耳。足根饰兽面形纹。口径18.6厘米×13厘米，通高11.2厘米（图2-41）。新郑李家村M1∶4四足匜[②]，器身呈椭圆形，弧壁，口沿微敛，小平底，器口沿两侧有对称兽首环耳。通体高8厘米，腹深5.7厘米，口径12厘米×16厘米，壁厚0.2厘米，重0.5千克。春秋晚期偏早（图2-42）。

Ⅱ式：4件。下腹圜底不明显，腹部变浅，足部变高。制作粗糙，出现明器化趋向。标本：新郑蔡庄M37∶3四足匜[③]，直口，浅腹，圆底。腹侧两个兽面耳，底有四足。高6.2厘米，口径16.3厘米。春秋晚期偏晚（图2-43）。新郑郑禹公路M2∶5四足匜[④]，腹侧有两个兽首形耳，四个兽蹄形足上部饰以简单的兽眼、鼻等。口径16.2厘米×12.3厘米，高7.8厘米。战国早期（图2-44）。

山东地区出土6件乙类铜匜腹部虽为圜底，但腹底平缓，腹部较深，本书将其归入中原乙类A型Ⅰ式铜匜。

[①]　河南省文物考古研究所新郑工作站：《新郑市郑韩路6号春秋墓》，《文物》2005年第8期。
[②]　河南省文物研究所新郑工作站：《河南新郑县李家村发掘春秋墓》《考古》1983年第8期。
[③]　河南省文物研究所新郑工作站：《新郑县蔡庄东周墓葬发掘简报》，《中原文物》1987年第4期。
[④]　赵清、王文华、刘松根：《河南新郑郑禹公路战国墓发掘简报》，《考古》1994年第5期。

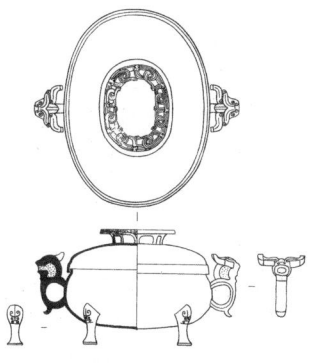

图2-41 四足匜
（新郑郑韩路M6:3）

图2-42 四足匜
（新郑李家村M1:4）

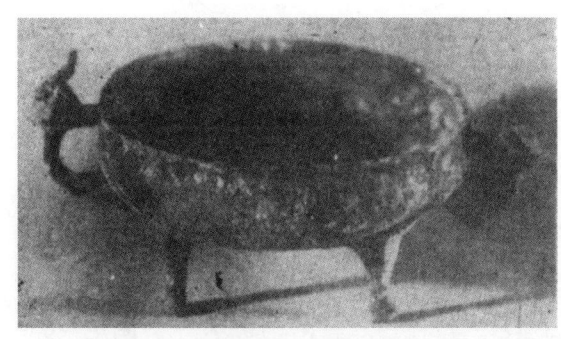

图2-43 四足匜
（新郑蔡庄M37:3）

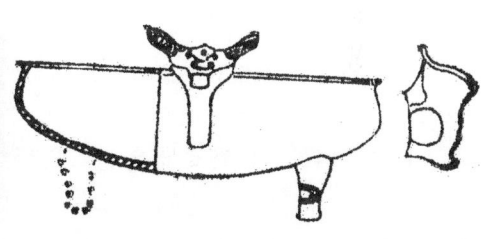

图2-44 四足匜
（新郑郑禹公路M2:5）

B型 5件。敞口，弧壁稍下收。标本：洛阳西工区C1M124:5三足匜[①]，椭圆形，敞口，浅腹，圜底，口两侧附一对兽头形环耳。附蹄形小足。通高7厘米，口径11厘米×13厘米。春秋中期偏晚（图2-45）。洛阳西工区小屯村C1M3490:12三足匜，椭圆形口，短束颈，深弧腹，圜底，三蹄足。腹两侧有对称扁环耳。耳上饰"S"形纹，上腹部饰上下两组蟠螭纹，中间夹饰云雷纹。腹部有一条范线。口长14.6厘米，宽11厘米，高9厘米（图2-46）。

3. 丙类

丙类铜匜主要流行于中原地区。根据耳部特征分为二型。

A型 37件。双耳。根据口部及腹部特征分为三亚型。

Aa型 35件。敞口，束颈，鼓腹。根据器物高度的变化分为三式。

---

① 洛阳市文物工作队：《洛阳两座东周铜器墓》，《中原文物》1983年第4期。

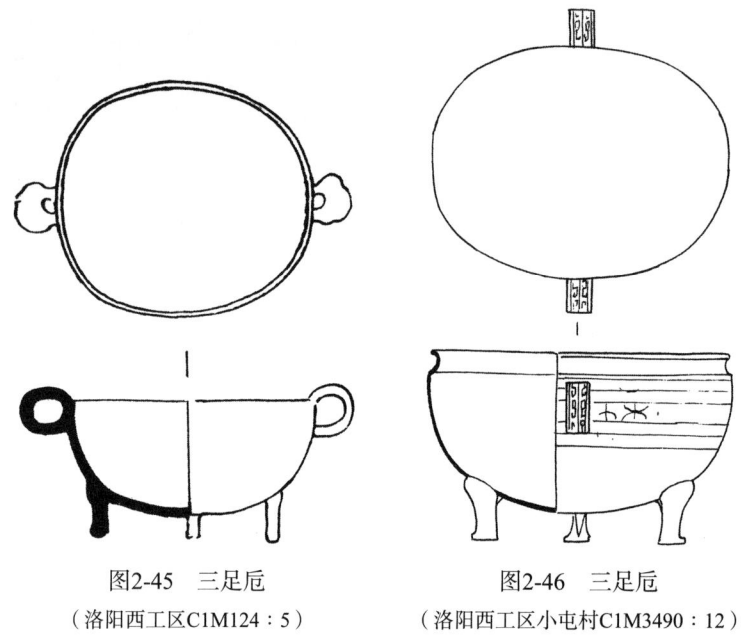

图2-45 三足匜　　　　图2-46 三足匜
（洛阳西工区C1M124∶5）　（洛阳西工区小屯村C1M3490∶12）

Ⅰ式：14件。0.55≤器高与口长径之比≤0.6。标本：临猗程村M1001∶126圈足匜[①]（0.6），口部平面为圆角长方形，口微内敛，束颈，鼓腹较深，平底下有略高的椭圆形圈足，腹两侧有一对环形鋬。高8.2厘米，口径13.6厘米×10.9厘米，圈足径6.6厘米×4.8厘米。春秋中期偏晚（图2-47）。上马墓地M15∶15圈足匜[②]（0.56），敛口，束颈明显，圈足较窄。腹饰蟠虺纹。口径13.4厘米×11.2厘米，高7.5厘米。春秋晚期偏晚（图2-48）。

Ⅱ式：16件。0.45≤器高与口长径之比≤0.54。标本：上马墓地M4006∶7圈足匜[③]（0.52），口微敛，束颈不甚明显，圈足较高。腹饰蟠虺纹。口径15.9厘米×13.5厘米，高8.2厘米。春秋晚期偏晚（图2-49）。太原晋国赵卿墓M251∶563圈足匜[④]（0.5），口内敛，束颈。颈部有两周衡叶纹带，腹部上下有两条宽窄不一的细虺纹带。纹带间用凸弦纹为界。环形耳饰回纹、云纹、贝纹。圈足用粗条绳纹，内用三角纹和卷云纹填充。通高8.2厘米，口径16.4厘米×13.8厘米。战国早期（图2-50）。

Ⅲ式：5件。0.35≤器高与口长径之比≤0.44。标本：长治分水岭M25∶41圈足匜[⑤]

---

① 中国社会科学院考古研究所、山西省考古研究所、运城市文物局等：《临猗程村墓地》，中国大百科全书出版社，2003年，99页。

② 山西省考古研究所：《上马墓地》，文物出版社，1994年，61页。

③ 山西省考古研究所：《上马墓地》，文物出版社，1994年，61页。

④ 山西省考古研究所、太原市文物管理委员会：《太原晋国赵卿墓》，文物出版社，1996年。

⑤ 山西省文物管理委员会、山西省考古研究所：《山西长治分水岭战国墓第二次发掘》，《考古》1964年第3期。

（0.37），两耳。素面。高6厘米，口径16厘米×13厘米，底径13厘米×9厘米。战国中后期（图2-51）。

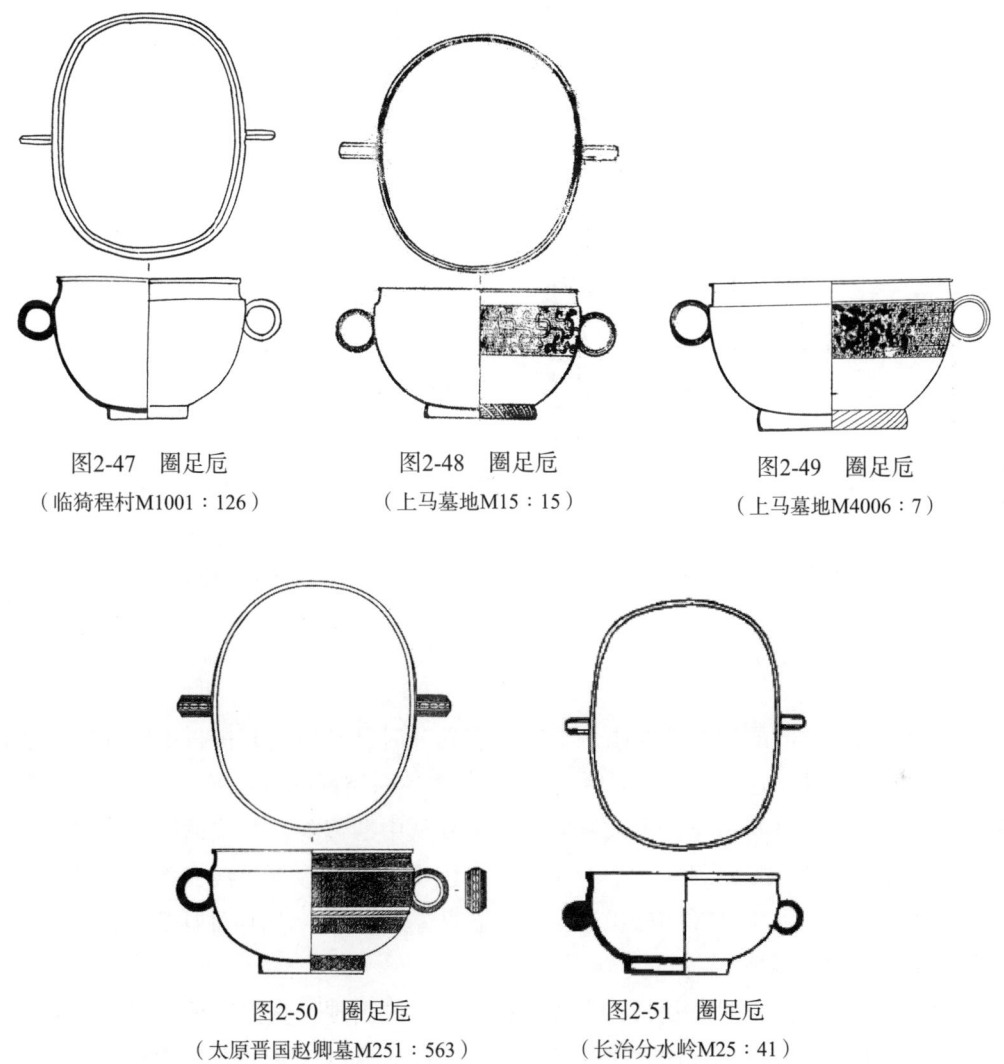

图2-47　圈足匜
（临猗程村M1001∶126）

图2-48　圈足匜
（上马墓地M15∶15）

图2-49　圈足匜
（上马墓地M4006∶7）

图2-50　圈足匜
（太原晋国赵卿墓M251∶563）

图2-51　圈足匜
（长治分水岭M25∶41）

Ab型　1件。敞口折沿，鼓腹。标本：中州路M2729∶23圈足匜，口部外敞，唇外折近平，腹下附矮圈足，素面。高5.7厘米，口径12.3厘米×11.4厘米。春秋晚期（图2-52）。

Ac型　1件。敞口，束颈，垂腹。标本：新绛柳泉M302∶17圈足匜[①]，残。口平面呈圆角长方形，窄折沿，方唇，束颈，半圆形耳，腹垂，底平，圈足。颈饰三角形

---

①　山西省考古研究所侯马工作站：《新绛柳泉墓地调查、发掘报告》，《晋都新田》，山西人民出版社，1996年，145页。

纹、圆点纹；上腹饰以涡纹衬底的蟠螭纹，耳饰叶纹和雷纹。口径14.2厘米×10.4厘米，通高7.7厘米。战国早期（图2-53）。

B型 1件。单耳。标本：洛阳凯旋路南97LM470∶12圈足卮①，器口呈扁圆形，口沿微内敛，唇外折近平，腹侧一环耳，腹下有短小圈足。通体素面。最大口径11.9厘米，高6.1厘米。战国早期（图2-54）。

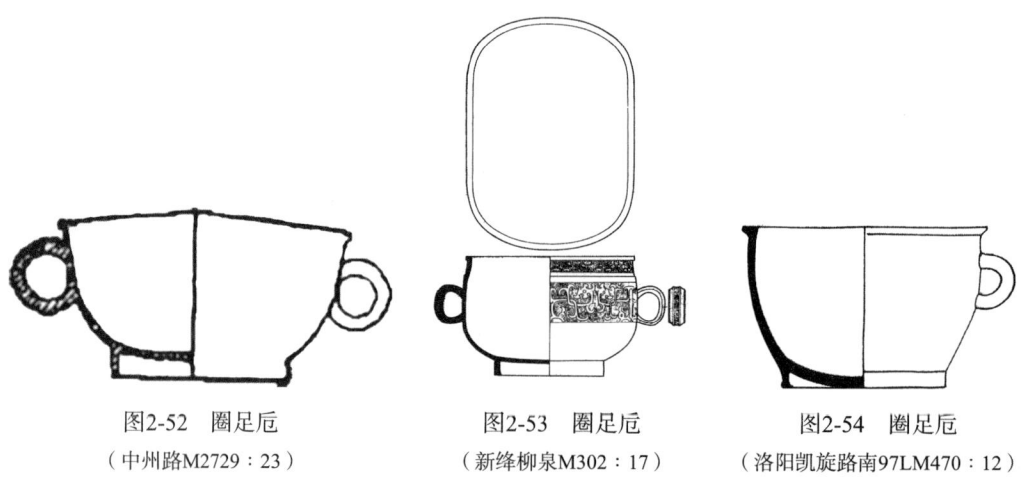

图2-52 圈足卮
（中州路M2729∶23）

图2-53 圈足卮
（新绛柳泉M302∶17）

图2-54 圈足卮
（洛阳凯旋路南97LM470∶12）

（二）形制演变趋势及特征

甲类B型铜卮的演变规律在山东地区形制划分时已经做过分析，中原地区与之相同，在此不再赘述。这一部分仅对甲类C型、乙类、丙类铜卮做分析。

C型铜卮流行时间不长，Ⅰ式铜卮只见于春秋中期偏晚，Ⅱ式铜卮出现在春秋中期偏晚，春秋晚期偏晚逐渐消失，战国不见。演变趋势是腹部由浅变深，口径由小变大，体量增大。目前所见7件甲类C型铜卮的器身皆为素面，只有4件耳部装饰兽首，且为春秋中期偏晚期器物。

乙类A型铜卮流行时间较长，Ⅰ式春秋中期偏晚出现，直到春秋晚期偏早消失。Ⅱ式春秋晚期偏晚出现一直延续到战国早期。乙类B型铜卮只有一件，敞口，斜收腹，时代在春秋中期偏晚。中原及山东所见乙类铜卮皆为四足，腹部由深变浅，足部逐渐变高。战国早期乙类铜卮制作粗糙，铜质变差，逐渐明器化。中原地区所见乙类铜卮早于山东地区，山东地区乙类铜卮可能源于中原。但是山东地区也有自己的特点，比如装饰手法。山东所出4件铜卮耳部没有装饰，而在器身和器盖上饰满乳钉，这种装饰手法与中原地区不同。中原乙类卮器身一般不做装饰，纹饰集中在耳部和器盖。中原所见13件乙类铜卮只有两件耳部没有装饰，余皆装饰兽首。器盖饰圈状捉手或小蹄足。

---

① 中国社会科学院考古研究所洛阳唐城工作队：《洛阳凯旋路南东周墓发掘报告》，《考古学报》2000年第3期。

丙类Aa型铜匜数量较多，而且流行时间较长。Ⅰ式自春秋中期偏晚出现直到春秋晚期偏晚消失，Ⅱ式自春秋中期偏晚出现延续到战国早期，Ⅲ式从战国早期出现一直延续到战国中后期。演变趋势为器高与口部长径之比越来越小，也就是腹部相对越来越浅，但是器物的口部横截面由窄变宽，战国早期之后又变得较为窄。丙类Ab型、Ac型铜匜分别只有一件。Ab型折沿敞口，与甲类C型有某些相似，可能受到甲类C型铜匜的影响。Ac型，垂腹，形制较为特殊。丙类B型铜匜单环耳，只有一件，时代为战国早期，与山东地区章丘女郎山M1∶37铜匜情况相同，可能也是一种复古现象。丙类铜匜的圈足可能受到铜簠的影响，圈足铜匜只见于中原地区，因为中原对传统礼制仍有眷顾，新器形容易受到传统礼器的影响。丙类铜匜除3件较为特殊的器物外，其余皆为敞口束颈。这类铜匜除去圈足，形制与平底敦极为相似。平底敦最早见于洛阳中州路M2415∶7涡纹敦①（图2-55），器物敛口束颈，时代为春秋中期偏早，器身与丙类铜匜相似，时代早于丙类铜匜。故丙类铜

图2-55　涡纹敦
（中州路M2415∶7）

匜可能是在吸收了铜簠的圈足特征及铜敦的器身特征发展而来的。

三、南方地区

（一）型式划分

南方地区所见铜匜24件，其中2件报告未刊登图片。南方地区所见铜匜皆为甲类平底铜匜，形制皆能包含在山东地区的形制内，形制变化比山东地区滞后。

Ab型。

Ⅱ式：1件。标本：信阳M3垂叶纹匜②，椭圆形，侈口，束颈，鼓腹，平底，单环耳。上腹饰"S"形勾连纹。口径12厘米×10厘米，腹径14厘米×11.5厘米，高8厘米。春秋早期（图2-56）。

Bb型。

Ⅰ式：1件。标本：1979罗山高店出绹索纹匜③，器物平面呈椭圆形，器物口部为

---

① 中国科学院考古研究所：《洛阳中州路（西工段）》，科学出版社，1959年，93页；谷朝旭：《中国古代青铜器整理与研究·青铜敦卷》，科学出版社，2016年，23~24页。

② 信阳地区文管会等：《信阳市平桥西三号春秋墓发掘简报》，《中原文物》1981年第4期。

③ 信阳地区文管会、罗山县文化馆：《罗山县高店公社又发现一批春秋时期青铜器》，《中原文物》1981年第4期。

子母口，应有器盖，但出土时不见。器身鼓腹平底，两耳铸于腹中部，饰兽面纹，口沿下和近底部各有一圈绚索纹，两耳底部也有一道绚索纹。值得注意的是，器内有一块薄隔板，隔板偏于一边，隔板上有6个分布均匀的小圆孔。隔板系单独铸成，然后再合铸于器内。隔板与器壁有三个合铸点。其余部分未铸成一体。通高12.5厘米，口径10.5厘米×15厘米，腹径14.5厘米×20厘米。春秋早中期之际（图2-57）。

Ⅱ式：6件。标本：曹家岗M5K：6云纹匜[①]，椭圆形，敛口，沿外侈，弧腹，大平底，兽面双耳。腹饰云带纹和三角形纹一周。高6.7厘米，口径10.4厘米×12.7厘米。春秋晚期（图2-58）。

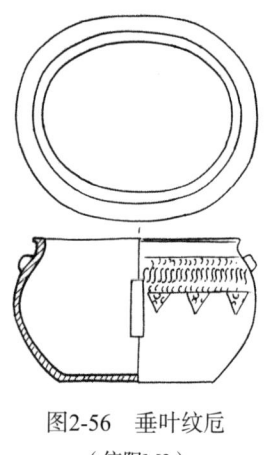
图2-56　垂叶纹匜
（信阳M3）

图2-57　绚索纹匜
（罗山高店）

图2-58　云纹匜
（曹家岗M5K：6）

Bc型。

Ⅰ式：8件。标本：当阳金家山M247：2绳索纹匜[②]，口微敛，近圆形，腹部饰双环耳，平底内凹。器身无纹，耳饰绚索纹。高5.5厘米，口径13.6厘米×15.4厘米。春秋中期（图2-59）。

Ⅱ式：5件。标本：淅川下寺M2：54夔龙纹匜[③]，椭圆形，有盖，口微敛，鼓腹，平底，长边两侧有半环形耳。环耳上端铸有兽首纹饰。盖顶正中有绚索状立环纽，盖面及器腹均铸镶红铜花纹。盖上为夔龙纹，盖沿为云纹；器腹有夔龙纹和亚腰纹各一周，其上下各有云纹一周。在铜匜内壁可看到红铜花纹的凸榫。高12厘米，口径18.4厘米×11.8厘米，腹径19.3厘米×13.6厘米。春秋晚期（图2-60）。

Ⅲ式：南方地区尚未发现，此式有缺环。

---

① 湖北省宜昌地区博物馆：《当阳曹家岗5号楚墓》，《考古学报》1988年第4期。
② 湖北省宜昌地区博物馆：《当阳金家山春秋楚墓发掘简报》，《文物》1989年第11期。
③ 河南省文物研究所、河南省丹江库区考古发掘队、淅川县博物馆：《淅川下寺春秋楚墓》，文物出版社，1991年，136～138页。

Ⅳ式：1件。标本：苏州城北素面匜[①]，子母口，有肩，下腹斜内收，平底。素面，腹两侧有环形耳一对。高7.9厘米，口径12.5厘米，底径6厘米。春秋战国之际（图2-61）。

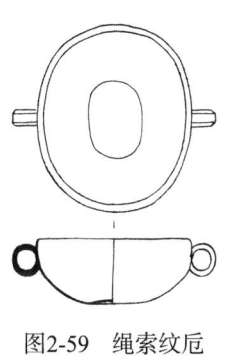

图2-59　绳索纹匜
（当阳金家山M247：2）

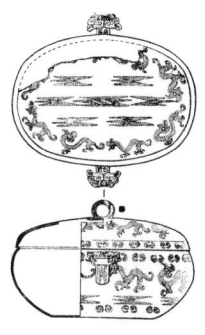

图2-60　夔龙纹匜
（淅川下寺M2：54）

图2-61　素面匜
（苏州城北墓）

（二）形制演变趋势及特征

南方地区所见铜匜形制与山东地区相同，演变规律也相同。南方地区铜匜出现的时间要晚于山东地区，而且南方地区只见甲类铜匜，中原地区多见的乙类、丙类铜匜，南方地区尚未发现。可见，南方地区铜匜受到山东地区影响很大，与中原地区交流较少。

四、北方地区

（一）型式划分

在北方地区，我们搜集到20件铜匜。这20件铜匜的形制都包含在山东或中原地区铜匜的形制内。因此，在对这20件铜匜形制划分时，我们沿用山东、中原地区的型式划分标准。

1. 甲类

共15件。

Ab型。

Ⅱ式：2件。标本：军都山玉皇庙M18：4[②]云纹匜，口部横截面呈椭圆形，圆唇外

[①] 苏州博物馆考古组：《苏州城东北发现东周铜器》，《文物》1980年第8期。
[②] 北京市文物研究所：《军都山墓地——玉皇庙》，文物出版社，2007年，904～906页。

展，敛口，弧腹，平底，横长面一侧肩、腹交接部位铸饰圆形环耳一只，纵短面两侧铸饰对称小鼻纽一对。腹部偏上饰带状勾云纹，其下饰三角云纹。高6.9厘米，长14厘米，连耳宽12.7厘米（图2-62）。

Bb型　12件。

Ⅰ式：2件。标本：怀来甘子堡M16：3①素面卮，器口平面呈椭圆形，敞口，圆唇，束颈，鼓腹，腹部附小环纽2个，小平底。通高7.2厘米，口径11.2厘米，底径6.8厘米（图2-63）。

Ⅱ式：6件。标本：北京延庆龙庆峡M30：2②彩绘卮，器口呈椭圆形，敛口，卷沿，鼓腹，平底。上腹部长壁上各有一小环耳。器身内外壁上均有朱砂彩绘纹饰。高6厘米，长12.5厘米，宽9.3厘米（图2-64）。

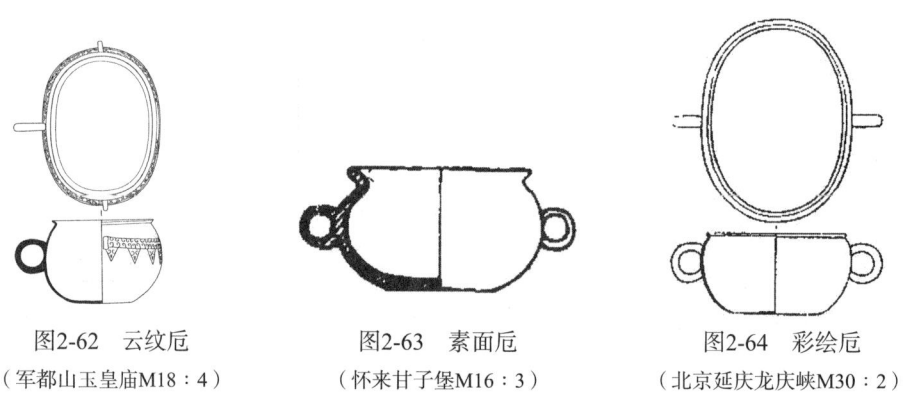

图2-62　云纹卮　　　　图2-63　素面卮　　　　图2-64　彩绘卮
（军都山玉皇庙M18：4）　（怀来甘子堡M16：3）　（北京延庆龙庆峡M30：2）

Ⅲ式：4件。有盖。标本1：军都山玉皇庙M2：9③有盖卮，器口平面呈椭圆形，平顶盖，方折沿，顶部正中附一纵向环纽。敛口，弧肩，腹壁斜弧急收，肩下两侧饰对称环耳，平底，器壁较薄。通高9.8厘米，宽17.2厘米，长18.2厘米，腹径宽14厘米（图2-65）。标本2：怀来甘子堡M2：5④有盖卮，敛口，鼓腹，平底，盖顶微弧，盖、腹均附有小环纽。通高10.4厘米，口径12.8厘米，底径6.4厘米（图2-66）。

Bd型　1件。怀来甘子堡M1：7⑤直口卮，该器口部平面为椭圆形，直口，深腹，平底，带盖，盖、腹附有小环纽3个。通高8.8厘米，口径9.2厘米，底径6厘米（图2-67）。

---

① 贺勇、刘建中：《河北怀来甘子堡发现的春秋墓群》，《文物春秋》1993年第2期。
② 北京市文物研究所：《龙庆峡别墅工程中发现的春秋时期墓葬》，《北京文物与考古》第四辑，1994年，32～45页。
③ 北京市文物研究所：《军都山墓地——玉皇庙》，文物出版社，2007年，904～906页。
④ 贺勇、刘建中：《河北怀来甘子堡发现的春秋墓群》，《文物春秋》1993年第2期。
⑤ 贺勇、刘建中：《河北怀来甘子堡发现的春秋墓群》，《文物春秋》1993年第2期。

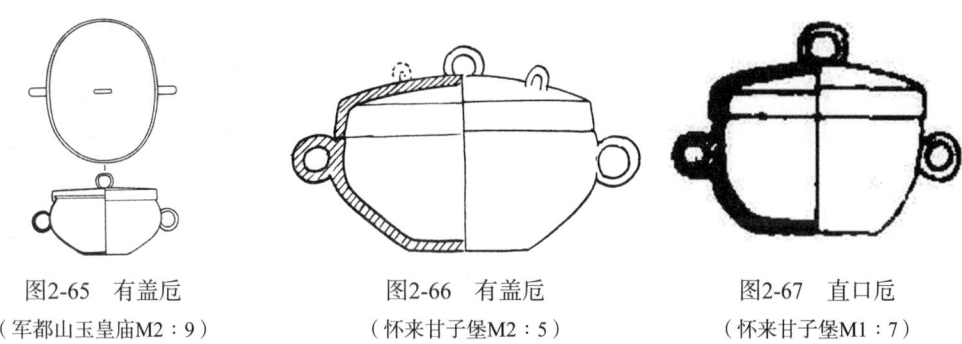

图2-65 有盖匜　　　　图2-66 有盖匜　　　　图2-67 直口匜
（军都山玉皇庙M2∶9）　（怀来甘子堡M2∶5）　（怀来甘子堡M1∶7）

2. 乙类

4件。

A型　1件。标本：延庆龙庆峡M30∶1[①]乳钉纹匜，铜质轻薄，平底，横截面呈椭圆形。短径两侧附环耳，折沿，尖唇，细兽足。盖呈浅盘形，顶端附小环纽，近缘处加三矮兽足。盖顶及腹壁中部各饰一条菱格形乳钉纹带，菱格内加回纹。通高13厘米，长径16.6厘米，短径14厘米（图2-68）。

B型　3件。标本：军都山玉皇庙M2∶10[②]三足匜，器口呈椭圆形，平沿，方唇，圜底，下接兽腿形足，两长面正中饰螭龙形环耳一对。素面。铸工较粗糙。通高5.6厘米，连耳宽14.7厘米，长12.2厘米（图2-69）。

3. 丙类

1件。

D型　1件。敛口，有肩，腹壁斜内收。标本：灵寿西岔头13号[③]圈足匜，敛口，凸肩，腹壁斜收，平底，圈足。肩上饰兽首双环耳。器身素面。口长径9.6厘米，短径7.2厘米，高8.4厘米。口部略残（图2-70）。

（二）形制演变趋势及特征

北方地区铜匜的数量虽然没有其他三个地区多，但是型式较为丰富，涵盖了甲、乙、丙三类铜匜的型式。而且，这一地区铜匜也有自身独特的特点，即3件乙类铜匜，腹下皆附三足，而中原和山东两地所见铜匜腹部则附四足。

[①] 北京市文物研究所：《龙庆峡别墅工程中发现的春秋时期墓葬》，《北京文物与考古》第四辑，1994年，32~45页。

[②] 北京市文物研究所：《军都山墓地——玉皇庙》，文物出版社，2007年，904~906页。

[③] 文启明：《河北灵寿县西岔头村战国墓》，《文物》1986年第6期。

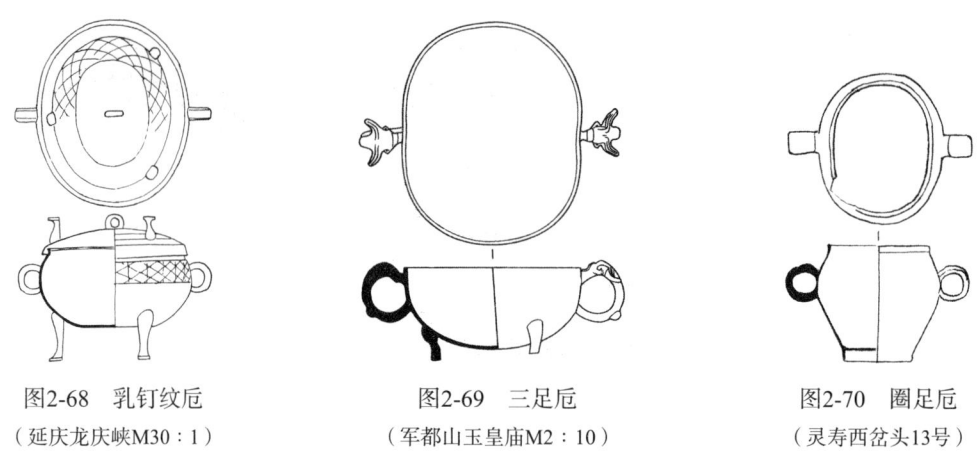

图2-68　乳钉纹匜
（延庆龙庆峡M30∶1）

图2-69　三足匜
（军都山玉皇庙M2∶10）

图2-70　圈足匜
（灵寿西岔头13号）

第三节　分期和断代

铜匜的分期断代研究，应以器物自身形制的演变为中心，结合纹饰的变化、铭文的特点、器物组合的规律以及铸造技术的发展，并参考出土器物的层位和同出器物的分期来进行综合研究。

一、器物分期

（一）山东地区

山东地区可以分为四期8段（附表一）。

第一期：又可分为前后两段。

前段：包括Aa型Ⅰ式。Aa型Ⅰ式以莒县西大庄M1∶14针脚纹匜为代表，该器体量较小，环耳上下及环耳对称的腹部各饰一道针脚痕迹的纹饰。这一期段主要特征：单耳、侈口、束颈、鼓腹、腹部较深、体量较小。纹饰以素面为主，偶有器物腹部装饰针脚纹一道。这一期段是铜匜的滥觞期，山东地区最先出现铜匜这一器形。

后段：主要器形有Aa型Ⅰ式、Ab型Ⅰ式、Ba型Ⅰ式。Ab型Ⅰ式以临淄齐古城M1∶9夔龙纹匜为代表，Ba型Ⅰ式以栖霞吕家埠M1铜匜为代表。显然Ba型Ⅰ式是在Aa型基础上出现的，由单耳演变为双耳。这一期段的主要特征：出现双耳铜匜，但单耳铜匜仍占主导地位。腹部较前一期段变浅，口部变大。装饰纹样上不再以素面为主，变得多样化，出现夔龙纹、三角云纹。

第二期：又可分为前后两段。

前段：主要器形有甲类Aa型Ⅱ式、Ab型Ⅱ式、Ba型Ⅰ式、Bb型Ⅰ式。新出现的器形有甲类Aa型Ⅱ式、Ab型Ⅱ式、Bb型Ⅰ式。Aa型Ⅱ式以蓬莱柳格庄M4∶55三角纹卮为代表，Ab型Ⅱ式以曲阜鲁国故城M203云纹卮为代表，Bb型Ⅰ式以曲阜鲁国故城M305三角云纹卮为代表。Bb型铜卮与Aa型铜卮除耳部以外，形制基本相同，显然Bb型铜卮由Aa型铜卮演变而来。这一期段的主要特征是双耳铜卮所占比重逐渐上升，体量逐渐变大。腹部多装饰三角云纹、垂鳞纹、鸟纹，并出现春秋时期流行的蟠螭纹。耳部偶见兽首装饰。这一期段铜卮基本发展成熟，口部平面呈椭圆形，腹部长边两侧各饰一环耳的基本形制趋向稳定

后段：主要器形有Aa型Ⅲ式、Ab型Ⅲ式、Ba型Ⅰ式、Bb型Ⅱ式、Bc型Ⅰ式。Aa型Ⅲ式以沂水刘家店子M1：99有盖卮为代表，Ba型Ⅰ式以滕州薛故城M1：1鸟纹为代表，Bb型Ⅱ式以临沂凤凰岭殉4：4三角纹卮为代表，Bc型Ⅰ式以临沂凤凰岭器物坑：35素面卮为代表。

这一期段的主要特征：这一期段是铜卮发展的高峰期。铜卮的形制复杂多样，单耳铜卮与双耳铜卮并行发展，新的形制特征开始出现，如沂水刘家店子M1：99有盖卮，首次出现平顶盖，此后相当数量的铜卮口部附有器盖。整体上看，这一期段铜卮的腹部是其相对最浅的时期，但铜卮的口径、腹径以及高度变大，体量随之变大，所以铜卮在这一时期的容积最大，如临沂凤凰岭器物坑：35素面卮，通高9厘米，口径24.5厘米×18.8厘米。纹饰上基本沿用了上一期段的纹样，主要有蟠螭纹、变形三角纹、云纹等。

第三期：又可以分为前后两段。

前段：主要器形有甲类Ba型Ⅲ式、Bb型Ⅲ式、Bc型Ⅰ式、Bc型Ⅱ式，乙类A型。新出现的器形有甲类Bb型Ⅲ式、Ba型Ⅲ式、Bc型Ⅱ式，乙类A型。Ba型Ⅲ式以海阳嘴子前M4：132有盖卮为代表，Bb型Ⅲ式以滕州薛故城M2：79有盖卮为代表，Bc型Ⅱ式以淄川磁村M1：4有盖卮为代表，乙类A型以长清仙人台M5：75四足卮为代表。

这一期段主要特征：这一时期铜卮继续发展，单耳卮退出铜卮发展的舞台，出现四足铜卮，而且附加有平顶盖的铜卮数量增加。纹饰上变化不大，腹部装饰有蟠螭纹、夔龙纹、三角云纹，新出现乳钉纹、蟠虺纹。仍见有耳部装饰兽首者，附加平盖的铜卮盖顶多装饰环纽。

后段：主要器形有Bb型Ⅳ式、Bc型Ⅲ式、丙类。Bb型Ⅳ式以邹平大省M7有盖卮为代表，Bc型Ⅲ式以滕州薛故城M6：2有盖卮为代表。丙类仅淄川磁村M02：3圈足卮1件。

这一期段主要特征：铜卮在这一期段开始走向衰落，器类明显减少，形制重又走向单一。出现的新特点是盖由平顶变为弧顶，器物整体腹部相对变深。纹饰特点：仍以前段纹饰为主，有三角云纹、龙纹，新出现绹索纹，盖顶仍装饰环纽。

第四期：又可以分为前后两段。

前段：主要器形有甲类Ba型Ⅳ式、Bc型Ⅲ式、Bc型Ⅳ式、Bc型Ⅴ式、Bd型。新出现的器形有甲类Bc型Ⅳ式、Bc型Ⅴ式、Bd型。Bc型Ⅳ式以泰安黄花岭绳纹卮为代表，Bc型Ⅴ式以临淄赵家徐姚M1：2有盖卮为代表，Bd型以临淄齐墓LXM6X：13素面卮为

代表。

这一期段主要特征：口部平面由椭圆形演变为圆角长方形。纹饰特点：少见有装饰者，器物多素面，盖顶装饰环纽。这一时期，铜匜的发展出现了短暂的"回光返照"。新形制甲类Bd型在齐国都城临淄一带发展迅猛，出土数量较多。

后段：这一期段只见Bc型Ⅵ式铜匜，临淄赵家徐姚M1出土。弧形盖，顶置四个环纽。腹壁斜直下收，无弧度，腹部较深。通体素面。这是铜匜发展的最后一个时期，之后彻底走向了没落。

（二）中原地区

中原地区比山东地区而言，铜匜出现时间较晚，可以分为三期6段（附表二）。

第一期：又可以分为前后两段。

前段：甲类Ab型Ⅱ式、Ba型Ⅱ式、Bb型Ⅰ式。甲类Ab型Ⅱ式以洛阳体育场路西M8832：26弦纹匜为代表，Bb型Ⅱ式以洛阳中州路M2415：5雷纹匜为代表，Bb型Ⅰ式以闻喜上郭村76M4：2雷纹匜为代表。

这一期段的特点：目前，单耳铜匜在中原地区仅见1件，承袭山东地区铜匜的形制，属甲类Ab型Ⅱ式。这一期段铜匜形制总体上腹部较深，口部长短径之比较小，椭圆形并不明显。纹饰特点：主要以云雷纹为装饰。

后段：甲类Ba型Ⅱ式、Bc型Ⅰ式、Bc型Ⅱ式、C型Ⅰ式，乙类A型Ⅰ式、B型，丙类Aa型Ⅰ式。Ba型Ⅱ式以新郑兴弘花园M42：2铜匜为代表，Bc型Ⅰ式以闻喜上郭村89WSM5：10兽身匜为代表，Bc型Ⅱ式以长治分水岭M270：17兽身匜为代表，C型Ⅰ式以洛阳西工区C1M4：4兽身匜为代表，乙类A型Ⅰ式以新郑郑韩路M6：3四足匜为代表，乙类B型以洛阳西工区C1M124：5三足匜为代表，丙类Aa型Ⅰ式以临猗程村M1001：126圈足匜为代表。

这一期段特点：这一时期是铜匜在中原地区发展的高峰期，型式丰富，形制多样，数量增多。这一时期铜匜受到其他器形的影响，在细节上有不同的变化，不再局限于平底一种形制，开始出现圈足铜匜、四足铜匜。口部也不再局限于侈口、束颈这一种形式，出现敞口这一类型。纹饰主要有蟠螭纹、绚索纹、龙纹，耳部多以兽首做装饰。

第二期：又可分为前后两段。

前段：主要型式有甲类Bb型Ⅲ式、Bc型Ⅲ式、C型Ⅱ式，乙类A型Ⅰ式，丙类Aa型Ⅰ式、丙类Ab型。新出现的型式是甲类Bb型Ⅲ式、Bc型Ⅲ式、C型Ⅱ式。Bb型Ⅲ式以陕县后川M2056：7有盖匜为代表，Bc型Ⅲ式以运城南相M1：6素面匜为代表，C型Ⅱ式以辉县琉璃阁甲墓有盖匜为代表。丙类Ab型以洛阳中州路M2729：23为代表。

这一期段主要特征：B型铜匜较前一期段变高，C型铜匜腹部变深，口部平面近似于圆形。中原地区带盖铜匜少见。纹饰特点：仍然沿用了上一期段的纹饰，主要有蟠虺纹、夔龙纹、绹索纹、贝纹等。耳部仍以兽首装饰为主。

后段：主要型式有乙类A型Ⅱ式，丙类Aa型Ⅰ式、Aa型Ⅱ式。新出现乙类A型Ⅱ式，丙类Aa型Ⅱ式、Ab型。乙类A型Ⅱ式以新郑蔡庄M7：3四足匜为代表，丙类Aa型Ⅱ式以晋国赵卿墓M251：563圈足匜为代表。

主要特征：丙类铜匜通高向更矮的趋势发展，B型铜匜的发展趋势承袭了山东地区的特点，Ba型铜匜腹部变浅，Bc型铜匜腹部变深。乙类铜匜在这一期段少见。纹饰特点主要是蟠虺纹、绹索纹、云纹，同时通体素面铜匜数量变多。

第三期：可分为前后两段。

前段：主要器形有甲类Bc型Ⅳ式，乙类A型Ⅱ式，丙类Aa型Ⅱ式、Aa型Ⅲ式、Ac型、B型。新出现的器形有甲类Bc型Ⅳ式，丙类Ac型、B型。甲类Bc型Ⅳ式以长子M1：6素面匜为代表，丙类Ac型只见新绛柳泉M302：17圈足匜1件，丙类B型只见洛阳凯旋路南97LM470：12圈足匜。

这一期段主要特征：铜匜此时已经走向衰落，平底匜、四足匜没有发展，圈足匜虽然出现丙类Ac型、B型两种新的器形，但数量极少。纹饰上主要以素面为主，偶见蟠螭纹装饰。

后段：主要器形有甲类Bc型Ⅴ式、丙类Aa型Ⅲ式。甲类Bc型Ⅴ式以洛阳解放路陪葬坑C1M395：142素面匜为代表。

这一期段主要特征：出现明器化的现象，制作粗糙，铜制粗劣。当然也出现个别制作精美的铜匜，如长治分水岭M12出土铜匜，圈足、錾与周身满饰错金花纹。但是时代越往后，铜匜的制作与装饰就愈加简单粗劣，如新郑郑禹公路墓、洛阳C1M395出土的铜匜，器壁薄，器身无纹饰，制作简单。纹饰特点：蟠虺纹、云雷纹仍是这一时期的主题纹饰。素面铜匜占主体地位。

（三）南方地区

南方地区出土的铜匜数量较少，延续时间较短，形制基本来源于山东地区，而且式别演变较为缓慢。故只将其分为两期（附表三）。

一期：主要器形有甲类Ab型Ⅱ式、Ba型Ⅰ式、Bc型Ⅰ式。甲类Ab型Ⅱ式以信阳M3出土叶纹匜为代表，Ba型Ⅰ式以罗山高店绹索纹匜为代表，Bc型Ⅰ式以当阳金家山M247：2绳索纹匜为代表。

主要特点：腹部较浅，椭圆形口较长，单环耳铜匜少见。纹饰特点：纹饰以蟠虺纹、绹索纹、云纹为主。

二期：主要器形有甲类Ba型Ⅱ式、Bc型Ⅰ式、Bc型Ⅱ式、Bc型Ⅳ式。新出现甲类Ba型Ⅱ式、Bc型Ⅱ式、Bc型Ⅳ式。甲类Ba型Ⅱ式以曹家岗M5K：6云纹匜为代表，甲类Bc型Ⅱ式以淅川下寺M2∶54夔龙纹匜为代表，Bc型Ⅳ式以苏州城北素面匜为代表。

主要特点：单耳铜匜消失，双耳铜匜腹部有逐渐变深的趋势。形制单一，只有B型铜匜一种类型，且以Bc型铜匜占主要地位。纹饰特点：纹饰铸造工艺上出现这一时期流行的镶嵌装饰手法，如淅川下寺M2∶54夔龙纹匜盖面及器腹均铸镶红铜花纹。纹饰内容也受到这一时期大背景的影响，趋向于写实化的表现手法。

（四）北方地区

北方地区，可分二期（附表四）。

一期：主要器形有甲类Ab型Ⅱ式、Bb型Ⅰ式、Bb型Ⅱ式、Bb型Ⅲ式，乙类A型、B型。甲类Ab型Ⅱ式以军都山玉皇庙M18∶4云纹匜为代表，甲类Bb型Ⅰ式以怀来甘子堡M16∶3素面匜为代表，甲类Bb型Ⅱ式以北京延庆龙庆峡M30∶2彩绘匜为代表，甲类Bb型Ⅲ式以军都山玉皇庙M2∶9、怀来甘子堡M2∶5有盖匜为代表，乙类A型以延庆龙庆峡M30∶1乳钉纹匜为代表，乙类B型以军都山玉皇庙M2∶10三足匜为代表。

主要特点：甲类Ab型单耳铜匜在这一区域发现2件，除山东地区外，该地区是单耳铜匜所见最多的区域。甲类铜匜皆为鼓腹，腹部较深。乙类B型铜匜见于延庆地区，敞口，圜底，底附三足。有盖铜匜腹部较深。纹饰特点：总体以素面居多。腹部纹饰以云纹、三角云纹、乳钉纹、菱格纹、回纹等为主，耳部装饰浮雕兽首。延庆峡M30所出铜匜器身内外壁上均有朱砂彩绘纹饰，其他地区未见此类装饰。

二期：主要器形有甲类Bb型Ⅳ式、Bd型，丙类D型。甲类Bd型以怀来甘子堡M1∶7直口匜为代表，丙类D型以灵寿西岔头13号圈足匜为代表。

主要特点：器身横截面以圆角方形居多。丙类铜匜出现其他地区未见的D型，丙类D型铜匜吸收了甲类Bc型铜匜的特点，敛口，腹壁斜内收，平底下接圈足。纹饰特点：纹饰以回纹、谷纹为主，耳部饰兽首纹。

二、断　　代

（一）山东地区

第一期前段墓葬：莒县西大庄M1[①]、淄川南阳墓[②]、临朐泉头甲墓[③]。莒县西大庄M1和淄川南阳墓的原报告都将其年代定为西周晚至春秋初年，淄川南阳墓报告同时指

---

① 莒县博物馆：《山东莒县西大庄西周墓葬》，《考古》1999年第7期。
② 张光明：《山东淄博南阳村发现一座周墓》，《考古》1986年第4期。
③ 临朐县文化馆、潍坊地区文物管理委员会：《山东临朐发现齐、鄩、曾诸国铜器》，《文物》1983年第12期。

出该墓下限可能晚到春秋早期。两墓所出铜戈皆为三角锋，是西周晚期的典型形制，其他如鼎、匜、盘也是西周晚期至春秋早期常见的型式。临朐泉头甲墓原报告定其年代为两周之际，其出土铜鼎立耳外侈，半球形腹部下收成圜底，铜鬲足偏高，都表现出与莒县西大庄相似的时代特征。综合分析将第一期年代断为春秋早期偏早阶段比较合适。

第一期后段墓葬临淄齐古城M1①、栖霞吕家埠M1②、栖霞吕家埠M2③。临淄齐古城M1原报告定其时代为西周晚期至春秋早期。出土青铜礼容器具有早期的特征，如鼎、簋、盘装饰重环纹、窃曲纹，双附耳圈足盘等。但是鼎立耳外侈、圜底，壶扁体圆形，口内略成长方形，青铜匜流较粗短上扬稍有外折的痕迹。这些都有时代稍晚的特征。因此将其定位于春秋早期后段较为合适。栖霞吕家埠M1、M2原报告也将其断在西周时期。该墓所出铜鼎为立耳外侈，浅半球腹，三足稍内聚，是比较典型的春秋早期铜鼎式样，而且在陶器组合上比该地区前期又进一步发展，随葬器物除前期的鼎、鬲、簋、豆、罐外，增加了罍、匜、碗、盆，数量趋向偶数发展。综上分析，将第一期后段的时代定为春秋早期偏晚较为合适。

第二期前段墓葬：曲阜鲁国故城M203、曲阜鲁国故城M305、曲阜鲁国故城M201、滕州薛故城M1④。曲阜鲁国故城M203、M305、M201，报告⑤将其年代定为春秋早期。之后陆续有学者进行墓葬重新分期。王青⑥先生主要总结了崔乐泉⑦、朱凤瀚⑧两位先生的观点，将曲阜鲁国故城墓葬分别与陕西扶风强家村M1、长安张家坡67MⅡ7、长清仙人台M3、河南陕县上村岭M1706、河南陕县上村岭M1052所出铜器进行了对比，曲阜鲁国故城M201、M203、M305断在春秋中期，颇可信从。滕州薛故城M1原报告将其年代定为春秋早中期，界定有些宽泛。从出土器物形制看滕州薛故城M1带有春秋中期的特点，所出青铜匜与河南上官岗墓G2黄君孟夫人匜⑨形制近同。所出青铜壶长颈，扁腹，最大径在中部，底内凹。肩两侧及腹下部一侧饰半环形耳，肩部饰蟠螭纹，腹饰波浪纹。无论纹饰还是器形特征都显示该墓葬已经进入春秋中期。综上分析，将这一期段的年代定为春秋中期早段可以成立。

---

① 齐国故城遗址博物馆、临淄区文物管理所：《山东临淄齐国故城西周墓》，《考古》1988年第1期。
② 栖霞县文物管理所：《山东栖霞县松山乡吕家埠西周墓》，《考古》1988年第9期。
③ 栖霞县文物管理所：《山东栖霞县松山乡吕家埠西周墓》，《考古》1988年第9期。
④ 山东省济宁市文物管理局：《薛国故城勘查和墓葬发掘报告》，《考古学报》1991年第4期。
⑤ 山东省文物考古研究所等：《曲阜鲁国故城》，齐鲁书社，1982年，111页。
⑥ 王青：《海岱地区周代墓葬研究》，山东大学出版社，2002年，23页。
⑦ 崔乐泉：《山东地区东周考古学文化序列》，《华夏考古》1992年第4期。
⑧ 朱凤瀚：《中国青铜器综论》，上海古籍出版社，2009年，1654页。
⑨ 信阳地区文管会等：《春秋早期黄君孟夫妇墓发掘报告》，《考古》1984年第4期。

第二期后段墓葬：典型墓葬有沂水刘家店子M1[1]、临沂凤凰岭墓[2]。沂水刘家店子M1简报将其年代定为春秋中期。刘彬徽先生认为简报所定年代正确[3]，朱凤瀚先生根据公簋（铺）高柄镂空、莲花瓣盖的形制以及器物多饰蟠螭纹等特征，认为墓葬的年代在春秋中期偏晚[4]。是以，本书把墓葬的年代定为春秋中期偏晚。临沂凤凰岭墓，王青先生的《海岱地区周代墓葬研究》将其年代放在春秋中期。临沂凤凰岭墓与沂水刘家店子M1所出器物相似，皆出有盖鼎与无盖鼎。无盖鼎立耳、折沿、深腹、蹄足内侧有三角形凹槽，足上端饰兽面纹，形制相似，时代相近。因此，将这一期段时代定在春秋中期偏晚较为合适。

第三期前段主要墓葬：滕州薛故城M4[5]、滕州薛故城M2[6]、海阳嘴子前M4[7]、长清仙人台M5[8]、莒南大店M1[9]、淄川磁村M1[10]、邹平大省M1[11]、淄川磁村M03[12]、新泰郭家泉M9[13]、栖霞杏家庄M3[14]。邹平大省M1原报告将其年代定为春秋中晚期，该墓所出铜鼎平盖，盖顶饰三枚"L"形纽，腹深圜底，胎质较薄，明显具有春秋晚期的特征；铜匜与侯马上马墓地M1006[15]出土青铜匜相类似。这都表明邹平大省M1进入春秋晚期偏早阶段。海阳嘴子前M4，原报告将其年代定为春秋晚期偏早，时代上稍晚于海

---

[1] 山东省文物考古研究所、沂水县文物管理站：《山东沂水刘家店子春秋墓发掘简报》，《文物》1984年第9期。

[2] 山东省兖石铁路文物考古工作队：《临沂凤凰岭东周墓》，齐鲁书社，1987年，10~11页。

[3] 刘彬徽：《山东地区青铜器研究》，《中国考古学会第九次年会论文集》，文物出版社，1997年。

[4] 朱凤瀚：《中国青铜器综论》，上海古籍出版社，2009年，1701页。

[5] 山东省济宁市文物管理局：《薛国故城勘查和墓葬发掘报告》，《考古学报》1991年第4期。

[6] 山东省济宁市文物管理局：《薛国故城勘查和墓葬发掘报告》，《考古学报》1991年第4期。

[7] 烟台市文物管理委员会、海阳县博物馆：《山东海阳县嘴子前春秋墓的发掘》，《考古》1996年第9期。

[8] 山东大学历史文化学院考古系：《长清仙人台五号墓发掘简报》，《文物》1989年第9期。

[9] 山东省博物馆、临沂地区文物组、莒南县文化馆：《莒南大店春秋时期莒国殉人墓》，《考古学报》1978年第3期。

[10] 淄博市博物馆：《山东淄博磁村发现四座春秋墓葬》，《考古》1991年第6期。

[11] 山东省惠民地区文物组、邹平县图书馆：《山东邹平县大省村东周墓》，《考古》1986年第7期。

[12] 任相宏、张光明、刘德宝：《淄川考古》，齐鲁书社，2006年。

[13] 山东大学历史系考古专业、山东省新泰市文化局：《山东新泰郭家泉东周墓》，《考古学报》1989年第4期。

[14] 烟台市文物管理委员会、栖霞县文物事业管理处：《山东栖霞县占田童乡杏家庄战国墓清理简报》，《考古》1992年第1期。

[15] 山西省考古研究所：《上马墓地》，文物出版社，1994年，307~397页。

阳嘴子前M1以及滕州薛故城M1，其说可信。原报告将滕州薛故城M1～M4归为甲类墓，其时代定为春秋早中期，朱凤瀚[①]、刘彬徽[②]两先生都认为M2时代稍晚于M1，王青先生将该墓放在春秋晚期。因此将滕州薛故城M2年代放在春秋晚期偏早阶段较为合适。滕州薛故城M4所出器物与M2接近，年代相去不远。淄川磁村M1所出铜器组合为鼎、敦、匜。青铜鼎与海阳嘴子前M4有盖鼎形制相似，腹稍浅，足变高。青铜敦形制与海阳嘴子前M4形制亦相似，盖顶三纽由"L"形变为环纽，表现出了比海阳嘴子前稍晚的特征，但是铜匜平盖与海阳嘴子前M4铜匜平盖特点相同，将淄川磁村M1列于此，是考虑到铜匜的形制特点。长清仙人台M5，原报告将其定为春秋中期偏晚。M5所出青铜鼎蹄足变高、平盖"L"形纽，具有晚期的特征，故将其归为春秋晚期偏早阶段。莒南大店M1原报告将其年代定为春秋晚期，所出青铜鼎受到南方文化影响，明显带有楚文化色彩。所出铜器鼎、敦、壶、盘，与海阳嘴子前M4类型相似，故时代应该相近。综合分析，将这一期段时代定为春秋晚期偏早较为合适。

第三期后段主要墓葬：海阳嘴子前M1[③]、淄川磁村M03[④]、邹平大省M3[⑤]、滕州薛故城M6[⑥]、邹平大省M7[⑦]、青岛安乐大队[⑧]。滕州薛故城M6、邹平大省M3、青岛安乐大队所出铜鼎形制近似，子母口，有盖，盖上饰圈状捉手或环纽，附耳，鼓腹，平底，蹄足，足跟饰兽面纹，这种形制与寿县蔡侯墓[⑨]铜鼎相近。蔡侯墓墓主学者多数认为是蔡昭侯，时间在蔡昭侯迁州来之后，大致年代在春秋晚期晚段。滕州薛故城M6、青岛安乐大队、邹平大省M3所出铜豆形制近似，皆为素面高柄，有盖、圆腹，两环形耳对称，形制介于洛阳中州路[⑩]所出Ⅰ式铜豆和Ⅱ式铜豆之间。邹平大省M3、青岛安乐大队所出铜壶皆为提梁壶，形制与临朐杨善乡所出公孙窖壶接近，齐文涛先生认为该壶是公子土折所作的媵器，年代在春秋晚期[⑪]。海阳嘴子前M1铜鼎，立耳，稍

---

① 朱凤瀚：《中国青铜器综论》，上海古籍出版社，2009年，1659页。

② 刘彬徽：《山东地区青铜器研究》，《中国考古学会第九次年会论文集》，文物出版社，1997年。

③ 海阳县博物馆：《山东海阳嘴子前村春秋墓出土铜器》，《文物》1985年第3期。

④ 任相宏、张光明、刘德宝：《淄川考古》，齐鲁书社，2006年。

⑤ 山东省惠民地区文物组、邹平县图书馆：《山东邹平县大省村东周墓》，《考古》1986年第7期。

⑥ 山东省济宁市文物管理局：《薛国故城勘查和墓葬发掘报告》，《考古学报》1991年第4期。

⑦ 山东省惠民地区文物组、邹平县图书馆：《山东邹平县大省村东周墓》，《考古》1986年第7期。

⑧ 孙善德：《青岛市郊出土一批东周青铜器》，《文物资料丛刊》（5），文物出版社，1981年。

⑨ 安徽省文物管理委员会、安徽省博物馆：《寿县蔡侯墓出土遗物》，科学出版社，1956年。

⑩ 中国社会科学院考古研究所：《洛阳中州路（西工段）》，科学出版社，1959年，149～163页。

⑪ 齐文涛：《概述近年来山东出土的商周青铜器》，《文物》1972年第5期。

外撇，直口，平折沿，三足外撇。简报认为该器形与陕县上村岭西周晚期、春秋早期墓、湖北随州西周到春秋墓铜鼎类似，但仔细对照，海洋嘴子前M1所出铜鼎与上村岭虢国墓铜鼎差别较为明显，海阳嘴子前M1铜鼎腹部较后者更深，足部外撇与后者铜鼎三足内收的特点差距较大，而海阳嘴子前M1铜鼎足部外撇的特点应是受到南方楚鼎的影响，楚式铜鼎足部外撇的特点出现在春秋晚期①。综上分析，将这一期段的年代定在春秋晚期偏晚较为合适。

第四期前段主要墓葬：临淄区东夏庄M5②、临淄区相家庄M6③、济南左家洼M1④、长岛王沟M10⑤、曲阜鲁故城M116⑥、莱芜戴鱼池墓⑦、长岛王沟M2⑧、滕州庄里西M8⑨、长岛王沟M1⑩、阳信西北村陪葬坑⑪、章丘女郎山M1⑫。济南左家洼M1原报告将其定为春秋战国之际，其出土的豆和敦是战国早期常见的器物，铜器上主题花纹为蟠螭纹、绹索纹、勾连雷纹，在战国早期较为流行。因此，将济南左家洼M1时代定为战国早期。长岛王沟M10从族属上判断为齐国贵族墓葬，发掘简报认为该墓与齐太公迁于"海上"有关，年代当在战国中期偏早。长岛王沟M1年代稍早于M10，在战国早期。阳信西北村、章丘女郎山M1所出青铜器形制与长岛王沟青铜器近似，年代也当属该期段。将该期段定在战国中期偏早较为合适。曲阜鲁故城M116，王青先生将其年代定为战国早期，前面已经提到，不再赘述。朱凤瀚先生将临淄相家庄M6时代定为战国早期偏晚⑬，从其说。临淄东夏庄M5所出土青铜器与临淄区相家庄M6形制相似、组合相近，故时代也在战国早期。将这一期段年代定为战国早期较为合适。

---

① 朱凤瀚：《中国青铜器综论》，上海古籍出版社，2009年，1689页。
② 山东省文物考古研究所：《临淄齐墓》第一集，文物出版社，2007年，87~89页。
③ 山东省文物考古研究所：《临淄齐墓》第一集，文物出版社，2007年，291~298页。
④ 济南市文化局文物处、历城区文化局：《山东济南市左家洼出土战国青铜器》，《考古》1995年第3期。
⑤ 烟台市文物管理委员会：《山东长岛王沟东周墓群》，《考古学报》1993年第1期。
⑥ 山东省文物考古研究所等：《曲阜鲁国故城》，齐鲁书社，1982年，217~228页。
⑦ 莱芜市图书馆、泰安市文物考古研究室：《山东莱芜戴鱼池战国墓》，《文物》1989年第2期。
⑧ 烟台市文物管理委员会：《山东长岛王沟东周墓群》，《考古学报》1993年第1期。
⑨ 滕州市博物馆：《山东滕州庄里西战国墓》，《文物》2002年第6期。
⑩ 烟台市文物管理委员会：《山东长岛王沟东周墓群》，《考古学报》1993年第1期。
⑪ 惠民地区文物普查队、阳信县文化馆：《山东阳信城关镇西北村战国墓器物陪葬坑清理简报》，《考古》1990年第3期。
⑫ 济青公路考古队绣惠分队：《章丘绣惠女郎山一号战国大墓发掘报告》，《济青高速公路考古报告集》，齐鲁书社，1993年。
⑬ 朱凤瀚：《中国青铜器综论》，上海古籍出版社，2009年，1680页。

第四期后段主要墓葬：临淄赵家徐姚M1①、临淄商王村M1②。临淄赵家徐姚、临淄商王村所出青铜器时代明显较晚，有秦式器的特征，如赵家徐姚M1所出有流盒、商王村M1所出蒜头壶。这一期段属于战国晚期。

（二）中原地区

第一期前段主要墓葬：洛阳中州路M2415③、闻喜上郭村76M4④、闻喜上郭村76M6⑤、洛阳体育场路西M8832⑥。洛阳中州路M2415报告将其放在东周第一期，时代晚于虢国墓。这一期段的时代相当于春秋中期偏早。

第一期后段主要墓葬：洛阳中州路M6⑦、侯马上马M13⑧、长治分水岭M269⑨、万荣庙前村58M1⑩、长治分水岭M270⑪、新郑兴弘花园M42⑫。洛阳中州路M6报告将其放在第二期，时代上稍晚于洛阳中州路M2145。侯马上马M13，所出庚儿鼎为该墓的断代提供了重要参考。张颔等作文《庚儿鼎解》⑬，认为作器者庚儿是"䣄儿钟"的"徐王庚"，庚儿鼎是徐王庚为世子时所作，与䣄儿钟的年代前后相衔接；并指出作器的年代可能在鲁襄公，公元前572年前后，也就是春秋中期后段。万荣庙前村58M1所出铜鼎、鬲、方壶、鉴、编钟以及编磬等都见于侯马上马M13，铜器器身上的蟠螭纹、蟠虺纹，耳部兽首装饰也与侯马上马M13有相似之处，说明两墓年代接近。长治分水岭M269、M270所出铜鼎皆是有盖鼎和无盖鼎共存，M270所出青铜簠圈足与洛阳中州

---

① 淄博市临淄区文化局：《山东淄博市临淄区赵家徐姚战国墓》，《考古》2005年第1期。
② 淄博市博物馆、齐故城博物馆：《临淄商王墓地》，齐鲁书社，1997年。
③ 中国科学院考古研究所：《洛阳中州路（西工段）》，科学出版社，1959年，149~163页。
④ 山西省考古研究所：《1976年闻喜上郭村周代墓葬清理记》，《三晋考古》第一辑，山西人民出版社，1994年，123页。
⑤ 山西省考古研究所：《1976年闻喜上郭村周代墓葬清理记》，《三晋考古》第一辑，山西人民出版社，1994年，123页。
⑥ 洛阳市文物工作队：《洛阳体育场路西东周墓发掘报告》，文物出版社，2011年，41~51页。
⑦ 中国科学院考古研究所：《洛阳中州路（西工段）》，科学出版社，1959年，149~163页。
⑧ 山西省文物管理委员会侯马工作站：《山西侯马上马村东周墓葬》，《考古》1963年第5期。
⑨ 陕西省文物工作委员会晋东南工作组、山西省长治市博物馆：《长治分水岭269、270号东周墓》，《考古学报》1974年第2期。
⑩ 山西省考古研究所：《万荣庙前东周墓葬发掘收获》，《三晋考古》第一辑，山西人民出版社，1994年，218页。
⑪ 陕西省文物工作委员会晋东南工作组、山西省长治市博物馆：《长治分水岭269、270号东周墓》，《考古学报》1974年第2期。
⑫ 河南省文物考古研究所：《郑韩故城兴弘花园与热电厂墓地》，文物出版社，2007年，103~105页。
⑬ 张颔、张万钟：《庚儿鼎解》，《考古》1963年第5期。

路M13所出青铜簠形制相似，圈足有缺口，外侈，表现出春秋中期晚段铜器墓葬的特征。综上可见，这一期段年代大约在春秋中期偏晚。

第二期前段主要墓葬：中州路M2729[①]、临猗程村M1072[②]、临猗程村M1062[③]。中州路M2729发掘报告将其放到第三期，约相当于春秋晚期。高明先生在《中原地区东周时代青铜礼器研究》[④]一文中将其放在第六组，属于春秋晚期。该墓所出铜器组合为鼎、豆、罍、匜、盘、匜，与上一期段有了变化，豆取代敦，作为盛食器进入组合，所出铜豆圈足较细。综合考虑，中州路M2729时代可放在春秋晚期前段比较合适。综上考虑这一期段的时代在春秋晚期前端。

第二期后段主要墓葬：洛阳C1M7039[⑤]、侯马上马M1004[⑥]、原平刘庄M3[⑦]、洛阳哀成叔墓[⑧]、洛阳98LM535[⑨]、牛村古城M342[⑩]。哀成叔墓所出铜鼎铭文："哀成叔之鼎，永用禋祀，死于下土，以事康公，勿或能怠。"哀成叔既死，在下土还能侍奉康公，此康公当是现已死去的哀成叔的家主[⑪]。康公的身份，李学勤先生以为有可能是见于《左传》的周顷王子刘康公，见于鲁宣公十年至成公十三年（公元前599～前578年），襄公十四年（前559年）又见其子刘定公，故康公之死当在公元前578～前559年[⑫]。这座墓所出青铜器的年代大概在春秋晚期后段。

---

① 中国科学院考古研究所：《洛阳中州路（西工段）》，科学出版社，1959年，149～163页。
② 中国社会科学院考古研究所、山西省考古研究所、运城市文物局等：《临猗程村墓地》，中国大百科全书出版社，2003年。
③ 中国社会科学院考古研究所、山西省考古研究所、运城市文物局等：《临猗程村墓地》，中国大百科全书出版社，2003年。
④ 高明：《中原地区东周时代青铜礼器研究》，《考古与文物》1981年第2期。
⑤ 洛阳市文物工作队：《洛阳市西工区几座春秋墓的清理》，《考古与文物》2003年第2期。
⑥ 山西省考古研究所：《上马墓地》，文物出版社，1994年，307～397页。
⑦ 山西忻州地区文物管理处：《原平县刘庄塔岗梁东周墓》，《文物》1986年第11期。
⑧ 洛阳博物馆：《洛阳哀成叔墓清理简报》，《文物》1981年第7期。
⑨ 中国社会科学院考古研究所洛阳唐城队：《河南洛阳市中州路北东周墓葬的清理》，《考古》2002年第1期。
⑩ 山西省考古研究所侯马工作站：《侯马牛村古城南墓葬发掘报告》，《晋都新田》，山西人民出版社，1996年，33～35页。
⑪ 张政烺：《哀成叔鼎释文》，《古文字研究》第五辑，中华书局，1981年，27页。
⑫ 李学勤：《东周与秦代文明》，上海人民出版社，2007年，18页。

第三期前段主要墓葬：太原金胜村M251[1]、陕县后川M2040[2]、潞城潞河村M7[3]、临猗程村1056[4]、邯郸百家村M57[5]、长治分水岭M126[6]、长子M1[7]、长子M2[8]、屯留武家沟[9]、洛阳凯旋路南97LM470[10]、洛阳西工区C1M7226[11]、新郑郑禹公路M2[12]。潞城河M7出土器物主题纹饰为蟠螭纹、贝纹、绚索纹等，而且在铜匜上出现了战国时期常见的表现攻战、宴飨场面的错嵌纹饰，故原报告将其定为战国早期。陕县后川M2040所出莲花铜壶与春秋晚期的禹邘王壶或战国早期的汲县山彪镇立鸟莲花铜壶作风相同，原报告将其定为战国早期，其说可信。综上所述，这一期时代在战国的早期。

第三期后段主要墓葬：长治分水岭M25[13]、长治分水岭M12、洛阳解放路C1M395[14]。长治分水岭M25所出铜鼎与山东地区第三期后段的临淄商王村M1铜鼎相似，附耳外侈，有盖，盖顶附三环纽，鼓腹，器身与盖扣合呈扁圆形，蹄足矮胖；与邯郸百家村M3铜敦相近，盖身形制完全相同，扣合时盖身相接处内凹。洛阳解放路C1M395出土青铜器无实用价值，明器居多，所出铜罍装饰线刻花纹，铜鼎腹深、蹄足矮小，铜器形制和纹饰具有战国晚期的特点。将这一期段墓葬的年代定在战国晚期较为合适。

---

[1] 山西省考古研究所等：《太原晋国赵卿墓》，文物出版社，1996年，98～110页。
[2] 中国社会科学院考古研究所：《陕县东周秦汉墓》，科学出版社，1994年，107～114页。
[3] 山西省考古研究所、山西省晋东南地区文化局：《山西省潞城县潞河战国墓》，《文物》1986年第6期。
[4] 中国社会科学院考古研究所、山西省考古研究所、运城市文物局等：《临猗程村墓地》，中国大百科全书出版社，2003年。
[5] 河北省文化局文化工作队：《河北邯郸百家村战国墓》，《考古》1962年第12期。
[6] 边成修：《山西长治分水岭126号墓发掘简报》，《文物》1972年第4期。
[7] 山西省考古研究所：《山西长子县东周墓》，《考古学报》1984年第4期。
[8] 山西省考古研究所：《山西长子县东周墓》，《考古学报》1984年第4期。
[9] 长治市博物馆：《山西屯留武家沟出土战国铜器》，《考古》1983年第3期。
[10] 中国社会科学院考古研究所洛阳唐城工作队：《洛阳凯旋路南东周墓发掘报告》，《考古学报》2000年第3期。
[11] 洛阳市文物工作队：《洛阳市西工区几座春秋墓的清理》，《考古与文物》2003年第2期。
[12] 赵清、王文华、刘松根：《河南新郑郑禹公路战国墓发掘简报》，《考古》1994年第5期。
[13] 山西省文物管理委员会、山西省考古研究所：《山西长治分水岭战国墓第二次发掘》，《考古》1964年第3期。
[14] 洛阳市文物工作队：《洛阳解放路战国陪葬坑发掘报告》，《考古学报》2002年第3期。

（三）南方地区

第一期主要墓葬：信阳平桥三号墓[①]、当阳金家山JM9[②]、当阳赵家塝ZHM8[③]、当阳曹家岗CM3[④]、当阳郑家洼子ZM23[⑤]、当阳金家山M247[⑥]、当阳金家山M248[⑦]。当阳金家山JM9、曹家岗CM3、赵家塝ZHM8、郑家洼子ZM23皆出自当阳赵家湖墓地，发掘报告对赵家湖墓地进行了分期断代。ZHM8、CM3、JM9属甲类墓三期5段，ZM23属乙类墓三期5段，4座墓年代相近，大致为春秋中期偏晚。当阳金家山M247、M248所出铜器为鼎、敦、匜，铜器形制和组合与赵家湖墓相近，是故年代相近，也应在春秋中期。信阳平桥三号墓年代稍早，出土器物有鼎、壶、匜，铜鼎形制与上村岭虢国墓地[⑧]所出同类鼎形制接近。综上所述，将该期时代定在春秋中期较为合适。

第二期主要墓葬：淅川下寺M2[⑨]、当阳曹家岗K5[⑩]、潢川高稻场[⑪]、固始侯古堆一号墓[⑫]、云梦M27[⑬]、江苏六合程桥M3[⑭]。淅川下寺M2出土铜器数量众多，有铭铜器作器者多是倗，另有7件鼎铭文记为王子午所作，但这7件鼎配有带子倗之铭的器盖，多数学者认为它们已另易主人归倗所有[⑮]，所以淅川下寺M2的墓主应为子倗。李零先生《"楚叔之孙倗"究竟是谁》一文，认为淅川下寺M2主人蒍子倗是《左传》襄

---

① 信阳地区文管会、信阳市文化局：《信阳市平桥西三号春秋墓发掘简报》，《中原文物》1981年第4期。

② 湖北省宜昌地区文物工作队：《当阳金家山九号春秋墓》，《文物》1982年第4期。

③ 湖北省宜昌地区博物馆、北京大学考古系：《当阳赵家湖楚墓》，文物出版社，1992年，160~206页。

④ 湖北省宜昌地区博物馆、北京大学考古系：《当阳赵家湖楚墓》，文物出版社，1992年，160~206页。

⑤ 湖北省宜昌地区博物馆、北京大学考古系：《当阳赵家湖楚墓》，文物出版社，1992年，160~206页。

⑥ 湖北省宜昌地区博物馆：《当阳金家山春秋楚墓发掘简报》，《文物》1989年第11期。

⑦ 湖北省宜昌地区博物馆：《当阳金家山春秋楚墓发掘简报》，《文物》1989年第11期。

⑧ 河南省文物研究所、三门峡市文物工作队：《三门峡虢国墓第一卷》（上、下），文物出版社，1999年。

⑨ 河南省文物研究所、河南省丹江库区考古发掘队、淅川县博物馆：《淅川下寺春秋楚墓》，文物出版社，1991年，103~212页。

⑩ 湖北省宜昌地区博物馆：《当阳曹家岗5号楚墓》，《考古学报》1988年第4期。

⑪ 信阳地区文管会、潢川县文化馆：《河南潢川县发现黄国和蔡国铜器》，《文物》1980年第1期。

⑫ 固始侯古堆一号墓发掘组：《河南固始侯古堆一号墓发掘简报》，《文物》1981年第1期。

⑬ 湖北省博物馆：《1978年云梦秦汉墓发掘报告》，《考古学报》1986年第4期。

⑭ 南京市博物馆、六合县文教局：《江苏六合程桥东周三号墓》，《东南文化》1991年第1期。

⑮ 李零：《再论淅川下寺楚墓》，《文物》1996年第1期。

公二十二年所载继子庚、子南任令尹的蒍子冯①，如此淅川下寺M2的年代大致为春秋晚期。固始侯古堆一号墓所出铜簠铭文："有殷天乙唐（汤）孙宋公䜌作其妹勾敔夫人季子滕簠。"宋公䜌即宋景公，《左传》载宋景公名栾。这件簠是宋景公为其妹所作的媵器，据此固始侯古堆一号墓时代在春秋晚期。当阳曹家岗M5陪葬坑所出铜鼎与淅川下寺M1所出铜鼎形制相近，敛口、方唇、鼓腹、圜底、兽面蹄足，有盖盖顶饰圈状捉手，腹、盖皆饰细密的蟠螭纹。所出铜簠、铜缶造型与蔡侯墓②所出同类器相近。潢川高稻场出土的鼎、簠、匜、缶形制也与安徽寿县蔡侯墓铜罍形制相同。蔡侯墓所出器物可作为春秋晚期和战国初期的标准器群③。江苏六合程桥墓地时代及墓主，朱凤瀚先生认为是春秋晚期臧氏家族墓地④。综上分析，这一期的大致年代为春秋晚期。

（四）北方地区

第一期所见墓葬：军都山玉皇庙M18、M35、M250、M171、M174、M156、M2，延庆龙庆峡M30，涿鹿大堡镇墓，唐县钓鱼台积石墓，怀来甘子堡M2、M16。

军都山玉皇庙M2所出器物形制早晚有别，如此墓青铜鼎与山东地区莒县西大庄M1⑤所出鼎极为相似，时代属春秋早期偏早阶段。双环耳、束颈、盖顶圈足状捉手的平底敦与洛阳中州路M2415⑥及侯马上马村M1⑦出土敦近同。罍腹部饰两周蟠螭纹与洛阳中州路M2415⑧所出青铜盘上的纹饰近似。发掘简报将其年代定在春秋早期偏早，时代上可能有些过早。所出青铜盘有稍晚的特征，与薛故城M1⑨所出青铜盘形制相似，耳部上端外折，圈足变矮。平底敦器形相对较宽扁，更接近于辉县琉璃阁乙墓⑩出土敦。所出铜匜共3件：一件属甲类Ba型Ⅲ式；两件属乙类。甲类Ba型Ⅲ式铜匜在山东地区春秋晚期偏早阶段才出现，乙类铜匜在中原地区春秋中期偏晚阶段才出现。综上所述，军都山玉皇庙M2年代应该在春秋中晚期之际。军都山玉皇庙M18、M250所出青铜容器基本相同，都是食器簠1、敦1，酒器有罍1、匜1，M250缺少铜敦。所出青铜敦、罍与军都山玉皇庙M2形制近似，两墓的年代也应该与军都山玉皇庙M2相近。军都

---

① 李零：《"楚叔之孙佣"究竟是谁》，《中原文物》1981年第4期。
② 安徽省文物管理委员会、安徽省博物馆：《寿县蔡侯墓出土遗物》，科学出版社，1956年。
③ 安徽省文物管理委员会、安徽省博物馆：《寿县蔡侯墓出土遗物》，科学出版社，1956年。
④ 朱凤瀚：《中国青铜器综论》，上海古籍出版社，2009年，1821页。
⑤ 莒县博物馆：《山东莒县西大庄西周墓葬》，《考古》1999年第7期。
⑥ 中国科学院考古研究所：《洛阳中州路（西工段）》，科学出版社，1959年，149～163页。
⑦ 山西省考古研究所：《上马墓地》，文物出版社，1994年，307～397页。
⑧ 中国科学院考古研究所：《洛阳中州路（西工段）》，科学出版社，1959年，149～163页。
⑨ 山东省济宁市文物管理局：《薛国故城勘查和墓葬发掘报告》，《考古学报》1991年第4期。
⑩ 河南博物馆、台北"历史博物馆"：《辉县琉璃阁甲乙二墓》，大象出版社，2003年，101页。

山玉皇庙M18所出铜匜为甲类Ab型Ⅱ式，山东地区这一型式铜匜出现在春秋早期偏晚阶段，沿用到春秋中期。军都山玉皇庙M250所出铜匜属甲类Ba型Ⅱ式，在山东地区出现在春秋中期偏晚，一直沿用到春秋晚期。军都山玉皇庙M156、M171、M174铜器只出1件铜匜。朱凤瀚先生将3座墓的年代定为春秋晚期①，军都山玉皇庙M156年代早于M171、M174，大致在春秋晚期偏早阶段。军都山玉皇庙M174所出铜匜属于甲类Ba型Ⅱ式，军都山玉皇庙M156铜匜腹部较浅，但尚未发现器盖，暂且将其归为甲类Ba型Ⅱ式，但接近于甲类Ba型Ⅲ式。军都山玉皇庙M174铜匜属甲类Ab型Ⅱ式。甲类Ba型Ⅱ式铜匜出现于春秋中期偏晚阶段，沿用到春秋晚期，甲类Ab型Ⅱ式铜匜在山东地区出现在春秋中期。北方地区春秋晚期仍有发现，显示了文化上的滞后。1994年在北京延庆龙庆峡西梁圹东坡清理了12座春秋墓，其中M30出土一件铜匜，另出一件青铜敦，墓室被盗。铜敦与山东地区临淄褚家庄、临淄磁村所出铜敦形制相同，扁圆腹、器底与盖顶分别附有三蹄足，年代在春秋晚期。铜匜属甲类Ba型Ⅱ式。

唐县钓鱼台积石墓发掘简报将其与洛阳中州路第二期M4、M6做比较，认为时代相近似，将其年代定为春秋中期，颇可信从。所出铜匜属甲类Ba型Ⅰ式，山东地区出现在春秋中期，与山东地区的年代相同。

怀来甘子堡墓地在延庆玉皇庙墓地西南，M2所出铜器与山东地区齐国铜器相近，如所出有盖、附耳、深腹鼎、足较长，近同于属春秋晚期的临淄河崖头村出土鼎②，浅腹、附耳、高蹄足鼎也与属春秋晚期的淄博淄川磁村齐墓出土鼎近同③。所出蹄足敦，盖、腹均饰乳钉纹，这也是齐国敦的一大特色，与淄川磁村出土敦形制近同④。所出铜匜，侈口、束颈、鼓腹、平底，配有弧顶盖，盖顶附有小环纽，与淄川磁村M01铜匜形制相似⑤。M16所出青铜盘耳部上端外折，与滕州薛故城M1⑥出土铜盘特征类似。综上所述，将怀来甘子堡M2、M16年代定为春秋晚期合适。

综合以上分析，我们认为将北方地区第一期时代定在春秋中晚期比较合适。

第二期主要墓葬：灵寿西岔头墓、怀来甘子堡M1、平山穆家庄M8102、新乐中同村M2。

灵寿西岔头墓出土青铜器年代相差较大。所出鼎与中原地区芮城坛道村M2⑦铜鼎形制相似，蹄足较短，腹较深。青铜豆与山西长子M2所出青铜豆形制相似⑧，有盖，

---

① 朱凤瀚：《中国青铜器综论》，上海古籍出版社，2009年，2118页。
② 李剑、张龙梅：《临淄出土的几件铜器》，《考古》1985年第4期。
③ 淄博市博物馆：《山东淄博磁村发现四座春秋墓》，《考古》1991年第6期。
④ 淄博市博物馆：《山东淄博磁村发现四座春秋墓》，《考古》1991年第6期。
⑤ 淄博市博物馆：《山东淄博磁村发现四座春秋墓》，《考古》1991年第6期。
⑥ 山东省济宁市文物管理局：《薛国故城勘查和墓葬发掘报告》，《考古学报》1991年第4期。
⑦ 山西省考古研究所：《山西芮城东周墓》，《文物》1987年第12期。
⑧ 山西省考古研究所：《山西长子县东周墓》，《考古学报》1984年第4期。

器盖扣合呈椭圆形。所出青铜匜的形制特别，与唐县贾各庄M18所出青铜匜形制相同。根据青铜豆与青铜匜判断该墓年代约在战国早期偏晚。所出铜厄属于甲类Bc型Ⅳ式，与在山东出现的年代大致相同或略晚。

怀来甘子堡M1所出青铜器具有地方特色。盘、匜与中原、山东地区春秋中晚期同类器物相似。所出青铜鼎、豆、罍在形制上有异于中原以及山东地区的器物。朱凤瀚先生将其年代定为春秋晚期[①]。但所出铜厄属于甲类Bd型，这类铜厄在山东地区第四期前段才出现，时代要到战国早期，因此我们将该墓年代定在战国早期。

平山穆家庄M8102所出鬲鼎在中原地区出现时间为战国早期偏晚。所出青铜豆与山东长岛王沟M10[②]所出青铜豆近似，高柄、盖顶饰三环纽。所不同的是，平山穆家庄M8102所出青铜豆豆柄要矮、年代稍早。所出提梁壶与1963年山东临朐杨善乡出土的公孙窘壶近似[③]，其腹中部装饰双弦纹穿过正中的环纽，所不同的是M8102：4壶圈足较高，年代稍晚。综上所述，平山穆家庄M8102的年代应该在战国早期偏晚。

新乐中同村M2所出铜鼎与济南左家洼M1[④]铜鼎形制相似，弧盖，上附三环纽，深腹，器身都装饰勾连云纹。所出青铜甗与山西原平峙峪战国墓[⑤]出青铜甗形制相似，分体，甑部两侧有耳稍外侈，鬲部两侧有一对衔环耳。青铜豆盖、身都用红铜镶嵌一组夔龙纹，这种装饰手法从春秋晚期及其以后开始流行。综上所述，新乐中同村M2的年代在战国早期较为可信。

综上分析，我们将北方地区第二期年代定在战国早期。

（五）小结

我们根据铜厄的型式演变，将山东铜厄分为四期8段，中原铜厄分为三期6段，南方地区分为两期，北方地区分为两期（图2-71）。山东地区的一期前段相当于春秋早期早段，一期后段相当于春秋早期晚段，春秋早期中原地区尚未出现铜厄。中原地区一期前段相当于山东地区二期前段，年代大约为春秋中期早段，一期后段相当于山东地区二期后段，年代在春秋中期晚段。南方地区一期与山东地区的二期年代大致相当，为春秋中期。中原地区二期前段相当于山东三期前段，年代在春秋晚期早段，二期后段相当于山东三期后段，年代为春秋晚期晚段。南方地区二期相当于山东三期、中原二期，年代大致为春秋晚期。北方地区一期相当于山东地区二期、三期，年代大

---

① 朱凤瀚：《中国青铜器综论》，上海古籍出版社，2009年，2136页。
② 烟台市文物管理委员会：《山东长岛王沟东周墓群》，《考古学报》1993年第1期。
③ 齐文涛：《概述近年来山东出土的商周青铜器》，《文物》1972年第5期。
④ 济南市文化局文物处、历城区文化局：《山东济南市左家洼出土战国青铜器》，《考古》1995年第3期。
⑤ 戴遵德：《原平峙峪出土的东周铜器》，《文物》1972年第4期。

致在春秋中晚期。北方地区二期相当于山东地区四期，年代在战国早期。中原地区三期前段相当于山东地区四期前段，年代大致为战国早期，三期后段相当于山东地区四期后段，年代为战国中晚期。我们将铜匜分期汇总如图2-71所示。

第四节 小　　结

　　通过以上分析，我们可以看出山东、中原、南方、北方四个地区出土的铜匜各有异同。

　　山东是铜匜出现最早的一个地区，其中又以鲁中南部地区所见早期铜匜居多，此地可能是铜匜的发源地。山东地区铜匜的形制主要是甲类平底。春秋早期偏早是铜匜的起源期，该期铜匜为单耳，春秋早期偏晚出现双耳匜，双耳匜在甲类Ab型铜匜基础上发展而来。随着铜匜形体不断变大，双耳更便于移动，至春秋中期单耳逐渐被双耳取代。春秋中期偏晚山东地区铜匜进入高峰期，此时铜匜上出现器盖，型式上复杂多样，铜匜的容量和体量变大。例如，临沂凤凰岭器物坑：35铜匜口径24.5厘米×18.8厘米，通高9厘米。春秋晚期铜匜继续发展，单耳铜匜消失，乙类铜匜可能受到中原的影响，个别墓葬中有所发现。战国早期铜匜的种类明显减少，主要以甲类Bd型为主，出土铜匜的地区主要集中在临淄一带。战国晚期，铜匜走向没落，不仅数量少，而且形制单一。

　　中原地区，铜匜在春秋中期才开始出现，而且不见春秋早期的单耳铜匜。中原地区铜匜在形制上不仅有甲类平底匜，也出现乙类附足铜匜和丙类圈足铜匜，而且发现的数量最多，这与中原地区礼制特点有密切关系。乙类附足铜匜和丙类圈足铜匜上的蹄足和圈足可能受到铜鼎和铜簋的影响，中原地区鼎簋礼制历史悠久，根深蒂固，其他器类不自觉地就会受到两者的影响，所以中原地区乙类和丙类铜匜数量相对其他地区丰富。春秋中期偏晚，乙类和丙类铜匜在中原地区出现，这一时期也是中原地区铜匜发展的高峰期，型式多样、数量丰富。春秋晚期，中原地区铜匜仍然延续了春秋中期偏晚的形式，乙类和丙类铜匜的型式和数量超过了甲类铜匜。战国早期，在形式上也不再有新的形制出现，战国晚期铜匜衰落，出现制作粗劣的明器，数量迅速减少。

　　南方地区出土铜匜的数量和种类较为单一，只见甲类平底铜匜，并有时代特征较早的甲类Aa型单耳铜匜，没有乙类和丙类铜匜。南方地区铜匜的沿用时间较短，于春秋中期偏早出现，战国早期不见。在型式上以甲类Bc型敛口铜匜为主，甲类Ba型铜匜为辅。南方地区能够进行形制划分的22件铜匜中，甲类Bc型铜匜有12件，占到总数的55%。耳杯在形制上与甲类Bc型铜匜有相似之处，皆为椭圆形，腹部斜内收。铜匜在南方地区延续的时间不长，进入战国之后很少见到。但是耳杯在此地非常盛行，尤其是进入战国之后。铜匜在这一地区形制单一而且寿命较短，可能与该地耳杯接替铜匜有关。

北方地区出土铜匜虽然数量不多，但型式丰富，甲类、乙类、丙类三类铜匜都有发现，也发现了具有早期特征的单耳铜匜。

铜匜在鲁中南地区发展成熟，开始向外辐射。南方地区的楚文化最先接受这一器类，如信阳发现春秋早期的甲类Ab型Ⅱ式铜匜。北方地区铜匜出现也较早，如军都山玉皇庙M18：4云纹匜、军都山玉皇庙M171：4单耳匜都属于甲类Ab型Ⅱ式。春秋中期偏晚，铜匜的发展进入繁荣阶段，不仅型式多样，而且数量远超过其他期段。明确属于春秋中期偏晚的铜匜共有73件，而春秋早期9件，春秋中期偏早34件，春秋晚期77件，战国早期54件，战国晚期4件。铜匜在春秋中期开始传入中原，起源于山东的平底铜匜在此地得到继承。不仅如此，铜匜在中原地区还得到进一步的发展，春秋中期偏晚派生出甲类C型、乙类、丙类铜匜。乙类和丙类铜匜在山东地区也偶有发现，但是数量极少，可能是受到中原地区的影响。但是，由于甲类平底匜在山东地区根基深厚，外来的乙类和丙类铜匜无法发挥作用。北方地区也发现少量乙类和丙类铜匜，而南方地区只有甲类铜匜，说明北方地区铜匜形制在受到山东地区影响的同时，也受到中原地区的影响，而南方地区铜匜形制上主要受到山东地区的影响，中原影响甚微。甲、乙、丙三类铜匜分布如图2-72所示。

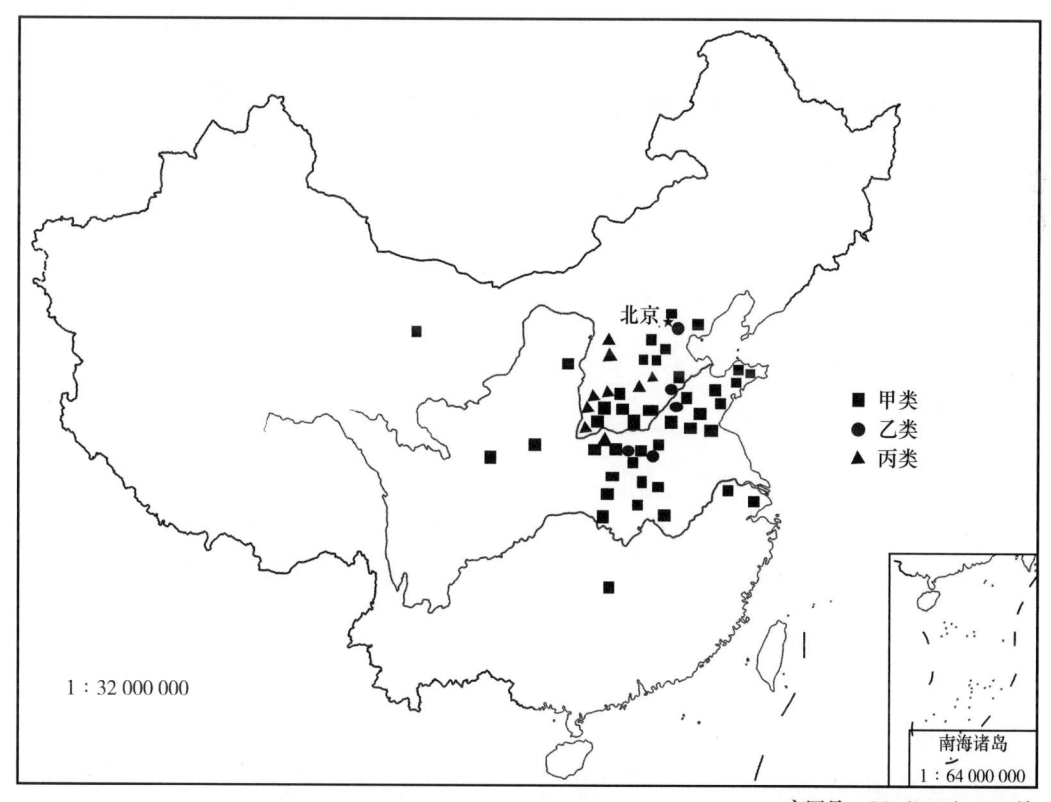

图2-72　甲类、乙类、丙类铜匜分布图

第三章 墓葬组合

青铜器不仅仅是生活实用器，更是"别尊卑，定礼仪"的礼器，在使用上有一定之规。函皇父盘（《集成》16.10164）铭文记载："函皇父作琱妘盘盉尊器，鼎簋一具，自豕鼎降十又（一），簋八，两罍，两壶，琱妘其万年子子孙孙永宝用。"可见青铜礼器的使用确有数量和种类的讲究，也就是所说的铜器组合。通过对墓葬中青铜器组合方式的研究，可以考察不同时间、不同地域人的习俗、族属、等级、性别、埋葬制度等。

《中原地区战国墓初探》[1]一文曾根据墓坑长度对中原地区战国墓进行过分类，《黄河中下游地区的东周墓葬制度》[2]根据墓坑面积和墓道情况将春秋战国时期黄河中下游地区的墓葬分为四大类。墓坑面积的大小与随葬品的档次及数量的多寡基本上也是吻合的，本章将按照墓室面积并参考随葬铜鼎的数量划分等级。第一类为小型墓：墓室面积小于5平方米的土坑竖穴墓；第二类为中型墓：墓室面积在5平方米以上，40平方米以下，或者墓室面积小于5平方米但随葬3鼎以上的墓葬；第三类为大型墓：墓室面积大于40平方米的土坑竖穴墓或者带墓道的"甲"字形墓。

本章以科学发掘的、没有经过盗扰的、出土铜匜的墓葬为主要研究资料，以经过扰动但组合较为完整的铜器墓为辅助，也是先分地区进行分析。

第一节 山东地区

1. 第一期前段

山东地区出土铜匜的墓葬有4座，组合如下：

鼎3、鬲1、簋4、甗1、壶2、匜1、盘1、匫1　莒县西大庄M1（13.8平方米）[3]
鼎2、鬲5、匜1、盘1、匫1　临朐泉头M甲（12平方米）[4]

---

[1] 叶小燕：《中原地区战国墓初探》，《考古》1985年第2期。
[2] 印群：《黄河中下游地区的东周墓葬制度》，社会科学文献出版社，2001年，124页。
[3] 莒县博物馆：《山东莒县西大庄西周墓葬》，《考古》1999年第7期。
[4] 临朐县文化馆、潍坊地区文物管理委员会：《山东临朐发现齐、郯、曾诸国铜器》，《文物》1983年第12期。

鼎1、鬲1、匜1　　　　　　　　　　　　1982沂水东河北（4.14平方米）[①]
鼎1、匜1　　　　　　　　　　　　　　淄川南阳村墓（2.4平方米）[②]

其中墓葬面积小于5平方米的小型墓2座，大于5平方米的中型墓2座。中型墓莒县西大庄M1和临朐泉头M甲出土食器、酒器、水器，组合比较全面；两座小型墓不出水器。淄川南阳村墓虽然没有铜制盛食器，却出有陶鬲、陶豆等陶质盛食器。这一时期的铜礼器基本组合有两种：一种是鼎、鬲、匜，4座墓葬中有3座这种组合，占总数的75%；鼎、匜，只有一座墓葬。说明铜匜一开始就成为基本组合器物，这是它日后能有发展的前提条件。

2. 第一期后段

该期段出土铜匜的墓葬有4座，其中沂水埠子M5盗扰严重，故不列入讨论范围。组合如下：

鼎3、簋2、壶1、匜1、盘1、匜1　　　　临淄齐古城M1（4平方米）[③]
鼎1、罍1、匜1、匜1　　　　　　　　　栖霞吕家埠M1（15.4平方米）[④]
鼎1、匜1　　　　　　　　　　　　　　栖霞吕家埠M2（12平方米）[⑤]

本期出土铜匜的完整墓葬有3座，其中临淄齐古城M1墓室面积小于5平方米，但值得注意的是，临淄齐古城M1的墓室北面和上部被破坏，虽然面积仅残存为4平方米，但出铜鼎3件，所以墓葬规模应该不低于中型墓。铜礼器基本组合为鼎、匜，是食器和酒器的组合。盘、匜或匜偶尔也出现在组合中。酒器除了铜匜，另有壶或者罍相配。青铜盛食器有簋相配，但栖霞吕家埠M1、M2皆未出青铜盛食器，但M1出土有陶鬲、陶豆，M2也出土有陶簋、陶豆，皆充当了青铜盛食器的角色。

可以看出山东第一期出土铜匜墓葬的面积、规模较小。7座墓葬中，3鼎墓仅2座，墓室面积小于5平方米的墓葬3座，墓室面积最大的栖霞吕家埠M1只有15.4平方米。而且这一时期出土的铜匜纹饰简单，多素面，造型朴素简洁，铜匜的最初使用者可能是中小贵族。

3. 第二期前段

这一期段出土铜匜的墓葬共7座，其中3座墓葬被盗、1座墓葬被破坏，墓室面积及

[①] 马玺伦：《山东沂水发现一座西周墓葬》，《考古》1986年第8期，756~758页。
[②] 张光明：《山东淄博南阳村发现一座周墓》，《考古》1986年第4期。
[③] 齐国故城遗址博物馆、临淄区文物管理所：《山东临淄齐国故城西周墓》，《考古》1988年第1期。
[④] 栖霞县文物管理所：《山东栖霞县松山乡吕家埠西周墓》，《考古》1988年第9期。
[⑤] 栖霞县文物管理所：《山东栖霞县松山乡吕家埠西周墓》，《考古》1988年第9期。

铜器组合无法判断。完整组合为：

鼎8、簋6、鬲6、簠2、壶3、匜1、盘1、匜1　　滕州薛故城M1（36.4平方米）①

鼎1、敦1、匜1　　　　　　　　　　　　　　　曲阜鲁国故城M201（7.26平方米）②

匜1　　　　　　　　　　　　　　　　　　　　曲阜鲁国故城M203（4.8平方米）③

另有曲阜鲁国故城M202（4.2平方米），出敦、匜、盘、匜各1，曲阜鲁国故城M305（6.08平方米）④出匜1，曲阜鲁国故城M103（5.4平方米）⑤出土匜1。以上3座墓葬皆被盗扰，故只做参考用。以上6座墓葬中，墓室面积在5平方米以下者2座，滕州薛故城M1墓室面积接近40平方米，且随葬铜鼎8件，等级较高。说明出土铜匜的小型墓的比例在下降，大中型墓的比例在上升，可见使用铜匜的墓主身份变高，铜匜逐渐被大中型贵族接受。这一期段墓葬多经盗扰，组合尚难看出规律，完整组合为鼎、簋（敦）、匜，大型墓出土食器较多，有鬲、簠，酒器除了铜匜尚有铜壶相配，水器也是盘、匜基本组合。中型墓较为简单，为鼎、敦、匜。小型墓只随葬1件匜，说明铜匜在小型墓中发挥了重要作用。这一期段铜匜的普遍使用是不容置疑的⑥，大中小型墓中皆有发现。

4. 第二期后段

这一期段仅有2座墓葬出土青铜器。

鼎16、簋7、鬲9、甗1、罐1、壶7、罍4、瓿2、匜2、盂1、盆2、盉1、盘1、匜1

　　　　　　　　　　　　　　　　沂水刘家店子M1（102.4平方米）⑦

鼎10、簋3、甗1、簠2、敦3、壶1、卣3、匜2、盆1、盉1、盘1

　　　　　　　　　　　　　　　　临沂凤凰岭（105.8平方米）⑧

两座墓葬墓室面积都在40平方米以上，属于大型墓，且两座墓都随葬2件铜匜。基本组合为：鼎、簋、甗、壶、匜、盆、盉、盘。临沂凤凰岭墓出现了敦。可见从春秋中期开始，青铜敦、匜渐渐走在一起逐渐成为墓葬中的基本组合。

---

① 山东省济宁市文物管理局：《薛国故城勘查和墓葬发掘报告》，《考古学报》1991年第4期。
② 山东省文物考古研究所等：《曲阜鲁国故城》，齐鲁书社，1982年。
③ 山东省文物考古研究所等：《曲阜鲁国故城》，齐鲁书社，1982年。
④ 山东省文物考古研究所等：《曲阜鲁国故城》，齐鲁书社，1982年。
⑤ 山东省文物考古研究所等：《曲阜鲁国故城》，齐鲁书社，1982年。
⑥ 毕经纬：《山东出土东周青铜礼容器研究》，陕西师范大学硕士学位论文，2009年。
⑦ 山东省文物考古研究所、沂水县文物管理站：《山东沂水刘家店子春秋墓发掘简报》，《文物》1984年第9期。
⑧ 山东省兖石铁路文物考古工作队：《临沂凤凰岭东周墓》，齐鲁书社，1987年，85～114页。

5. 第三期前段

这一期段铜匜出土数量最多，出土铜匜的墓葬共13座，有完整铜礼器组合的11座。

鼎10、簋6、鬲6、簠2、壶3、匜1、盘2、匝1、盉1、鉴1
　　　　　　　　　　　　　　　　　滕州薛故城M4（不清）①

鼎8、簋6、鬲6、簠2、壶3、匜1、盘1、匝1、小罐1
　　　　　　　　　　　　　　　　　滕州薛故城M2（30.4平方米）②

鼎7、甗1、敦2、方壶2、匜1、匝1、盉1、　海阳嘴子前M4（45.7平方米）③

鼎2、敦3、壶1、盘1、匜1　　　　　莒南大店M1（117.5平方米）④

鼎3、甗1、敦2、壶1、匜2、盘1　　　长清仙人台M5（15.18平方米）⑤

鼎1、敦1、匜1　　　　　　　　　　淄川磁村M1（7.98平方米）⑥

鼎1、敦1、匜1　　　　　　　　　　淄川磁村M03（7.35平方米）⑦

鼎1、匜2、盘1、匝1、鉴1　　　　　邹平大省M1（不清）⑧

敦1、匜1、匝1　　　　　　　　　　栖霞杏家庄M3（19平方米）⑨

匜1　　　　　　　　　　　　　　　新泰郭家泉M9（5.1平方米）⑩

本期段墓葬面积大于40平方米的有2座，属于大型墓。滕州薛故城M4、M2随葬铜鼎的数量超过墓室面积大于40平方米的墓葬随葬铜鼎的数量，故将其归为大型墓葬。本期段大型墓葬4座。按墓葬组合可以分为两组：第一组是滕州薛故城M4和滕州薛故城M2，基本组合为：鼎、簋、鬲、簠、壶、匜、盘、匝，两座墓随葬食器的数量皆为偶数。第二组墓葬的基本组合为：鼎、敦、匜，3鼎以上墓葬还会随葬甗、壶、盘、匝。栖霞杏家庄M3铜器组合中没有鼎，但随葬陶鼎7件，充当了铜鼎的角色。小型墓葬仅随葬鼎、匜，甚至只有1件铜匜，如新泰郭家泉M9，该墓墓室面积5.1平方米，接

---

① 山东省济宁市文物管理局：《薛国故城勘查和墓葬发掘报告》，《考古学报》1991年第4期。
② 山东省济宁市文物管理局：《薛国故城勘查和墓葬发掘报告》，《考古学报》1991年第4期。
③ 海阳县博物馆：《山东海阳嘴子前村春秋墓出土铜器》，《文物》1985年第3期。
④ 山东省博物馆、临沂地区文物组、莒南县文化馆：《莒南大店春秋时期莒国殉人墓》，《考古学报》1978年第3期。
⑤ 山东大学历史文化学院考古系：《长清仙人台五号墓发掘简报》，《文物》1989年第9期。
⑥ 任相宏、张光明、刘德宝：《淄川考古》，齐鲁书社，2006年。
⑦ 任相宏、张光明、刘德宝：《淄川考古》，齐鲁书社，2006年。
⑧ 山东省惠民地区文物组、邹平县图书馆：《山东邹平县大省村东周墓》，《考古》1986年第7期。
⑨ 烟台市文物管理委员会、栖霞县文物事业管理处：《山东栖霞县占田童乡杏家庄战国墓清理简报》，《考古》1992年第1期。
⑩ 山东大学历史系考古专业、山东省新泰市文化局：《山东新泰郭家泉东周墓》，《考古学报》1989年第4期。

近小型墓。第一期前段曲阜鲁国故城M203也只随葬1件铜匜，该墓室面积只有4.8平方米，属于小型墓。可见铜匜在小型墓中格外受到重视。曲阜鲁国故城M203、曲阜鲁国故城M305、栖霞杏家庄M3、新泰郭家泉M9四座墓葬的东夷文化特点浓厚，如曲阜鲁国故城M305、栖霞杏家庄M3墓底皆有腰坑，新泰郭家泉M9墓室设有壁龛。随葬器物不出仿铜陶鬲，流行陶豆、陶簋圈足器，应该是山东本地文化的特色。在这些墓葬中不见铜鼎，却不缺少铜匜，可见铜匜在夷人文化中很受重视，地位较高。

6. 第三期后段

这一期段出土铜匜的墓葬共7座，除莱芜西上崮无法判断墓葬组合，其余组合如下：

鼎1、豆2、敦1、壶1、匜1、盘1	海阳嘴子前M1（13平方米）①
鼎1、豆1、敦1、匜1	淄川磁村M03（7平方米）②
鼎1、豆1、壶1、匜1、盘1	邹平大省M3（6.6平方米）③
鼎1、豆2、匜1	滕州薛故城M6（8.1平方米）④
鼎1、豆2、壶1、匜1、盘1	青岛安乐大队（不清）⑤
匜1	邹平大省M7（8.3平方米）⑥
鼎1、敦1、匜1	淄川磁村M02（7.75平方米）

这一期段的基本组合是以鼎、豆、匜为主，海阳嘴子前M1和淄川磁村M03伴出盛食器敦，海阳嘴子前M1、邹平大省M3、青岛安乐大队墓中酒器增加了壶。邹平大省M7只出1件铜匜，这种形式延续了上一期段的特点。这一期段青铜豆崭露头角，开始与铜匜搭档进入墓葬铜器基本组合。这一期段只随葬1件铜匜的邹平大省M7，墓底有腰坑，也有东夷之风。该墓墓室面积8.3平方米，在中型墓葬中面积偏小，等级不高。墓葬中只随葬1件铜匜可能是东夷人的习俗。

---

① 烟台市文物管理委员会、海阳县博物馆：《山东海阳县嘴子前春秋墓的发掘》，《考古》1996年第9期。
② 任相宏、张光明、刘德宝：《淄川考古》，齐鲁书社，2006年。
③ 山东省惠民地区文物组、邹平县图书馆：《山东邹平县大省村东周墓》，《考古》1986年第7期。
④ 山东省济宁市文物管理局：《薛国故城勘查和墓葬发掘报告》，《考古学报》1991年第4期。
⑤ 孙善德：《青岛市郊出土一批东周青铜器》，《文物资料丛刊》（5），文物出版社，1981年。
⑥ 山东省惠民地区文物组、邹平县图书馆：《山东邹平县大省村东周墓》，《考古》1986年第7期。

7. 第四期前段

这一期段出土铜匜的墓葬有14座,11座器物组合完整。

鼎2、豆5、敦1、壶2、罍2、匜1、盘2、罐2
　　　　　　　　　　　　　　临淄区东夏庄M5（147.3平方米）①

鼎1、鬲2、豆4、敦2、壶1、罍1、匜3、盘2、匝2、罐2、尊1
　　　　　　　　　　　　　　临淄区相家庄M6（505.8平方米）②

鼎3、豆3、敦2、壶1、匜1、盘1　济南左家洼M1（不清）③

鼎5、豆10、敦2、壶5、匜4、盘2、勺1　章丘女郎山M1（165.4平方米）④

鼎1、豆2、敦2、壶2、匜3、鉴1　长岛王沟M10（50.3平方米）⑤

鼎1、豆2、匜2、盘1、匝1　曲阜鲁国故城M116（6.9平方米）⑥

鼎1、豆2、壶1、匜1　长岛王沟M1（10.1平方米）⑦

鼎1、豆2、敦1、壶1、匜1、匝1、鉴　长岛王沟M2（9.7平方米）⑧

鼎1、豆2、匜2、盘1、匝1　滕州庄里西M8（9.1平方米）⑨

鼎2、豆2、匜1　莱芜戴鱼池墓（不清）⑩

鼎2、豆2、敦4、壶3、罍1、匜1、盘1、匝1、小罐1
　　　　　　　　　　　　　　阳信西北村陪葬坑⑪

这一期段的基本组合承袭了上一期段,仍然是鼎、豆、匜。所出铜匜的墓葬面积基本在5平方米以上,还有"甲"字形大墓,如临淄区东夏庄M5、临淄区相家庄M6,长岛王沟M10的墓室面积也在40平方米以上,大墓出土铜匜的数量增加,如临淄区相家庄M6、长岛王沟M10分别随葬3件铜匜。

---

① 山东省文物考古研究所:《临淄齐墓》第一集,文物出版社,2007年,87~89页。
② 山东省文物考古研究所:《临淄齐墓》第一集,文物出版社,2007年,291~298页。
③ 济南市文化局文物处、历城区文化局:《山东济南市左家洼出土战国青铜器》,《考古》1995年第3期。
④ 济青公路考古队绣惠分队:《章丘绣惠女郎山一号战国大墓发掘报告》,《济青高速公路考古报告集》,齐鲁书社,1993年。
⑤ 烟台市文物管理委员会:《山东长岛王沟东周墓群》,《考古学报》1993年第1期。
⑥ 山东省文物考古研究所等:《曲阜鲁国故城》,齐鲁书社,1982年。
⑦ 烟台市文物管理委员会:《山东长岛王沟东周墓群》,《考古学报》1993年第1期。
⑧ 烟台市文物管理委员会:《山东长岛王沟东周墓群》,《考古学报》1993年第1期。
⑨ 滕州市博物馆:《山东滕州庄里西战国墓》,《文物》2002年第6期。
⑩ 莱芜市图书馆、泰安市文物考古研究室:《山东莱芜戴鱼池战国墓》,《文物》1989年第2期。
⑪ 惠民地区文物普查队、阳信县文化馆:《山东阳信城关镇西北村战国墓器物陪葬坑清理简报》,《考古》1990年第3期。

8. 第四期后段

这一期段是铜匜在山东发展的最后一个阶段。出土铜匜的墓葬有7座，完整组合的墓葬如下。

鼎5、盒9、釜4、钵1、勺2、壶4、罍4、匜2、耳杯4、盘3、匝3
　　　　　　　　　　　　　　　　临淄商王村M1（14.6平方米）①

鼎2、豆2、敦1、壶2、匜1、耳杯4、盘1、匝1、盒7、箕1、碗3、勺2
　　　　　　　　　　　　　　　　临淄赵家徐姚M1（111.7平方米）②

这一期段铜器基本组合可以分为两组：第一组基本承袭了上一期段的组合，只是青铜敦重又回归到基本组合行列鼎、豆、敦、壶、匜；第二组以临淄商王村M1为代表，盛食器不见传统的豆、敦，以盒、釜、钵取而代之，且增加了新的器型耳杯。赵家徐姚M1铜器基本组合虽然是鼎、豆、敦、匜，但耳杯、盒也列入组合，既有第一组的基本组合又吸收了第二组的新器型。铜匜多发现于大中型墓，虽然代表铜匜的等级地位较高，但也表明它的普及化程度较低，这也预示着铜匜最终将曲高和寡，走向没落。

第二节　中原地区

1. 第一期前段

鼎1、敦1、匜1、盘1、匝1、勺1　　　中州路M2415（15.3平方米）③
鼎1、敦1、匜1、盘1、匝1　　　　　闻喜上郭村76M4（6.93平方米）④
鼎1、匜1、盘1、匝1　　　　　　　 闻喜上郭村76M6（6.5平方米）⑤
鼎1、敦1、匜1　　　　　　　　　　新郑兴弘花园M121（3.3平方米）⑥

这一期段完整组合的4座墓葬中，1座墓葬墓室面积小于5平方米，属小型墓，3座属于中型墓。中型墓的基本组合是鼎、敦、匜、盘、匝，食器、酒器、水器组合完

---

① 淄博市博物馆、齐故城博物馆：《临淄商王墓地》，齐鲁书社，1997年。
② 淄博市临淄区文化局：《山东淄博市临淄区赵家徐姚战国墓》，《考古》2005年第1期。
③ 中国科学院考古研究所：《洛阳中州路（西工段）》，科学出版社，1959年，149~163页。
④ 山西省考古研究所：《1976年闻喜上郭村周代墓葬清理记》，《三晋考古》第一辑，山西人民出版社，1994年，123页。
⑤ 山西省考古研究所：《1976年闻喜上郭村周代墓葬清理记》，《三晋考古》第一辑，山西人民出版社，1994年，123页。
⑥ 河南省文物考古研究所：《郑韩故城兴弘花园与热电厂墓地》，文物出版社，2007年，103~105页。

整，但闻喜上郭村76M6的墓葬组合为鼎、匜、盘、匦，没有盛食器。两座小型墓不出水器，仅随葬鼎、敦、匜。与同时期的山东地区相比，中原地区的组合规律比较明显，山东地区该期段出土青铜器的墓葬较少，组合规律尚难总结，但可以看出鼎、敦、匜（曲阜鲁故城M201）与鼎、簠、匜（滕州薛故城M1）的基本组合同时存在。而山东地区对铜匜的重视程度要高于中原地区，属于同一时期的曲阜鲁故城M203单出铜匜1件，中原地区并不出现这种情况。单出1件铜匜可能是山东地区东夷文化的传统。

2. 第一期后段

鼎10、敦2、簠2、方壶2、罍2、匜1、盉1、盘1、匦1
            长治分水岭M270（25.3平方米）[①]

鼎9、敦2、簠2、鬲4、甗1、方壶2、匜1、盉1、罐2、鉴1、盘1、匕1
            长治分水岭M269（27平方米）[②]

鼎7、敦2、鬲3、方壶2、罍2、匜2、鉴2 万荣庙前村58M1（15.8平方米）[③]

鼎7、敦4、鬲2、簠2、甗1、方壶2、匜2、盘1、匦1、鉴2、小尊1
            侯马上马M13（19.8平方米）[④]

鼎5、敦2、簠2、方壶2、匜2、盘1、匦1、鉴2
            临猗程村M1002（14.8平方米）[⑤]

鼎3、敦2、甗1、匜1、盘1、匦、鍑1 侯马上马M2008（13.8平方米）[⑥]

鼎3、敦1、甗1、匜1、盘1、匦1 临猗程村M0003（11.3平方米）[⑦]

鼎3、敦1、簠2、方壶2、匜1、盘1、匦1、勺1
            洛阳613所C1M6112（10.1平方米）[⑧]

鼎3、敦2、匜1   临猗程村M0020（9.7平方米）[⑨]

[①] 山西省文物工作委员会晋东南工作组、山西省长治市博物馆：《长治分水岭269、270号东周墓》，《考古学报》1974年第2期。

[②] 陕西省文物工作委员会晋东南工作组、山西省长治市博物馆：《长治分水岭269、270号东周墓》，《考古学报》1974年第2期。

[③] 山西省考古研究所：《万荣庙前东周墓葬发掘收获》，《三晋考古》第一辑，山西人民出版社，1994年，218页。

[④] 山西省考古研究所：《上马墓地》，文物出版社，1994年，307～397页。

[⑤] 中国社会科学院考古研究所：《临猗程村墓地》，中国大百科全书出版社，2003年。

[⑥] 山西省考古研究所：《上马墓地》，文物出版社，1994年，307～397页。

[⑦] 中国社会科学院考古研究所：《临猗程村墓地》，中国大百科全书出版社，2003年。

[⑧] 洛阳市文物工作队：《洛阳市613所东周墓》，《文物》1999年第8期。

[⑨] 中国社会科学院考古研究所：《临猗程村墓地》，中国大百科全书出版社，2003年。

鼎3、敦2、匜1、盘1、匜1	侯马上马M1027（11.2平方米）①
鼎2、敦1、簠2、罍2、匜1、盘1、匜1、勺1	洛阳纱厂JM32（12.9平方米）②
鼎2、敦1、匜1	临猗程村M1118（7.7平方米）③
鼎2、敦2、匜1、盘1、匜1	侯马上马M1015（10平方米）④
鼎2、敦1、罍2、匜1、盘1、匜1	洛阳西工区LBM4（10.8平方米）⑤
鼎2、敦1、匜1、盘1、匜1	万荣庙前村62M1（15.5平方米）⑥
鼎2、敦1、匜1、盘1、匜1	侯马上马M1006（11.9平方米）⑦
鼎1、敦1、簠2、罍1、匜1、盘1、匜1	中州路M4（8.6平方米）⑧
鼎1、敦1、甗1、匜1、盘1、匜1	侯马上马M1010（10.1平方米）⑨
鼎1、敦1、匜1、盘1、匜1	临猗程村M1024（9.2平方米）⑩
鼎1、敦1、匜1、盘1、匜1	中州路M1（8.6平方米）⑪
鼎1、敦1、匜1、盘1、匜1	中州路M6（7.7平方米）⑫
鼎1、敦1、匜1、盘1、匜1	洛阳西郊WSM2（3.8平方米）⑬
鼎1、敦1、匜1、盘1、匜1	洛阳西工区C1M124（8.5平方米）⑭
鼎1、敦1、匜1、盘1、匜1	洛阳西工区C1M4（7.3平方米）⑮
鼎1、敦1、匜1、盘1、匜1	洛阳西工区C1M7256（6～10平方米）⑯

---

① 山西省考古研究所：《上马墓地》，文物出版社，1994年，307～397页。

② 洛阳市第二文物工作队：《洛阳市纱厂路东周墓（JM32）发掘简报》，《文物》2002年第11期，31～37页。

③ 中国社会科学院考古研究所：《临猗程村墓地》，中国大百科全书出版社，2003年。

④ 山西省考古研究所：《上马墓地》，文物出版社，1994年，307～397页。

⑤ 中国社会科学院考古研究所洛阳唐城队：《1983年洛阳西工区墓葬发掘简报》，《考古》1985年第6期，508～521页。

⑥ 山西省考古研究所：《万荣庙前东周墓葬发掘收获》，《三晋考古》第一辑，山西人民出版社，1994年，218页。

⑦ 山西省考古研究所：《上马墓地》，文物出版社，1994年，307～397页。

⑧ 中国科学院考古研究所：《洛阳中州路（西工段）》，科学出版社，1959年，149～163页。

⑨ 山西省考古研究所：《上马墓地》，文物出版社，1994年，307～397页。

⑩ 中国社会科学院考古研究所：《临猗程村墓地》，中国大百科全书出版社，2003年。

⑪ 中国科学院考古研究所：《洛阳中州路（西工段）》，科学出版社，1959年。

⑫ 中国科学院考古研究所：《洛阳中州路（西工段）》，科学出版社，1959年。

⑬ 中国科学院考古研究所：《一九五四年春洛阳西郊发掘报告》，《考古学报》1956年第2期。

⑭ 洛阳市文物工作队：《洛阳两座东周铜器墓》，《中原文物》1983年第4期。

⑮ 洛阳市文物工作队：《洛阳两座东周铜器墓》，《中原文物》1983年第4期。

⑯ 洛阳市文物工作队：《洛阳市西工区几座春秋墓的清理》，《考古与文物》2003年第2期，9～15页。

鼎1、敦1、匜1、盘1、匜1	新郑郑韩路M6（10.9平方米）①
鼎1、敦1、匜1、盘1、匜1	侯马上马M1026（12平方米）②
鼎1、敦1、匜1、盘1、匜1	临猗程村M1082（8.4平方米）③
鼎1、敦1、匜1、盘1、匜1	临猗程村M1064（10.4平方米）④
鼎1、敦2、匜1、盘1、匜1	洛阳西工区M7258（6~10平方米）⑤
鼎1、敦1、匜1	侯马上马M2148（6.8平方米）⑥
鼎1、敦1、匜1	临猗程村M0021（8.1平方米）⑦
鼎1、敦1、匜1	闻喜上郭村76M17（5.9平方米）⑧
敦1、匜1	新郑兴弘花园M100（7.1平方米）⑨
匜1	闻喜上郭村89WSM4（6.2平方米）⑩
鼎1、敦1、匜1	新郑兴弘花园M42（4.1平方米）⑪

这一期段出土铜匜的墓葬面积多在5平方米以上，但都小于40平方米，属于中型墓。1鼎墓基本组合仍是鼎、敦、匜、盘、匜，拥有完整的食器、酒器、水器组合，但个别不随葬水器，墓室面积都较小，在10平方米左右。食器簠或甗，酒器罍在1鼎墓中也偶有出现。2鼎墓的基本组合也是鼎、敦、匜、盘、匜，个别增加食器簠或者酒器罍。2鼎墓中墓葬面积唯一小于10平方米的临猗程村M1118不随葬水器盘、匜。3鼎墓葬的基本组合也为鼎、敦、匜、盘、匜，个别墓葬在此基础上增加甗或簠和方壶。3鼎墓中墓室面积唯一小于10平方米的临猗程村M0020仍不随葬盘、匜。3鼎以上墓葬都在基本组合鼎、敦、匜的基础上增加食器鬲、甗、簠，酒器方壶、罍或水器盘、匜、盉。

综上所述，这一期段的基本组合是鼎、敦、匜。但也有特例，如新郑兴弘花园

---

① 河南省文物考古研究所新郑工作站：《新郑市郑韩路6号春秋墓》，《文物》2005年第8期。
② 山西省考古研究所：《上马墓地》，文物出版社，1994年，307~397页。
③ 中国社会科学院考古研究所：《临猗程村墓地》，中国大百科全书出版社，2003年。
④ 中国社会科学院考古研究所：《临猗程村墓地》，中国大百科全书出版社，2003年。
⑤ 洛阳市文物工作队：《洛阳市西工区几座春秋墓的清理》，《考古与文物》2003年第2期，9~15页。
⑥ 山西省考古研究所：《上马墓地》，文物出版社，1994年，307~397页。
⑦ 中国社会科学院考古研究所：《临猗程村墓地》，中国大百科全书出版社，2003年。
⑧ 山西省考古研究所：《1976闻喜上郭村周代墓葬清理记》，《三晋考古》第一辑，山西人民出版社，1994年，123页。
⑨ 河南省文物考古研究所：《郑韩故城兴弘花园与热电厂墓地》，文物出版社，2007年，103~105页。
⑩ 山西省考古研究所：《1976闻喜上郭村周代墓葬清理记》，《三晋考古》第一辑，山西人民出版社，1994年，123页。
⑪ 河南省文物考古研究所：《郑韩故城兴弘花园与热电厂墓地》，文物出版社，2007年，105~106页。

M100单出敦、匜，闻喜上郭村89WSM4单出1件匜。这一期段，中原地区也出现了山东地区在东夷族属的墓葬中所见的只随葬1件铜匜的现象，可能是受到山东地区的影响。这两座墓葬的墓室面积不大，都小于10平方米。这种现象在中原地区只存在于春秋中期，在山东地区存在时间稍微长一些，但到春秋晚期之后也消失了。

3. 第二期前段

器物组合	墓葬（面积）
鼎5、豆1、簠4、壶1、匜2、盘1、匝1	洛阳汉河南M60（8.8平方米）①
鼎3、豆1、甗1、匜1、盘1、匝1、镂1	临猗程村M1072（12.6平方米）②
鼎2、豆2、罍2、匜1、盘1、匝1	中州路M2729（11平方米）③
鼎3、敦1、匜1、盘1、匝1	陕县后川M0256（11.8平方米）
鼎1、豆1、匜1	牛村古城60H4M6（5.6平方米）④
鼎1、豆1、匜1	临猗程村M1062（11.8平方米）⑤

这一期段墓葬基本组合有两种：一种是鼎、豆、匜，这种组合出现在1鼎墓中，另一种组合为鼎、豆、匜、盘、匝，出现在2鼎及以上墓中。2鼎另有酒器罍相配，5鼎墓葬在鼎、豆、匜、盘、匝基本组合的基础上，另增加簠、甗、簋、壶或者罍相配。这一期豆取代敦，与鼎、匜，一起参与基本组合。而山东地区这一期段墓葬的最基本组合仍然是鼎、敦、匜，而且较大的中型墓葬基本组合是鼎、簠、壶、匜、盘、匝。山东地区组合发展较慢，鼎、敦、匜的组合延续时间较长。而且，墓葬只随葬铜匜的现象在山东地区仍然存在。

4. 第二期后段

器物组合	墓葬（面积）
鼎2、豆2、罍2、匜1、盘1、匝1	洛阳西工区C1M7039（8.7平方米）⑥
鼎5、豆2、甗1、簠1、壶2、匜2、盘1、匝1、鉴2	临猗程村M1002（23.5平方米）
鼎1、豆1、匜1、勺1	洛阳哀成叔墓（5.8平方米）⑦
鼎5、豆4、罍2、匜2、盘1、匝1	侯马上马M1004（17.8平方米）

---

① 洛阳博物馆：《河南洛阳春秋墓》，《考古》1981年第1期，24~26页。
② 中国社会科学院考古研究所：《临猗程村墓地》，中国大百科全书出版社，2003年。
③ 中国科学院考古研究所：《洛阳中州路（西工段）》，科学出版社，1959年。
④ 山西省考古研究所侯马工作站：《侯马牛村古城南墓葬发掘报告》，《晋都新田》，山西人民出版社，1996年。
⑤ 中国社会科学院考古研究所：《临猗程村墓地》，中国大百科全书出版社，2003年。
⑥ 洛阳市文物工作队：《洛阳市西工区几座春秋墓的清理》，《考古与文物》2003年第2期，9~15页。
⑦ 洛阳博物馆：《洛阳哀成叔墓清理简报》，《文物》1981年第7期。

鼎1、豆1、匜1、盘1、匜1　　　　　　　洛阳中州路98LM535（3.9平方米）①
鼎1、豆1、匜1　　　　　　　　　　　　牛村古城M342（7.3平方米）②

这一期段6座组合完整的墓葬中，墓室面积小于5平方米的有1座，属于小型墓。余皆大于5平方米。基本组合仍为鼎、豆、匜，个别墓葬出有水器盘、匜。2鼎墓在基本组合基础上，另加酒器罍相配。山东地区这一期段的墓葬基本组合也由鼎、敦、匜发展成为鼎、豆、匜，但青铜敦仍有残余，在个别墓葬中与铜豆并出。中原地区铜罍、铜壶经常与铜匜伴出，但山东地区铜罍较少与铜匜相配担任酒器组合，而铜壶经常与铜匜相伴而出。尤其是这一期段，山东地区不见铜罍，而中原地区却不见铜壶。

5. 第三期前段

鼎27、豆14、鬲5、甗2、簠2、壶8、罍2、尊1、匜4、盘2、匜2、鉴6
　　　　　　　　　　　　　　　　　　太原金胜村M251（61.2平方米）③
鼎17、豆10、鬲3、甗1、敦2、壶5、匜2、勺5、匕2、盘3、匜2、鉴4
　　　　　　　　　　　　　　　　　　陕县后川M2040（40.7平方米）④
鼎13、豆8、甗1、簠2、壶2、罍2、匜1、罐2、鉴4、盉1、盘3、匜1
　　　　　　　　　　　　　　　　　　潞城潞河村M7（36.5平方米）⑤
鼎3、豆1、匜1、盘1、匜1　　　　　　临猗程村M1056（16.1平方米）⑥
鼎3、豆2、甗1、壶2、匜1、盘1、匜1　邯郸百家村M57（16.6平方米）⑦
鼎2、豆3、敦1、鬲3、匜1、盘2、鉴1、匕5
　　　　　　　　　　　　　　　　　　长治分水岭M126（45.5平方米）⑧
鼎2、豆1、敦1、壶2、匜1、匜1　　　　长子M1（11.7平方米）⑨
鼎2、豆3、匜1、盘1、匜1　　　　　　长子M2（11平方米）⑩

---

① 中国社会科学院考古研究所洛阳唐城队：《河南洛阳市中州路北东周墓葬的清理》，《考古》2002年第1期，29~33页。
② 山西省考古研究所侯马工作站：《侯马牛村古城南墓葬发掘报告》，《晋都新田》，山西人民出版社，1996年。
③ 山西省考古研究所、太原市文物管理委员会：《太原晋国赵卿墓》，文物出版社，1996年。
④ 中国社会科学院考古研究所：《陕县东周秦汉墓》，科学出版社，1994年，第57页。
⑤ 山西省考古研究所、山西省晋东南地区文化局：《山西省潞城县潞河战国墓》，《文物》1986年第6期。
⑥ 中国社会科学院考古研究所：《临猗程村墓地》，中国大百科全书出版社，2003年。
⑦ 河北省文化局文化工作队：《河北邯郸百家村战国墓》，《考古》1962年第12期。
⑧ 边成修：《山西长治分水岭126号墓发掘简报》，《文物》1972年第4期，38~46页。
⑨ 山西省考古研究所：《山西长子县东周墓》，《考古学报》1984年第4期。
⑩ 山西省考古研究所：《山西长子县东周墓》，《考古学报》1984年第4期。

鼎1、敦1、匜1、盘1、匜1　　　　　　　新郑郑禹公路M2（7.8平方米）①
鼎1、豆1、匜1　　　　　　　　　　　　洛阳凯旋路南97LM470（8.6平方米）②
鼎1、豆2、罍2、匜1、盘1、匜1　　　　洛阳西工区C1M7226（6～10平方米）③
鼎1、豆1、壶2、匜1　　　　　　　　　屯留武家沟（5.3平方米）④

这一期段墓葬墓室面积大于40平方米的有3座，潞城潞河村M7墓室面积接近40平方米，而且随葬铜鼎13件，等级较高，故归入大型墓。这一期段大型墓4座；余皆为墓室面积大于5平方米的中型墓葬。墓葬组合形式有两种：鼎、豆、匜，这是最为常见的一种组合；另一种是鼎、敦、匜、盘、匜，铜敦在这一期段回归，但是这一组合较为少见。在基本组合的基础上，另有墓葬增加水器盘、匜。鬲、甗、簠、壶、罍也偶然出现，与基本组合相配。铜匜在这一期段又有所发展，数量有所增加，随葬铜匜的墓葬等级有所提高，出现4座大型墓。这种现象在山东地区也有所表现，随葬铜匜的临淄区东夏庄M5、临淄区相家庄M6皆为"甲"字形大墓，长岛王沟M10墓室面积大于40平方米。中原地区墓葬基本组合与山东地区大致相同，为鼎、豆、匜，铜敦又回到基本组合中，与铜匜相伴而出。

6. 第三期后段

鼎12、簋18、簠4、豆2、盒4、罐1、碗1、壶12、罍1、匜2、盘7、匜2、盆3、杯1、匕1、斗2、甑2、釜2、灶1、箕1、爪2
　　　　　　　　　　　　　　　　　　洛阳解放路C1M395（不清）⑤
鼎6、豆2、鬲3、敦2、壶2、匜1、盘1、匜1、鉴2、匕2
　　　　　　　　　　　　　　　　　　长治分水岭M25（33.1平方米）⑥
鼎5、簋1、簠2、甑1、敦2、方壶2、壶2、匜2、盘1、匜1、鉴3
　　　　　　　　　　　　　　　　　　长治分水岭M12（71.7平方米）⑦

这一期段3座墓葬墓室面积都较大，随葬器物较多。组合较为复杂，食器组合有

---

① 赵清、王文华、刘松根：《河南新郑郑禹公路战国墓发掘简报》，《考古》1994年第5期。
② 中国社会科学院考古研究所洛阳唐城工作队：《洛阳凯旋路南东周墓发掘报告》，《考古学报》2000年第3期。
③ 洛阳市文物工作队：《洛阳市西工区几座春秋墓的清理》，《考古与文物》2003年第2期。
④ 长治市博物馆：《山西屯留武家沟出土战国铜器》，《考古》1983年第3期。
⑤ 洛阳市文物工作队：《洛阳解放路战国陪葬坑发掘报告》，《考古学报》2002年第3期，359～380页。
⑥ 山西省文物管理委员会、山西省考古研究所：《山西长治分水岭战国墓第二次发掘》，《考古》1964年第3期。
⑦ 山西省文物管理委员会、山西省考古研究所：《山西长治分水岭战国墓第二次发掘》，《考古》1964年第3期。

鼎、簠、簋、甗、豆，鼎、鬲、敦、豆，鼎、簠、簋、甗、敦；酒器组合为壶、罍、匜，壶、匜，水器基本组合为盘、匜。

第三节 南方地区

1. 第一期

鼎2、簠2、敦1、匜1　　　　　　　　　当阳金家山JM9（25.7平方米）①
鼎2、簠1、敦1、匜1　　　　　　　　　当阳ZHM8（12.4平方米）②
鼎1、壶1、匜1　　　　　　　　　　　　信阳平桥M3（11.4平方米）③
鼎1、敦1、匜1　　　　　　　　　　　　当阳ZM23（5.8平方米）④
鼎1、敦1、匜1　　　　　　　　　　　　当阳金家山M247（11.7平方米）⑤
鼎1、敦1、匜1　　　　　　　　　　　　当阳金家山M248（3.8平方米）⑥

该期出土铜匜的完整组合墓葬有6座，墓室面积小于5平方米的墓葬1座，其余都是中型墓，但随葬铜鼎数量都在3鼎以下，等级偏低。除信阳平桥M3铜器组合为鼎、壶、匜，组合中无食器外，其余皆为鼎、敦、匜，个别还增加食器簠，不见水器盘、匜。南方地区这一期的墓葬组合与中原地区一期墓葬组合大致相同。

2. 第二期

鼎19、簠2、簋1、豆1、鬲2、敦1、壶1、匜1、盆1、鉴1、缶4、盘1、匜1、斗1、勺3、匕9、禁1、俎1

　　　　　　　　　　　　　　　　　　　淅川下寺M2（58.9平方米）⑦

---

① 湖北省宜昌地区博物馆：《当阳金家山春秋楚墓发掘简报》，《文物》1989年第11期。
② 湖北省宜昌地区博物馆、北京大学考古系：《当阳赵家湖楚墓》，文物出版社，1992年，160~206页。
③ 信阳地区文管会、信阳市文化局：《信阳市平桥西三号春秋墓发掘简报》，《中原文物》1981年第4期。
④ 湖北省宜昌地区博物馆、北京大学考古系：《当阳赵家湖楚墓》，文物出版社，1992年，160~206页。
⑤ 湖北省宜昌地区博物馆：《当阳金家山春秋楚墓发掘简报》，《文物》1989年第11期。
⑥ 湖北省宜昌地区博物馆：《当阳金家山春秋楚墓发掘简报》，《文物》1989年第11期。
⑦ 河南省文物研究所、河南省丹江库区考古发掘队、淅川县博物馆：《淅川下寺春秋楚墓》，文物出版社，1991年，103~212页。

鼎9、簋4、豆2、壶3、罍1、匜2、盉1、匜1、盒1、勺
　　　　　　　　　　　　　　　　固始侯古堆M1（126平方米）①
鼎4、簋2、匜1、缶1、勺1、斗1　当阳曹家岗M5（76.2平方米）②
鼎2、瓿1、簋1、匜1、盘1、匜1、勺1　江苏六合程桥M3（不清）③
鼎1、敦1、簋1、匜1、盘1、匜1、缶1　潢川高跷场墓（不清）④

该期出土铜匜的完整组合墓葬有5座，两座墓葬墓室面积不清，3座墓葬墓室面积大于40平方米，且都随葬3鼎以上，都属于大型墓，其中固始侯古堆M1为"甲"字形大墓。可见，第二期出土铜匜墓葬的等级明显升高。3鼎以上墓葬基本组合有两种：鼎、簋、豆、壶、匜、盘（盉）、匜，鼎、簋、匜。3鼎以下墓葬基本组合：鼎、簋、匜、盘、匜，食器不见簋、豆，酒器不见壶。这点与山东和中原两地不同，山东和中原两地同时期基本组合为鼎、豆、匜，南方地区铜豆在基本组合中少见，而铜簋不可或缺，常与铜匜相伴而出。

第四节　北方地区

1. 第一期

这一时期的墓葬共12座。其中怀来甘子堡两座墓葬M2、M16受到扰乱，延庆龙庆峡M30被盗，墓葬组合不明朗。其余9座墓葬保存基本完整，墓葬组合如下。
鼎1、鍑1、敦1、罍1、匜1、匜1、勺1　唐县钓鱼台墓（4.6平方米）⑤
鼎1、敦1、钵1、罍1、匜3、斗1、盘1、匜1、匕1
　　　　　　　　　　　　　　　　玉皇庙M2（3.9平方米）⑥
鍑1、罍1、匜1　　　　　　　　　玉皇庙M250（4.1平方米）⑦
鍑1、敦1、罍1、匜1　　　　　　玉皇庙M18（5.76平方米）⑧

---

① 固始侯古堆一号墓发掘组：《河南固始侯古堆一号墓发掘简报》，《文物》1981年第1期。
② 湖北省宜昌地区博物馆：《当阳曹家岗5号楚墓》，《考古学报》1988年第4期。
③ 南京市博物馆、六合县文教局：《江苏六合程桥东周三号墓》，《东南文化》1991年第1期。
④ 信阳地区文管会、潢川县文化馆：《河南潢川县发现黄国和蔡国铜器》，《文物》1980年第1期。
⑤ 胡金华、冀艳坤：《河北唐县钓鱼台积石墓出土文物整理简报》，《中原文物》2007年第6期。
⑥ 北京市文物研究所：《军都山墓地——玉皇庙》，文物出版社，2007年，904~906页。
⑦ 北京市文物研究所：《军都山墓地——玉皇庙》，文物出版社，2007年，904~906页。
⑧ 北京市文物研究所：《军都山墓地——玉皇庙》，文物出版社，2007年，904~906页。

豆1、匜1	涿鹿大堡镇（不明）[①]
匜1	玉皇庙M35（2.08平方米）[②]
匜1	玉皇庙M156（2.86平方米）[③]
匜1	玉皇庙M171（2.2平方米）[④]
匜1	玉皇庙M174（3平方米）[⑤]

这一时期所见墓葬面积不大，除玉皇庙M18墓葬面积稍大外，其余墓葬面积都小于5平方米。主要组合形式有三种：第一种，鼎、（鍑）、敦、罍、匜、（盘）、匜；第二种，鍑、（敦）、罍、匜；第三种是单出一件匜。北方地区墓葬组合与其他三地墓葬组合既有相同点又有自身特点。鼎、敦、匜的组合，与其他地区春秋中晚期墓葬组合基本相似。而墓葬组合中出现青铜鍑则是北方地区的特色。铜匜通常和青铜罍结伴出现，形成酒器组合，这种组合形式在中原地区春秋晚期墓葬中常见。军都山玉皇庙M156、M171、M174只出土1件铜匜，与山东地区这一现象一致，可能是在相互影响下形成的。

2. 第二期

这一时期的墓葬共5座，涉县李家巷97SLM01受破坏、怀来甘子堡M1未经科学发掘，其余3座墓葬组合完整。

鼎1、甗1、豆形器1、盖豆1、壶1、匜1、盘1、勺1	新乐市中同村M2（3.5平方米）[⑥]
鼎2、豆1、瓶1、匜1、盘1、匜1	灵寿西岔头墓（3.2平方米）[⑦]
鼎2、豆1、敦1、壶1、匜1、匜1	平山穆家庄M8102（7平方米）[⑧]

这一时期组合完整的3座墓葬墓室面积仍然不大。涉县李家巷97SLM01[⑨]和怀来甘子堡的墓室受到破坏，面积不明，涉县李家巷同时发现的其他几座墓葬最大面积也只有8平方米。平山穆家庄M8102墓室面积超过5平方米，属中型墓葬，其余两座墓的墓室面积不超过4平方米。这一时期的基本组合为鼎、豆、匜、（盘）、（匜），偶有食

---

① 陈信：《河北涿鹿县发现春秋晚期墓葬》，《文物春秋》1999年第6期。
② 北京市文物研究所：《军都山墓地——玉皇庙》，文物出版社，2007年，904~906页。
③ 北京市文物研究所：《军都山墓地——玉皇庙》，文物出版社，2007年，904~906页。
④ 北京市文物研究所：《军都山墓地——玉皇庙》，文物出版社，2007年，904~906页。
⑤ 北京市文物研究所：《军都山墓地——玉皇庙》，文物出版社，2007年，904~906页。
⑥ 河北省文物研究所：《河北新乐中同村发现战国墓》，《文物》1985年第6期。
⑦ 文启明：《河北灵寿县西岔头村战国墓》，《文物》1986年第6期，20~24页。
⑧ 河北省文物研究所：《战国中山国灵寿城——1975~1993发掘报告》，文物出版社，2005年。
⑨ 邯郸市文物保护研究所、涉县文物保管所：《河北涉县李家巷春秋战国墓发掘报告》，《文物》2005年第6期。

器甒或敦加入，瓴或壶作为盛酒器也偶有出现。这种组合形式与山东和中原两地组合一致。这一时期，北方地区出土铜匜的墓葬受到山东和中原两地影响较大。

第五节 小　　结

　　山东地区和中原地区出土铜匜的墓葬组合关系基本相同，发展脉络也基本保持一致。南方地区第二期墓葬基本组合中食器为青铜簠，与山东、中原地区同期基本组合中食器为敦有所不同。北方地区第一期墓葬组合中，代表北方文化因素的青铜鍑在组合中占有很大比重，体现了北方地区的特色。北方地区出土铜匜的墓葬面积不大，多数在5平方米以下，而且以1鼎墓葬居多，因此我们认为铜匜在北方地区中下层人群中使用较多。

　　春秋早期，山东地区出土铜匜的墓葬墓室面积不大，规模较小，都是中小型墓葬，又以小型墓葬居多。但铜匜在出现之初就与鼎、鬲相伴成为墓葬的基本组合，这为铜匜在春秋中期的繁荣奠定了基础。此时中原地区铜匜尚未出现。

　　春秋中期偏早，山东地区出土铜匜的墓葬面积中，滕州薛故城M1墓室面积接近40平方米，随葬铜鼎8件，墓室等级接近大型墓。春秋中期偏晚的两座墓葬沂水刘家店子M1和临沂凤凰岭墓都是墓室面积在40平方米以上的大型墓。中原地区春秋中期偏早，出土铜匜的墓葬墓室面积属第一类和第二类，随葬铜鼎的数量皆为1件，春秋中期偏晚出土铜匜的墓葬墓室面积也属第　类和第二类，没有大型墓，唯有长治分水岭M270随葬铜鼎数量为10件，与临沂凤凰岭墓随葬铜鼎的规格一致。可见，春秋中期山东地区出土铜匜的墓葬等级要稍高于中原地区，换言之，春秋中期，铜匜在山东地区的地位要高于中原地区。在组合关系上，春秋中期山东地区出土青铜墓葬多被扰动，墓葬组合规律尚难把握。中原地区这一时期墓葬基本组合是鼎、敦、匜。

　　春秋晚期偏早，山东地区出土铜匜的墓葬中，大型墓4座，其余皆为中型墓。春秋晚期偏晚，山东地区出土铜匜的墓葬墓室面积变小，随葬铜鼎数量减少，不见大型墓。这一时期，中原地区出土铜匜的墓葬等级多为中型墓葬。总体来看，春秋晚期，山东地区出土铜匜的墓葬等级要高于中原地区。在组合关系上，春秋晚期前段，山东地区墓葬基本组合与中原地区春秋中期墓葬基本组合一致，表现为鼎、敦、匜，而这一时期中原地区墓葬基本组合由之前的鼎、敦、匜演变为鼎、豆、匜，说明山东地区墓葬组合形式较为固定，发展缓慢，春秋晚期后段山东地区墓葬组合才发展为鼎、豆、匜。

　　战国早期，山东地区出土铜匜的墓葬面积大于40平方米的有4座，其余皆为中型墓葬，战国晚期的两座墓葬中一座为大型墓、一座为中型墓。战国早期，中原地区出土铜匜的墓葬中出现大型墓，有4座，战国晚期中原地区大型墓有2座。在组合关系上，战国时期山东和中原地区墓葬组合更加趋向一致，仍是鼎、豆、匜的基本组合。但出现复古现象，中原地区在前一阶段一度消失的食器簠、敦在这一时期又出现在个别墓葬的组合中。这种组合上的复古现象也影响到铜匜形制的发展，单耳是铜匜的早期特点，战国时期，这一特点又显露在零星器物上。当然这是一种特殊现象，所以这一形制的铜匜数量很少。

铜匜多以单数形式出现，多数墓葬只随葬1件铜匜，随葬2件及以上的墓葬数量较少，在组合完整的墓葬中只有19座墓葬出土2件或2件以上铜匜。山东地区第二期后段、中原地区第一期后段，也就是从春秋中期后段开始出现随葬偶数铜匜的墓葬，而且随葬偶数铜匜的墓葬大部分规模较大，出土青铜鼎的个数在3个以上。这也说明从春秋中期偏晚开始，铜匜在礼器中的地位上升，有着举足轻重的作用。甚至有些随葬铜匜的墓室面积在40平方米以上，如沂水刘家店子M1、临沂凤凰岭、长治分水岭M12、陕县后川M2040、章丘女郎山M1。只有4座是3鼎以下墓葬，分别是邹平大省M1、曲阜鲁国故城M116、滕州庄里西M8、尉氏河东周村墓，其中3座墓属于山东地区。中原地区出土铜匜的墓葬规模多在5鼎以上，等级较高。另有河南尉氏河东周村墓出土铜匜3件，数量多，但铜鼎仅2件。又因为该墓出土时已被破坏，墓室面积不清，该墓等级尚难断定。但总体而言，中原地区出土1件以上铜匜的墓葬等级较高。中原地区出土1件以上铜匜的墓葬12座，组合完整的11座，10座墓葬出土5鼎及其以上，占完整墓葬的90%以上。而山东地区对铜匜随葬的数量没有严格的等级区别，山东地区出土1件以上铜匜的墓葬13座，组合完整的墓葬9座，随葬3鼎及其以上的墓葬5座，占50%。说明铜匜在山东地区各个阶层中存在有普遍性。如表3-1所示。

表3-1　随葬2铜匜以上墓室面积、铜器组合表

墓号	墓室面积/平方米	时代	墓葬组合
沂水刘家店子M1	102.4	春秋中期偏晚	鼎16、簋7、鬲9、甗1、罐1、壶7、罍4、瓿2、匜2、盂1、盆2、盉1、盘1、匜1
临沂凤凰岭	105.8	春秋中期偏晚	鼎10、簋3、甗1、簠2、敦3、壶1、卣3、匜2、盆1、盉1、盘1
邹平大省M1	不明	春秋晚期偏早	鼎1、匜2、盘1、匜1、鉴1
长清仙人台M5	15.18	春秋晚期偏早	鼎3、甗1、敦2、壶1、匜2、盘1
长岛王沟M10	50.3	战国早期	鼎1、豆2、壶1、匜3、敦2、鉴1
滕州庄里西M8	9.1	战国早期	鼎1、豆2、匜2、盘1、匜1
章丘女郎山M1	165.4	战国早期	鼎5、豆10、敦2、壶5、匜4、盘2、勺1
临淄商王村M1	14.6	战国晚期	鼎5、盒9、釜4、钵1、勺2、壶4、罍4、匜2、耳杯4、盘3、匜3
侯马上马M1004	17.8	春秋中期偏早	鼎5、豆4、罍2、匜2、盘1、匜1
平顶山M10	27.5	春秋中期偏早	鼎5、敦2、尊缶2、匜3、浴缶1、盘1、匜1、斗1

续表

墓号	墓室面积/平方米	时代	墓葬组合
尉氏河东周村墓	不清	春秋中期偏早	鼎2、簋4、簠2、甗3、壶1、匜3、盘2、匦4
临猗程村M1001	23.5	春秋中期偏晚	鼎5、豆2、甗1、簠1、壶2、匜2、盘1、匦1、鉴2
万荣庙前村58M1	15.8	春秋中期偏晚	鼎7、敦2、鬲3、方壶2、罍2、匜2、鉴2
侯马上马M13	19.8	春秋中期偏晚	鼎7、敦4、鬲2、簠2、甗1、方壶2、匜2、盘1、匦1、鉴2、小尊1
临猗程村M1002	14.8	春秋中期偏晚	鼎5、敦2、簠2、匜2、方壶2、盘1、匦1、鉴2
洛阳汉河南M60	8.8	春秋中期偏晚	鼎5、簋4、豆1、壶1、匜2、盘1、匦1
太原金胜村M251	61.2	战国早期	鼎27、鬲5、甗2、豆14、簠2、壶8、尊1、鉴6、罍2、匦2、匜4、盘2
陕县后川M2040	40.7	战国早期	鼎17、鬲3、甗1、豆10、簠2、敦5、敦2、匜2、勺5、匕2、盘3、鉴4、匦2
长治分水岭M12	71.7	战国早期	鼎5、簋1、簠2、甗1、敦2、方壶2、壶2、匜2、盘1、匦1、鉴3

第四章　铜卮的功用

在铜卮的功用方面，各家争论较多，但问题的焦点在于卮是做酒器还是水器。清代及其以前的学者多将此类器收在酒器一类下，如最早收录铜卮的《考古图》将其定名为"杯"，理所当然的归卮为酒器；之后的《宣和博古图录》也将其作为酒器与斝、觚、觯、角归为一类。《西清古鉴》一书也认为铜卮是酒器的一种。朱凤瀚先生从器物组合的角度判断铜卮为酒器，他认为，随葬青铜器墓中，3鼎以下墓的主要组合形式是鼎、敦、卮、盘、匜，已经有了成套的盘、匜为水器，那么卮就不宜再归为水器，而且按照青铜礼器组合规律看，酒器多是不可少的，应将卮归为酒器。笔者认为朱凤瀚先生的分析很有道理。

但也有学者将其归为水器。刘翔先生《说鉶》[①]一文认为铜卮是挹水器，杜迺松《古代青铜器》[②]一书也认为铜卮是水器。郭宝钧《商周铜器群综合研究》一书认为铜卮的功能有两种：一种是饮酒器；一种可能是注水代匜之用的[③]。郭宝钧先生认为铜卮是水器的证据是，墓葬中有时有盘无匜，唯卮放于盘内。但这个理由似乎有点牵强。确实有卮放于盘中的例子，如临猗程村M1001[④]、临猗程村M0003[⑤]、潞城潞河村M7[⑥]、洛阳西郊WSM2[⑦]、兴弘花园M35[⑧]、临朐泉头甲墓[⑨]、江苏六合程桥M3[⑩]。但是临朐泉头甲墓中同时放于盘内的还有铜匜、铜戈；临猗程村M0003同时放于盘内的还有匜、甗；潞城潞河村M7同时放于鉴内的还有鼎、豆、甗；兴弘花园M35同时放于陶盘内的还有敦。可见同时放于盘或鉴内的器物，有一定的随机性。我们不能仅仅凭借

---

① 刘翔：《说鉶》，《江汉考古》1986年第2期。
② 杜迺松：《古代青铜器》，文物出版社，2005年。
③ 郭宝钧：《商周铜器群综合研究》，文物出版社，1981年，152页。
④ 中国社会科学院考古研究所：《临猗程村墓地》，中国大百科全书出版社，2003年。
⑤ 中国社会科学院考古研究所：《临猗程村墓地》，中国大百科全书出版社，2003年。
⑥ 陕西省考古研究所、山西省晋东南地区文化局：《山西省潞城县潞河战国墓》，《文物》1986年第6期。
⑦ 中国科学院考古研究所：《一九五四年春洛阳西郊发掘报告》，《考古学报》1956年第2期。
⑧ 河南省文物考古研究所新郑工作站：《河南新郑兴弘花园发现的两座春秋墓》，《文物》2007年第2期。
⑨ 临朐县文化馆、潍坊地区文物管理委员会：《山东临朐发现齐、郯、曾诸国铜器》，《文物》1983年第12期。
⑩ 南京市博物馆、六合县文教局：《江苏六合程桥东周三号墓》，《东南文化》1991年第1期。

墓葬中器物的相对位置判断器物的功用。

栖霞吕家埠M2出土的铜卮内存有谷物朽壳。铜卮若是水器，器内不会留有谷物的朽壳。也不会是食器，食器分为煮食器和盛食器。吕家埠M2这件铜卮平底，腹底也不见烟炱，不会是煮食器。像青铜簋一类的盛食器用来盛放肉类，铜卮内残存的谷物朽壳与残存物不符。我们认为这件青铜之内的谷物朽壳可能是酒的沉淀物。我国早在史前时期就已经掌握了谷物酿酒的技术，舞阳贾湖遗址发现的陶器碎片上留有沉淀物，沉淀物中含有酒类挥发后的酒石酸，这些酒呈现出稻米的化学特性[①]。先秦时期用粮食酿酒，酒内会留有粮食残渣，这一点也间接证明铜卮的酒器功能。

另外，铜卮功能的认定除了从组合方面判断，还可以从形制和体量两个方面考虑。

一、体 量 分 析

从图4-1分析能得出以下规律。

（1）时代越晚口径大的器物所占比例越大，说明口径随着时间的推移呈现增大的趋势（短径、长径同时增大）。菱形数据点代表春秋早期，分布在数据图的左下方，表示数据偏小。春秋中期、春秋晚期、战国时期的数据点多分布在A区域和B区域内，A区域的数值明显小于B区域的数值，小方形数据点代表春秋中期，密集分布在A区域的下半部分。三角形和大方形分别代表春秋晚期和战国时期，这两个数据多数分布在B区域上半部分。这说明铜卮出现之初体量较小，随着时间的推移，体量逐渐变大，且体量大的铜卮在总体数量中所占的比值更大。体量最大的临沂凤凰岭坑：35铜卮出现在春秋中期偏晚，但不影响铜卮体量随着时间推移逐渐增大的这一主体规律。

（2）铜卮的短径和长径的变化有一个相对固定的比例。也就是说线性趋势是一条斜向上的直线。从A区域和B区域中数据的分布可以看出，数据集中在A区域的下半部分及B区域的上半部分，是一种递增的等比数列。

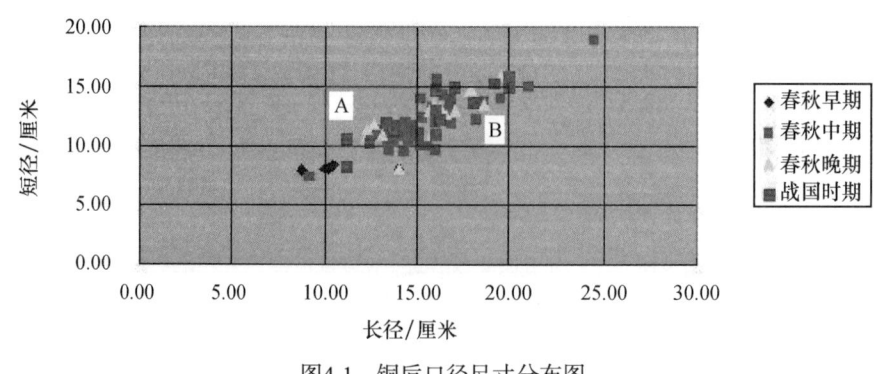

图4-1　铜卮口径尺寸分布图

---

① 蓝万里、李陈续：《我国八千六百年前已开始酿酒》，《光明日报》2004年12月15日。

二、形制分析

我们在前面铜匜类型学分析一章,将铜匜分为三大类14型或亚型。甲类Aa型、甲类Ab型、甲类Ba型、甲类Bb型、甲类C型、乙类B型、丙类口部特征为侈口或敞口,我们将这类铜匜用字母P表示,其余器类为敛口以字母O来表示。敞口的设计便于液体流出,我们假定字母P代表的铜匜更利于饮酒,而敛口的设计则不便于液体的流出,所以字母O代表的铜匜不利于饮酒更利于盛酒。在以上器形中,甲类Ba型Ⅲ式,甲类Bb型Ⅲ式、Ⅳ式出现器盖,一般来说,器盖有保温等功能,便于器物内物品的存放,很多盛酒器有盖,如青铜盉、青铜罍、青铜壶等。鉴于此,我们将有盖的铜匜归为O类器。另有甲类Bb型个别铜匜口径较大,不利于液体的倾倒,故将甲类Bb型Ⅱ式、丙类Ab型两种型式的铜匜口部最大径不小于14厘米的铜匜也归入O类。其中甲类Ac型、丙类B型是战国早期出现的一种复古器形,有个别属明器性质的铜匜,以上三类暂不参与这部分的讨论。根据以上分类做铜匜型式与口径尺寸对比图如图4-2所示。

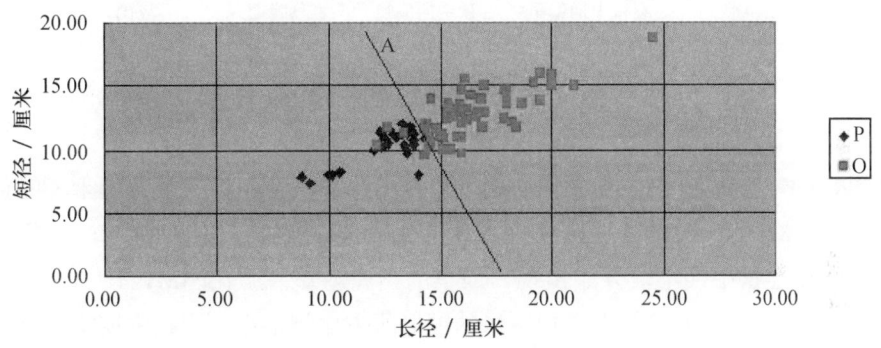

图4-2 铜匜型式与口径对比图

从图4-3可以看出,P铜匜口径大小都集中在线段A的下方,O铜匜的口径尺寸集中在线段A的上方。这说明P铜匜口径较小,体量不大,而且P铜匜口部特征都是敞口。O铜匜口径较大,也有个别例外,如牛村古城M6:4铜匜、M324:4铜匜,哀成叔匜。牛村古城M6:4、M342:4两件匜都是甲类Bc型,敛口,腹较深。哀成叔匜器口附盖。这三件器物更有利于盛酒。因为饮酒器一般是无盖的,而且口部多为敞口,如青铜觚、爵等。那么我们可以推断P铜匜代表饮用型铜匜,O代表盛放型铜匜。

综合分析,我认为铜匜是酒器确定无疑,但具体在酒器中的作用是有所变化的。春秋早期,在铜匜刚刚产生的时候,是作为酒器使用。从墓葬出土青铜器组合中判断,铜匜充当了酒器的角色。而且铜匜的体量较小,口径最大值在10厘米左右,不超过15厘米,短径不超过10厘米。口部形制为敞口,束颈,这样便于液体的倾倒。可以说春秋早期以及春秋中期偏早阶段的铜匜是一种饮酒器。到了春秋中期晚段，铜匜的具体作用有所变化，是因为铜匜形制发生了变化。铜匜的体量变大，短径多在10厘米以上，长径最长者接近25厘米。而且口部形制发生变化，由敞口、束颈变为敛口，腹部也变深，容积变大。太原金胜村M251伴出一件青铜耳杯，临淄赵家徐姚M1伴出的青铜耳杯叠放在铜匜腹内。可见这一时期铜匜的具体作用在饮酒器之余还兼有盛酒器的作用，饮酒器出现了青铜耳杯。铜匜口径尺寸在不同时代的变化我们做了一个图，以便更好地说明问题（图4-3）。

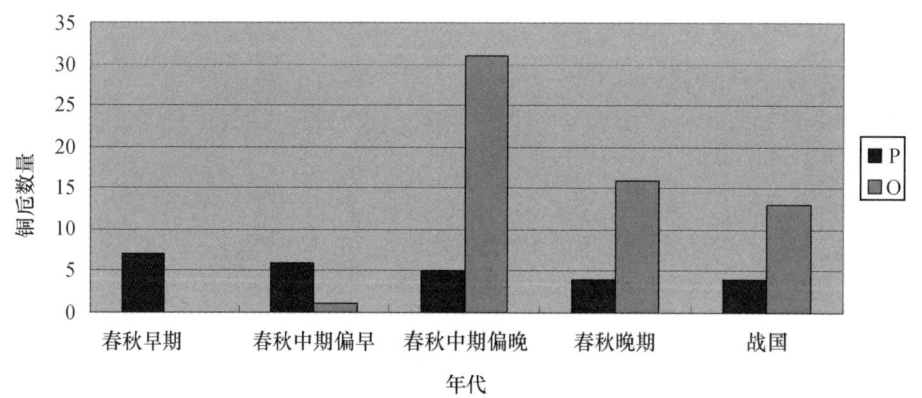

图4-3　O和P铜匜时代分布图

从图4-3我们可以看出，春秋早期铜匜口径的尺寸没有一件大于14厘米，时代最早的莒县四大庄M1：14钉脚纹匜口径8.8厘米×7.9厘米，通高只有6.4厘米。口径大于14厘米的铜匜在春秋中期早段开始出现，最早的当属新郑兴弘花园M121：3，其口径为14.3厘米×10.8厘米，但口径大于14厘米的铜匜所占比例很小。春秋中期晚段是铜匜的繁荣期，这一时期O铜匜的数量占总量的90%，口径最大的铜匜也在这一时期出现，如临沂凤凰岭器物坑：35铜匜口径为24.5厘米×18.8厘米，通高9厘米。春秋晚期之后铜匜的总量下降，但O铜匜在数量上远远大于P铜匜。由此我们可以得出结论，春秋中期晚段之后铜匜的功能更多的是用来盛酒。

第五章　铜匜的起源及相关问题

第一节　铜匜的起源与传播

一、铜匜的起源

　　山东地区出现最早的铜匜，是甲类Aa型Ⅰ式，以莒县西大庄M1∶14针脚纹匜[1]为代表，腹部两侧各饰两道绳索纹。仔细观察这两条纹饰，不似一般的绳索纹，更像皮囊缝制时留下的针脚痕迹（图5-1）。临朐泉头甲墓[2]也出土1件与这件器有相似纹饰的铜匜，该器长腹两侧有皮器接缝的式样。栖霞吕家埠M2匜[3]腹侧亦装饰一道竖绳纹，仔细观察发现，该纹饰与莒县西大庄M1∶14所饰纹饰形状相同（图5-2）。甲类Aa型Ⅰ式铜匜共5件，3件腹部。装饰有针脚痕迹的纹饰。就目前笔者搜集的资料，并无早于这3件铜匜的陶器匜。有自名的蔡太史匜环耳下部，也有一条凸起的似绚索纹的纹饰，垂至下腹两侧，并分绕腹一周（图5-3），与以上3件铜匜的装饰有异曲同工之意。甲类Ab型铜匜短径两侧各附一小系纽，这种带小系纽的甲类Ab型铜匜出现于春秋早期偏晚，春秋晚期之后不见，春秋早期偏晚属于铜匜发展的初期阶段。系纽的作用可能便于穿绳悬挂，这种系纽在皮囊壶的形制中也能见到[4]。可见，铜匜的构思并非来自陶器，可能是来源于当时存在的一种匜形的皮制品。其实皮质容器在先秦时期的存在并非是我们凭空设想，在江陵藤店M1中就曾出土过一件皮质杯具[5]，这是先秦时期有用皮质制作容器的典型例证，这样的例证也同时印证了前文我们关于铜匜来源于皮质匜形器推理的合理性。由于皮制品容易腐烂难以保存，罕有发现，但皮制品很早就已经被人们加以利用，制成各种生活用品。例如，青海湖以西的诺木洪文化遗址中，

---

[1]　莒县博物馆：《山东莒县西大庄西周墓葬》，《考古》1999年第7期。
[2]　临朐县文化馆、潍坊地区文物管理委员会：《山东临朐发现齐、郮、曾诸国铜器》，《文物》1983年第12期。
[3]　栖霞县文物管理所：《山东栖霞县松山乡吕家埠西周墓》，《考古》1988年第9期。
[4]　宫剑砚：《浅谈辽代皮囊壶》，《中国艺术报》2004年4月2日。作者将皮囊壶分为穿孔和提梁两大系列。鄂尔多斯出土的两件仿皮制扁壶肩部亦有两系。
[5]　荆州地区博物馆：《湖北江陵藤店一号墓发掘简报》，《文物》1973年第9期。

 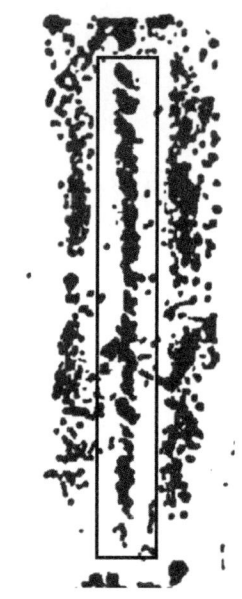

图5-1　莒县西大庄M1∶14铜匜细部图　　图5-2　栖霞吕家埠M2铜匜细部图

图5-3　蔡太史匜纹饰

发现了大量的毛皮制品[①]，皮质容器的起源很可能要远远早于青铜容器。而且仿制皮囊铸造器物，也并非只出现在铜匜这一类器物上。齐家文化早期的陶鬲上能够看到仿照皮囊缝合的褶痕和联结处的穿角和线脚[②]。铜鬻器身也出现类似针脚纹的装饰（图5-4）。

北方少数民族文化与中原文化交流源远流长，早在公元前4000年，就发现了东西文化交流的物证[③]。夏商周时期，中原文化与戎狄文化开始有了广泛的交流。"我诸戎饮食衣服不与华夏同"，少数民族日常生活方式等与中原文化有所不同，在长期的交往杂居过程中，相互影响，文化交流屡见不鲜。灵石县旌介村殷墟式青铜器与北方系青铜器共存的墓葬中，出土一件非商式陶鬲[④]。晋侯墓地M1113出土1件蛋形瓮、

---

① 青海省文物管理委员会、中国科学院考古研究所青海队：《青海都兰县诺木洪搭里他里哈遗址调查与试掘》，《考古学报》1963年第1期。

② 贾建威：《从甘肃出土文物看东西方文化交流》，《文博》2010年第3期。

③ 李水城：《权杖头——古丝绸之路早期文化交流的重要见证》，《中国社会科学院古代文明研究中心通讯》2002年第4期。

④ 山西省考古研究所等：《山西灵石旌介村商墓》，《文物》1986年第11期，图四二、图四三，1。

第五章 铜匜的起源及相关问题 · 87 ·

1　　　　　　　　　　　　2

图5-4　装饰针脚纹饰铜罍
1. 山西浑源李峪村出土罍　2. 河北唐县北城子出土罍

1件双耳罐[①]，属于典型的北方文化因素。岐山王家村窖藏[②]出土一件铜鍑。军都山墓地[③]的墓葬中殉牲普遍以殉狗居多，这一点与山东地区同时期有殉牲的墓葬相同。1963~1987年，在山西侯马上马墓地发掘的千余座两周之际到战国中期的墓葬中，出土了一部分非晋式陶器[④]。北方文化与中原文化由于战争等原因不断进行交流与融合，中原文化因为其强大的文明对北方地区产生了重要影响，而反过来，北方文化也对中原地区文明的发展发挥了不小的作用。铜匜便是在多种文化交流作用下产生的。

关于铜匜的起源地问题，学者多有讨论。杜迺松先生认为铜匜可能源于齐国，刘彬徽先生认为铜匜是山东地区首创的器种，毕经纬博士也认为铜匜起源于山东地区。本书在搜集了大量资料的基础上，赞同前面学者关于铜匜起源于山东的观点。下面就铜匜产生于山东的具体原因做一论述。

铜匜最早出现在山东中南部地区，首先与当地的自然地理环境有密切关系。

《尚书·禹贡》将全国土地按质量分九等，山东一带土地质量不高，而且有盐碱地，不适宜农作物生长，农业相对欠发达，但是水草茂密，畜牧业相对发达。

《尚书·禹贡》："济、河惟兖州。九河既道，雷夏既泽，灉、沮会同。桑土既蚕，是降丘宅土。厥土黑坟，厥草惟繇，厥木惟条。厥田惟中下，厥赋贞，作十有三载乃同。厥贡漆丝，厥篚织文。浮于济、漯，达于河。

---

①　北京大学考古文博学院、山西省考古研究所：《天马—曲村遗址北赵晋侯墓地第六次发掘》，《文物》2001年第8期。

②　庞文龙、崔玫英：《岐山王家村出土青铜器》，《文博》1989年第1期。

③　北京市文物研究所：《军都山墓地——玉皇庙》，文物出版社，2007年，905、906页。

④　山西省考古研究所：《上马墓地》，文物出版社，1994年。见第三章"随葬陶器"的乙种陶鬲和未分型、式陶罐。

"海岱惟青州。嵎夷既略，潍、淄其道。厥土白坟，海滨广斥。厥田惟上下，厥赋中上。厥贡盐絺，海物惟错。岱畎丝、枲、铅、松、怪石。莱夷作牧。厥篚檿丝。浮于汶，达于济。

　　"海、岱及淮惟徐州。淮、沂其乂，蒙、羽其艺，大野既豬，东原厎平。厥土赤埴坟，草木渐包。厥田惟上中，厥赋中中。厥贡惟土五色，羽畎夏翟，峄阳孤桐，泗滨浮磬，淮夷蠙珠暨鱼。厥篚玄纤、缟。浮于淮、泗，达于河。"①

　　《汉书·地理志》："齐地，虚、危之分野也。东有菑川、东莱、琅邪、高密、胶东，南有泰山、城阳，北有千乘，清河以南、勃海之高乐、高城、重合、阳信，西有济南、平原，皆齐分也。"②

　　可见，海岱地区耕作农业并不发达，主要以桑蚕、渔猎、海盐及畜牧为主。畜牧业的发展，使山东地区保留了浓厚的地方特色，一直有别于中原文化。由于山东地区地理位置与北方戎狄部落接近，在文化上也受到北方民族的影响。

　　铜匜最早出现在山东地区，是因为山东地区制皮业比较发达。古代生产力水平低，生产技术不高，农业生产对先天的地理环境要求极高。由于海岱地区的地理环境对农业的发展不利，西周初年齐国受封之后，为了发展海岱地区经济，姜太公大力发展手工业。

　　齐国的手工业极为发达，有官修的与手工业有关的著作《考工记》。《考工记》中有专门对制皮之工的记载："攻皮之工五……攻皮之工：函、鲍、韗、韦、裘……函人为甲……鲍人之事。望而眡之，欲其荼白也；进而握之，欲其柔而滑也；卷而抟之，欲其无迆也。眡其著，欲其浅也；察其线，欲其藏也……韗人为皋陶……"③

　　《考工记》在秦始皇焚书坑儒时遭到"灭顶之灾"，西汉时大力整理藏书，《考工记》才有机会"重见天日"，但有缺失，攻皮五工就缺少了韦氏和裘氏的记载。《周礼·春官·司服》"凡兵事，韦弁服"④，是一种熟牛皮，古有"韦编三绝""韦弦"的典故，韦是指皮带；《诗经·小雅》："彼都人士，狐裘黄黄。"裘是"皮衣"的意思。《考工记》是齐国的官书⑤，书中所记的工种及制作技艺肯定是以当地的实际生产为蓝本进行的描绘，反映了当时齐国皮革制作的历史事实。说明山东地区的皮革制品数量丰富，形成一定的规模，且制作工艺先进，青铜器不可避地会受到皮制品的影响。

　　正因为发达的制皮业，才使与这种跟皮质容器有关的铜匜的出现。

---

① 李民、王健：《尚书译注》，上海古籍出版社，2004年，58~61页。
② 班固撰，颜师古注：《汉书》，中华书局，1962年，1659页。
③ 闻人军：《考工记译注》，上海古籍出版社，1993年，118页。
④ 杨天宇：《周礼译注》，上海古籍出版社，2004年，313页。
⑤ 郭沫若：《十批判书》，东方出版社，1996年，26页。

再则，北方游牧民族的进入，带来了游牧文化，更加催生了铜匜的出现。

山东一带居民与北方戎狄部族交往密切，往来杂居，文化间的相互交流、影响不可避免，不仅游牧部族吸收山东一带的农业文化，也会出现农业文化受到游牧部族影响的事例。

《汉书·地理志》："定襄、云中、五原，本戎狄地，颇有赵、齐、卫、楚之徙。其民鄙朴，少礼文，好射猎。"①

西周初年中国进入寒冷期，西周末年，中国北方大旱，一直到春秋时期才又重回温暖期②，游牧民族逐水草而居的特性迫使其南迁。文献也记载了这一时期北方少数民族与农业民族的激烈争斗，山东一带当然不能幸免。齐僖公（或称釐公）时曾发生北戎进犯齐国之事，《左传》《史记》对此都有记载。

《左传·桓公六年》载："北戎伐齐，齐侯使乞师于郑。郑大子忽帅师救齐。六月，大败戎师，获其二帅大良、少良、甲首三百，以献于齐。于是，诸侯之大夫戍齐……"③

《史记·匈奴列传》记载："……秦襄公救周，于是周平王去丰、镐而东徙雒邑。当是之时，秦襄公伐戎至岐，始列为诸侯。是后六十有五年，而山戎越燕而伐齐，齐釐公与战于齐郊……"④

齐桓公之时，更打出了"尊王攘夷"的旗号，与北方的戎狄少数民族发生多次激烈的战争，如《史记·齐太公世家》记载："二十三年，山戎伐燕，燕告急于齐。齐桓公救燕，遂伐山戎，至于孤竹而还……卫文公有狄乱，告急于齐。齐率诸侯城楚丘而立卫君。"⑤

游牧民族入侵，肯定少不了文化的碰撞与交流，少数民族的游牧文化传入山东齐国境内，被齐国工匠吸收应用到制作青铜器的工艺中，便产生了铜匜。

由于铜匜蕴含了游牧民族的文化，北方戎族与齐国在征战与交流过程中又将铜匜这一器类带回本土。北京军都山山戎墓地⑥出土的4件铜匜，型式上分别属于山东地区甲类Aa型Ⅲ式、甲类Ab型Ⅱ式、甲类Bb型Ⅰ式、河南地区丙类Aa型Ⅱ式，上述型式，时代上属于春秋中期，是铜匜早期的发展阶段。这也说明了北方戎狄部族在铜匜发展

---

① 班固撰，颜师古注：《汉书》，中华书局，1962年，1659页。
② 王中翰：《中国民族史》，中国社会科学出版社，1994年；竺可桢：《中国近五千年来气候变迁的初步研究》，《考古学报》1972年第1期。
③ 李梦生：《左传译注》，上海古籍出版社，1998年，68页。
④ （汉）司马迁：《史记》，中华书局，1982年。
⑤ （汉）司马迁：《史记》，中华书局，1982年。
⑥ 北京市文物研究所山戎文化考古队：《北京延庆军都山东周山戎部落墓地发掘纪略》，《文物》1989年第8期；靳枫毅：《军都山戎文化墓地的发现及埋葬制度特征》，《北京文物与考古》第三辑，北京市文物研究所，1992年，125~136页。

的早期阶段对其有推动作用，从而我们也从反面证明北方部族与山东、河南一带的文化交流。

二、铜匜的传播

（一）铜匜的族属

毕经纬博士的硕士学位论文《山东出土东周青铜礼容器研究》[①]一文曾指出铜匜是东夷文化的产物。笔者赞同其观点，在此做进一步说明。最早的铜匜出现在春秋早期早段，即本书所分甲类Aa型Ⅰ式，共5件，分别是莒县西大庄M1∶14（甲Aa型Ⅰ式）、淄川南阳墓匜（甲Aa型Ⅰ式）、临朐泉头甲墓（甲Aa型Ⅰ式）、1982年沂水东河北匜（甲Aa型Ⅰ式）、栖霞吕家埠M2匜（甲Aa型Ⅰ式）。其中两件分布在鲁南，此地在春秋初期属于东夷古国之一的莒国范围；两件分布在鲁中，淄川和临朐两地，这两地在春秋中期属于齐国文化区；一件分布在鲁东半岛，此地在两周之际仍是东夷之一莱夷的领地。可见5件铜匜中有3件出于山东土著东夷古国，2件出土于齐国故城临淄及其附近。齐国分封之前，东夷文化在此早已生根，姜太公受封后"因其俗，简其礼"[②]，仍保留了夷人文化。所以齐地便能较早地接受铜匜这一新器形。

（二）铜匜的传播

铜匜的传播，我们认为有两条路线：一条往北；一条往南。

铜匜起源山东南部的莒国后，最早吸收这一器形的是与莒国紧密联系的齐国。从早期铜匜的分布我们也能看出这一特点，淄川和临朐都发现有最早型式的铜匜。铜匜被齐国吸收，并做了进一步发展。临淄一带出土铜匜数量多、型式丰富，而且战国早期发展出了一个新的型式甲类Bd型，这一型式是齐文化所独有的器形。齐国在与北方燕国、戎狄少数民族交往过程中，将铜匜带到这些地方。戎狄文化最早接受了这一器形，北京军都山玉皇庙、延庆龙庆峡等发现铜匜的早期器形甲类Ba型Ⅱ、Ⅲ式。

出土早期铜匜最多的莒国，在东夷诸国中国力较强，除了与北部的齐、鲁等国交往密切外，与南方地区的陈国、黄国，中原地区的晋国等国都有密切往来。莒国沂水刘家店子M1出土两件黄太子伯克盆（器盖同铭）和9件同铭的陈大丧史铃钟。该墓规模较大，有车马坑，随葬品丰富，以数十人殉葬，出土铜簋、壶、戈铭文中均见"公"字，该墓应是莒国某公的墓葬。莒国国君墓葬中出现黄国青铜器，说明两国存在某种往来。

---

① 毕经纬：《山东出土东周青铜礼容器研究》，陕西师范大学硕士学位论文，2009年。
② （汉）司马迁：《史记·齐太公世家》，中华书局，1982年。

黄国在今河南潢川一带，鲁僖公十二年被楚国所灭。郭沫若《两周金文辞大系图录考释》一书收录1件黄国传世青铜鼎，器主"黄孙子傒君叔单"，传出于今潢川[①]。李学勤先生分析罗山高店出土的盘、匜铭文所记器主，认为与传世黄国鼎的器主"傒君叔单"为同一人。李学勤先生结合信阳杨河出土的青铜削铭文"傒仲"，认为都是傒氏。潢川、罗山、信阳所出青铜器都是黄人器物，黄国封邑大约在罗山、信阳之间[②]。

根据《左传》[③]《水经注·汝水注》[④]等文献记载，陈都宛丘，在今河南淮阳县至安徽亳县一带。已经发现的考古资料表明，陈国与山东一带的齐、鲁、莒国交往较黄国更加密切。除沂水刘家店子莒公墓葬中出土的9件铃钟外，山东肥城小王庄出土陈侯作妫苏媵壶2件，海阳嘴子前M4出土"陈乐君欹"甗1件[⑤]。这几件器物时代都在春秋早期，说明陈、黄两国早在春秋初期就与山东一带诸国有往来。

就目前的资料来看，铜匜也是在此时首先由山东地区传入河南南部的陈国、黄国一带，如信阳平桥出土具有春秋早期特征的甲类Ab型Ⅱ式铜匜。

中原地区的晋国非常珍爱莒国的铜器，如《左传·昭公七年》[⑥]记载："晋侯有间，赐子产莒之二方鼎。"铜匜便随之传到与莒国交往的国家和地区。随后，铜匜往西部和北部继续传播，在秦文化范围的陕西凤翔、甘肃礼县等地都发现铜匜。

从铜匜在墓葬组合中的规律，我们也能发现铜匜在传播中的特点。

铜匜在组合方面还有一个重要的特点，就是很多墓葬存在只随葬1件铜匜的现象。这种现象在山东地区和北方地区常见，中原地区也有出现，但数量很少，说明山东地区和北方地区对铜匜非常重视。

单出铜匜的墓葬有山西闻喜上郭村89WSM4、89WSM5，曲阜鲁国故城M203，新泰郭家泉M9，邹平大省M7，军都山玉皇庙M35、M156、M171、M174，当阳金家山M249。另外，淄川南阳村墓，栖霞吕家埠M1、M2，墓葬组合为鼎、匜，铜器没有盛食器，组合形式也很特殊，我们将这3座墓葬也归入此类，汇总如表5-1所示。

[①] 郭沫若：《两周金文辞大系图录考释》，科学出版社，1958年，172页。
[②] 李学勤：《论汉淮间的春秋青铜器》，《文物》1980年第1期。
[③] 杨伯峻：《春秋左传注》，中华书局，2005年。
[④] （北魏）郦道元著，陈桥驿校证：《水经注校证》，中华书局，2007年。
[⑤] 山东省济宁市文物管理局：《薛国故城勘查和墓葬发掘报告》，《考古学报》1991年第4期。
[⑥] 杨伯峻：《春秋左传注》，中华书局，2005年。

表5-1　单出铜匜墓葬统计表

墓号	墓室面积/平方米	铜匜出土位置	随葬陶器	葬具	时代	其他
闻喜上郭村89WSM4	6.2		鬲1	一棺一椁	春秋中期偏晚	
闻喜上郭村89WSM5	5.3		鬲1	一棺一椁	春秋中期偏晚	
曲阜鲁国故城M203	4.8		罐3	一棺一椁	春秋中期偏早	
新泰郭家泉M9	5.1	墓主足部	鼎2、鬲1、豆4、罍3、盘1、匜1	一棺一椁	春秋晚期偏早	墓室东壁有壁龛
邹平大省M7	8.3	墓主足部		一棺一椁	春秋晚期偏晚	腰坑内殉狗
军都山玉皇庙M35	2.1	墓主左侧胸部	罐1	一椁	春秋早期	墓内有殉牲
军都山玉皇庙M156	2.86	墓主右髋骨外侧	壶1	一椁	春秋晚期	墓内有殉牲
军都山玉皇庙M171	2.2	墓主右肩胛骨	罐1	一椁	春秋晚期	墓内有殉牲
军都山玉皇庙M174	3	墓主左胫骨下端左侧	罐1	一椁	春秋晚期	墓内有殉牲
当阳金家山M249	5.4		鬲2、盂1、豆2、罐2	一棺一椁	春秋中期	
淄川南阳村墓	2.4		鬲1、豆4、罐2		春秋偏早	
栖霞吕家埠M1	15.4	二层台北部	鬲、豆8、簋16、罐2	一棺一椁	春秋偏晚	墓内殉人，有腰坑
栖霞吕家埠M2	12	头部二层台	鼎8、簋12、豆8、罍8、罐14、碗1、匜1、盆1	一棺一椁	春秋偏晚	有腰坑

这些墓葬中，除军都山玉皇庙M156、邹平大省M7、曲阜鲁国故城M103外，与铜匜共出的陶器都有食器，陶器代替铜器在墓葬组合中起到相应的作用。这种现象的墓葬从春秋早期到春秋晚期都有发现，到战国时期这一现象消失。最早出现这一现象的

墓葬是山东栖霞吕家埠M1、M2和淄川南阳墓。这3座墓葬差距较大，淄川南阳墓墓室面积2.4平方米，是小型墓葬；而栖霞吕家埠两座墓葬面积都在10平方米以上，应是中型墓。而且，栖霞吕家埠两座墓葬都有腰坑，吕家埠M1墓葬内还有殉人。说明铜匜一开始就在墓葬组合中受到重视，在中小型贵族礼制生活中被赋予重要地位。山东地区这一现象尤其突出。曲阜鲁国故城甲组墓葬随葬1件铜匜的现象较多。另有新泰郭家泉、邹平大M7也只随葬1件铜匜。这些墓葬的葬俗符合东夷人的特点：墓向多为东西向，墓底有腰坑，随葬铜鬲者为尖足。说明只随葬1件铜匜是东夷人的葬俗，铜匜在东夷文化中有重要的影响。这种现象从春秋早期偏晚延续到春秋晚期偏早，春秋晚期之后不再出现。这可能是因为：春秋晚期之后，尤其是战国时期，诸侯的兼并战争日益激烈，山东地区东夷部族的小方国势单力薄，逐渐被齐、楚等大国兼并消灭，它们的葬俗也随之消失。

山西闻喜上郭村墓葬和当阳金家山墓地也出现只随葬1件铜匜的现象，这3座墓的年代都在春秋中期偏晚至春秋晚期。在时代上，是铜匜从山东传入中原地区不久，之后就不见这种现象出现。我们判断铜匜在传入中原地区初期，保留了山东地区的很多特点，比如墓葬组合中只出现1件铜匜。但在发展过程中，慢慢融入当地文化，这种现象就消失了。

北方地区少数民族墓葬中也发现这一现象，如延庆和军都山两地的墓葬，时代也在春秋早期和春秋晚期。说明铜匜传入北方地区后较好地保留了山东地区的使用习惯和文化传统。北方地区比中原和南方两地出现频率要高，说明山东地区的东夷文化与北方戎人文化交流频繁，戎人在礼制方面束缚较少，更易接受这一葬俗。

第二节　陶匜的类型学分析

铜匜起源于皮制品，而非同形制的陶器。我们发现陶匜应该源于铜匜，结合陶匜的形式演变规律，我们认为耳杯的器形源于匜，下文我们将专门论述。

一、类型学分析

由于陶器易损毁，不易保存，因此，我们仅从出土资料中找到63件陶匜，其中，有明确尺寸介绍的41件。本章对我们所见的陶匜做一分析。

依据陶和器底的形制，我们分为三类：甲类平底匜、乙类带足匜、丙类圈足匜。

1. 甲类

根据器盖的有无，分为A、B二型。A型无盖陶卮根据耳的数量，分成三亚型：Aa型单耳卮，Ab型双耳卮，Ac型无耳卮。B型有盖陶卮根据腹部特征，分为二亚型，Ba型腹部斜壁，Bb型腹部直壁。介绍如下。

甲类Aa型　1件。单耳平底陶卮。标本：滕州东小宫M241：2陶卮，口部平面呈椭圆形。敛口，圆唇，鼓腹，平底。上腹一侧按成窝状，另一侧有一宽扁桥状把手。腹部饰一周凹弦纹。口长径13.6厘米，短径11.6厘米，高7.4厘米（图5-5）。

甲类Ab型　无盖，双耳。根据腹部的变化，分为三式。

Ⅰ式：敛口，鼓腹。标本：荥阳官庄M3：4垂叶纹卮，泥质灰陶。子母口，略呈椭圆形，圆唇，带双耳，一侧耳下垂，圆鼓腹，平底。器身饰白衣黑彩，纹饰分三部分，子母口部图案保存较差，双耳上方饰重环纹，腹部饰垂叶三角纹。口长径11.4厘米，短径10.3厘米，底径6厘米，高6.6厘米（图5-6）。

Ⅱ式：腹壁微鼓。标本一：昌乐岳家河123：17素面卮，泥质浅黑陶。敛口，鼓腹，平底。器身为圆角长方形，两端各置一环形鼻。素面。口长13.6厘米，宽7.8厘米，高8.2厘米（图5-7）。标本二：辉县褚邱M2：6卮，平底，敛口，口沿有内缩上伸之圆唇，口部平面呈椭圆形，在长边的两侧有两耳，平面呈三角形与内缩口沿平，俯视与一般汉墓中常见的耳杯微相似，但差异颇大。器高9厘米，深7.8厘米，口径长11.6厘米，宽9.4厘米，底径8.5厘米，耳高3.7厘米。器表平整无纹饰。

Ⅲ式：腹壁下斜收。标本：洛阳市区M54素面卮，椭圆形，实心，上口四周有凸起浅沿，对称有二耳。口径长9.5厘米，宽7.2厘米，底径长6.4厘米，宽4.9厘米，高4.5厘米（图5-8）。

形制演变趋势及特征：甲类Ab型陶卮的变化体现在腹壁和器耳的位置上。腹部逐渐由鼓腹演变为下斜收腹，耳部位置由腹部上移至口沿处。

甲类Ac型　4件。无耳卮，主要形制特征：直口微侈，平底。主要发现于山东临淄和章丘两地。标本：临淄孙家徐姚M22：62弦纹卮，内底有乳钉状凸起。腹上部饰一周朱红弦纹。口径长9.6厘米，宽6.8厘米，高4.3厘米（图5-9）。

甲类Ba型　弧顶盖，腹壁两侧各附一环形耳。根据器腹的变化分为三式。

Ⅰ式：鼓腹。标本：临淄辛店M2：52素面卮，整器呈圆角方形。弧形盖，顶置四个环形纽。器身为圆唇，斜折沿，敛口，鼓腹两侧对称的圆孔内各插圆环耳，平底。口径18厘米，底径9厘米，通高17.6厘米（图5-10）。

Ⅱ式：腹壁斜内收，腹较深。标本：烟台金沟寨M11：15云雷纹卮，圆角方形，平底。顶有三环纽，两侧有环耳。通高12.3厘米（图5-11）。

Ⅲ式：器腹变浅。标本：临淄城区M1：19素面卮，口呈圆角方形，弧形盖，顶部

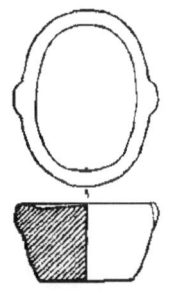
图5-5 陶匜
（滕州东小宫M241：2）

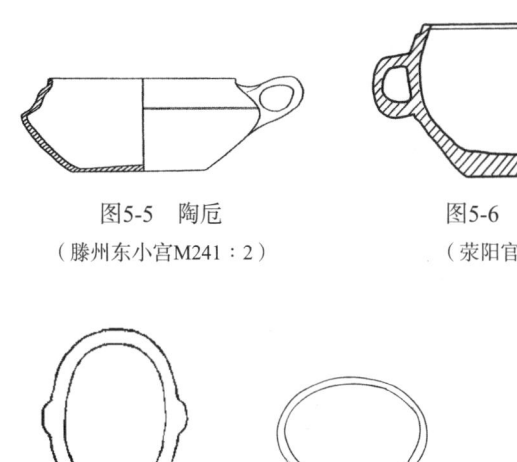
图5-6 垂叶纹匜
（荥阳官庄M3：4）

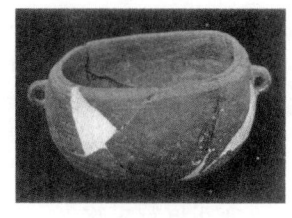
图5-7 素面匜
（昌乐岳家河123：17）

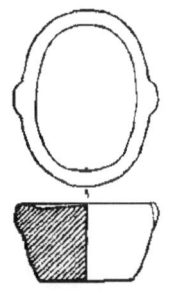
图5-8 素面匜
（洛阳市区M54）

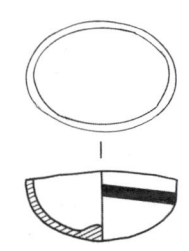
图5-9 弦纹匜
（临淄孙家徐姚M22：62）

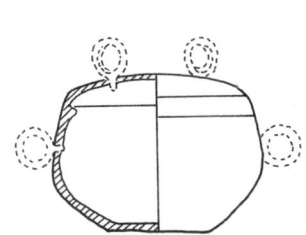
图5-10 素面匜
（临淄辛店M2：52）

图5-11 云雷纹匜
（烟台金沟寨M11：15）

置四个长方乳钉状纽。器身为直口，弧腹，下腹内收，平底，腹两侧有对称的半圆乳钉状耳。口径12.9厘米，底径6厘米，高9.9厘米（图5-12）。

形制演变趋势及特征：甲类Ba型陶匜的演变特征集中在腹部，主要有两个特征：第一，腹部由鼓腹变为腹壁斜内收；第二，腹部由深变浅。

甲类Bb型 器腹壁较直。根据器壁变化分为二式。

Ⅰ式：直壁，腹较深。标本：长岛王沟M10：51素面匜，圆角方形，顶三环纽。体两侧有环耳。通高13厘米（图5-13）。

Ⅱ式：腹壁微内收，腹部变浅。标本：临淄两醇3201：31素面匜，器呈长椭圆形，腹内收，平底，腹两侧各一活动环耳，弧形盖，上饰四个活动环纽。泥质红陶。口径长16.2厘米，宽13.8厘米，通高6.7厘米（图5-14）。

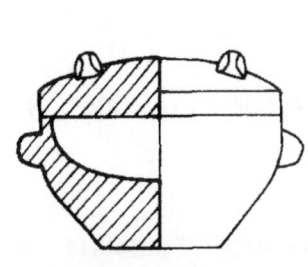
图5-12 素面匜
（临淄城区M1：19）

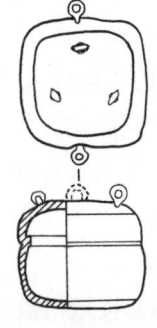
图5-13 素面匜
（长岛王沟M10：51）

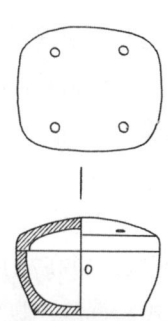
图5-14 素面匜
（临淄两醇3201：31）

形制演变趋势及特征：甲类Bb型陶盉的主要变化集中在腹部，Ⅰ式陶盉的腹部接近直壁，腹部较深；Ⅱ式陶盉的腹部演变为弧壁，内收，腹部变浅。

2. 乙类

带足盉数量较少，根据器盖的有无分为二型。

A型　5件。无盖，卷沿、鼓腹。标本：河南禹县白沙墓兽耳盉，浅腹，圜底。两耳对称的两边稍扁，形成椭圆形的杯口。圆唇甚窄，向外卷出。腹下有三矮足。两耳做兽头状，面向外。耳和足都是手制。腹下有刮削痕。出土时内装小泥饼2枚（图5-15）。

B型　1件。有盖，直壁腹。标本：平度岳石M17：29四足盉，子母口，平底，附有四矮足，盖上穿有四孔，孔内各附有一个环耳。腹的两侧穿有对称的两个圆孔（图5-16）。

乙类陶盉由于数量较少，形制变化不明显，但乙类陶盉的地域特征明显。A型陶盉与中原地区的乙类铜盉形制接近。B型陶盉撇开足部不谈，器身、器盖的形制，与山东地区此类铜盉形制接近。

图5-15　兽耳盉
（河南禹县白沙墓）

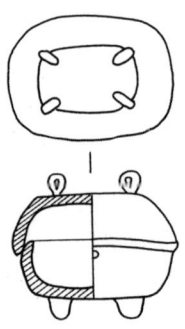
图5-16　四足盉
（平度岳石M17：29）

3. 丙类

圈足盉，根据器盖的有无分为二型。

A型　无盖圈足盉。根据器耳的数量分为三亚型。

Aa型　双耳，根据器腹和器耳的变化，分为四式。

Ⅰ式：直口，鼓腹，器耳位于最大腹径处。标本：上马墓地M1014：3圈足盉，泥质灰陶，浅灰色。轮制。直口，器口平面为圆形，腹部双圆錾耳，小圈足。素面。口径12.2厘米，通高7.1厘米（图5-17）。

Ⅱ式：直口，腹变浅，耳上移，接近口沿位置。标本：牛村古城60H4M15：4彩绘盉，双耳，圆腹。红色彩绘，口沿外饰波纹，腹内彩绘剥落不清。口径10.8厘米，底径

5.7厘米，通高5.4厘米（图5-18）。

Ⅲ式：腹壁斜内收，双耳与口沿齐平。标本：牛村古城57H4T13M2∶7彩绘卮，斜腹，平底。腹内红色彩绘"S"形纹。口径13.2厘米，底径7.5厘米，通高6.6厘米（图5-19）。

Ⅳ式：腹部变浅。标本：下平望M25∶9素面卮，腹部较浅，圈足，耳部与口沿齐平（图5-20）。

形制演变趋势及特征：丙类Aa型陶卮的变化集中于腹部和耳部。腹壁由鼓腹逐步演化为下斜收腹，腹部变浅。耳部位置逐渐由腹部上移至口沿处。形制上逐步与耳杯形制接近。

Ab型 2件。单耳，型式差异较大。标本：侯马市区M1∶11彩绘卮，腹斜直，矮圈足，一侧饰实心纽，腹内饰彩绘，均脱落。口径11.7厘米，高5.5厘米（图5-21）。标本：章丘宁家埠M91∶2素面卮，直壁。腹部相对较深。泥质褐陶。子母口，单环形耳，浅腹，底内收，细矮圈足。口径17厘米，通高14.5厘米（图5-22）。

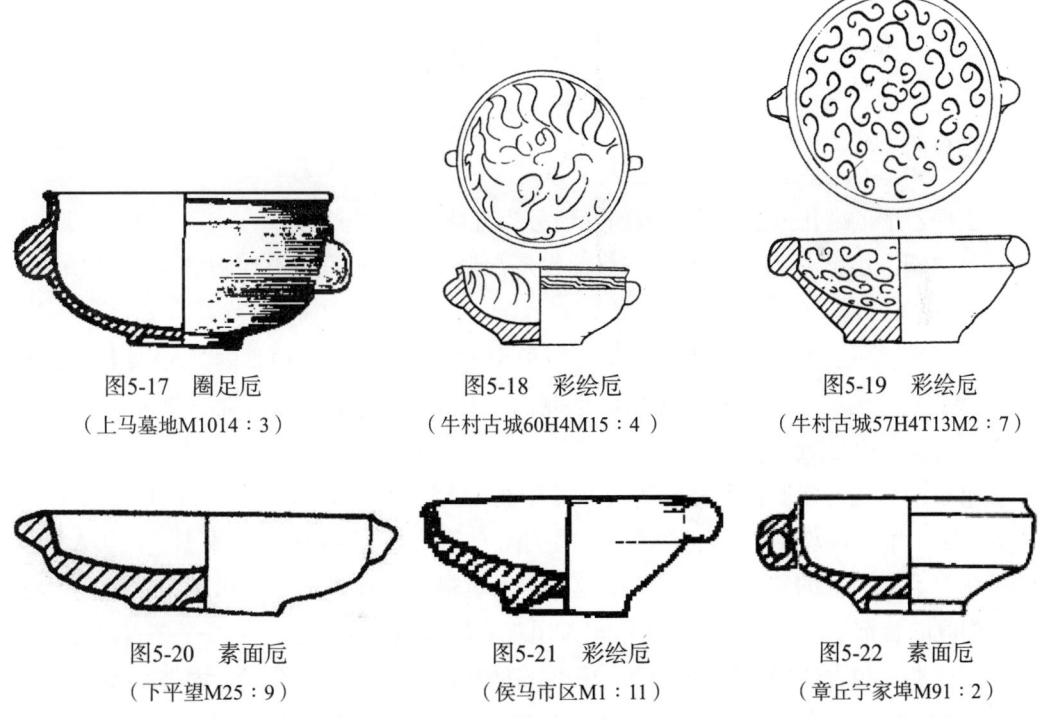

图5-17 圈足卮
（上马墓地M1014∶3）

图5-18 彩绘卮
（牛村古城60H4M15∶4）

图5-19 彩绘卮
（牛村古城57H4T13M2∶7）

图5-20 素面卮
（下平望M25∶9）

图5-21 彩绘卮
（侯马市区M1∶11）

图5-22 素面卮
（章丘宁家埠M91∶2）

Ac型 仅见1件。无耳。标本：下平望M10∶8彩绘卮，敛口，束颈，腹壁斜内收，矮圈足（尺寸发掘报告未做说明）（图5-23）。

B型 有盖陶卮。根据腹部变化分为二式。

Ⅰ式：腹部直壁，盖平。标本：平度岳石M4：2圈足匜，子母口，平底，圈足，盖附有四纽（图5-24）。

Ⅱ式：腹壁内收，圈足变矮。盖隆起。标本：平度岳石M16：45圈足匜，平口，有厚平底，成假圈足形，盖低平，穿有四孔（图5-25）。

形制演变趋势及特征：丙类B型陶匜的演变主要集中在腹部和圈足，腹部直壁变为弧壁，圈足变矮。

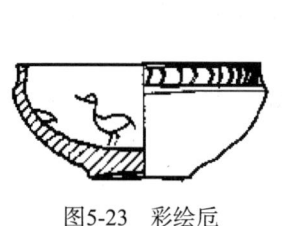

图5-23　彩绘匜
（下平望M10：8）

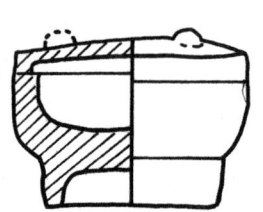

图5-24　圈足匜
（平度岳石M4：2）

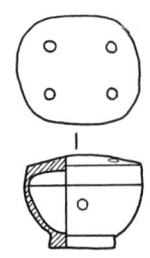

图5-25　圈足匜
（平度岳石M16：45）

二、分期断代

1. 分期

根据器形的变化，我们将陶匜的发展分为五期（图5-26）。

第一期：甲类Aa型。甲类Aa型目前发现数量少，出土这一类型陶匜的墓葬为山东滕州东小宫M241。

第二期：甲类Aa型陶匜不见，出现甲类Ab型Ⅰ式、乙类A型、丙类Aa型Ⅰ式、丙类Aa型Ⅱ式、丙类Ab型。这一期陶匜形制的主要特征：数量较少，器腹相对较深，形制皆可在铜匜中寻到踪迹。

第三期：包含器形有甲类Ab型Ⅱ式、甲类Ac型、甲类Ba型Ⅰ式、甲类Bb型Ⅰ式、乙类B型、丙类Aa型Ⅲ式、丙类Ab型、丙类Ac型、丙类B型Ⅰ式。至本期，乙类A型已经不见。本期包含的器形最多，新出现的器形也最多。在本期，所有的新器形已经存在。陶匜的装饰手段在本期也有所体现，出现彩绘陶匜，装饰有回字纹、鸟兽纹等。

第四期：包含器形有甲类Ab型、甲类Ba型Ⅱ式、甲类Bb型Ⅱ式、丙类Aa型Ⅳ式、丙类B型Ⅱ式。本期乙类B型，丙类Ab、Ac型三种形制的陶匜已经不见，本期也没有出现新器形，甲类Ab型、甲类Bb型、丙类Aa型、丙类B型在本期，形制上有所变化，变化的特点基本相同，腹部内收较前一式明显，腹部相对变浅。丙类Aa型陶匜的耳部上移，在形制上与后来出现的耳杯接近。

第五期：包含器形有甲类Ab型Ⅲ式、甲类Ba型Ⅲ式、丙类Aa型Ⅳ式。本期陶匜形制种类更少，主要特征是腹部较前一期更浅，耳部位置与口沿齐平。

2. 断代

第一期出土陶匜的墓葬主要有滕州东小宫M241①。滕州东小宫M241出土陶器有豆、盂、鬲、罐、匜。器形与曲阜鲁国故城、兖州西吴寺所出同类器形相似，年代在春秋中期。

第二期出土陶匜的墓葬主要有河南禹县白沙M153、M149、M155、M137②，牛村古城59H4M63、60H4M15、63H4M2③，上马墓地M1014④，下平望M6⑤，新郑赵庄M59、M58⑥，荥阳官庄M3⑦等。

河南禹县白沙墓地发掘报告认为其年代在春秋晚期至战国早期。牛村古城59H4M63、60H4M15两座墓的年代发掘报告认定为春秋晚期。下平望M6的年代在春秋晚期。荥阳官庄M3出土陶罐与洛阳王湾M205出土的A型Ⅱ式陶罐形制相似，时代应为春秋晚期。关于新郑赵庄M58、M59的年代，出土简报根据葬俗和出土器物的特点，将两座墓的年代定为春秋晚期。因此，我们认定本期年代在春秋晚期。

第三期出土陶匜的墓葬主要有昌乐岳家河M123⑧，洛阳中州路M508、M511⑨，辉县褚邱M2⑩，烟台金沟寨M11⑪，长岛王沟M10⑫，平度岳石M17、M4⑬，牛村古城

---

① 山东省文物考古研究所、滕州市博物馆：《山东滕州市东小宫周代、两汉墓地》，《考古》2000年第10期。

② 陈公柔：《河南禹县白沙的战国墓葬》，《考古学报》1954年第2期。

③ 山西省考古研究所侯马工作站：《侯马牛村古城南墓葬发掘报告》，《晋都新田》，山西人民出版社，1996年，194~248页。

④ 山西省考古研究所：《上马墓地》，文物出版社，1994年，307~397页。

⑤ 山西省考古研究所侯马工作站：《晋都新田》，山西人民出版社，1996年，35~42页。

⑥ 郑州市文物考古研究院、河南省文物管理局南水北调文物保护办公室：《新郑市赵庄东周墓葬发掘简报》，《中原文物》2011年第3期。

⑦ 郑州大学历史学院考古系、河南省文物局南水北调文物保护办公室：《河南荥阳市官庄遗址春秋墓葬发掘简报》，《华夏考古》2012年第1期。

⑧ 山东省潍坊市博物馆、山东省昌乐县文管所：《山东昌乐岳家河周墓》，《考古学报》1990年第1期。

⑨ 中国科学院考古研究所：《洛阳中州路（西工段）》，科学出版社，1959年，149~163页。

⑩ 中国社科院考古研究所：《辉县发掘报告》，科学出版社，1956年，125~133页。

⑪ 烟台市博物馆：《山东烟台市金沟寨战国墓葬》，《考古》2003年第3期。

⑫ 烟台市文物管理委员会：《山东长岛王沟东周墓群》，《考古学报》1993年第1期。

⑬ 中国科学院考古研究所山东发掘队：《山东平度东岳石村新石器时代遗址与战国墓》，《考古》1962年第10期。

57H4T13M2①，下平望M10，临淄辛店M2②，临淄孙家徐姚M22③，章丘枭家村M1④，临淄隽山M1⑤等。

牛村古城57H4T13M2报告判定其年代在战国早期，下平望M10的年代也被认为是战国早期，洛阳中州路考古报告将M508、M511的年代认定为战国早期，辉县褚邱M2的年代也被认定为战国时期。山东地区出土陶匜的昌乐岳家河、烟台金沟寨、长岛王沟、临淄辛店、临淄孙家徐姚、章丘枭家村、临淄隽山、平度岳石等几座墓的年代也在战国早期，而且这几座墓出土的陶匜与同时期即战国早期的铜匜形制非常接近，其中一个非常重要的特点是口部横截面为圆角方形。圆角方形是铜匜发展到战国时期的一个重要特征。因此，我们将第三期的年代定为战国早期。

第四期出土陶匜的墓葬主要有沂水埠子村墓⑥、临淄两醇M3201⑦、下平望M25、章丘宁家埠M78、章丘宁家埠M71、临淄东古M1032⑧、平度岳石M16等。

临淄两醇M3201出土陶豆、陶壶、陶盘、陶匜，陶豆浅盘高柄，陶壶侈口、束颈、鼓腹，陶匜形制简单平底短流，这些特征表明该墓葬年代应在战国中期左右。平度岳石M16出土陶鼎、陶豆、陶壶、陶盘、陶匜，陶豆高柄浅盘，陶壶侈口、束颈、鼓腹，颈部两衔环耳。该墓出土器物形制与临淄两醇M3201出土器物相近。临淄东古M1032出土有陶鼎、陶豆、陶敦、陶壶、陶盘、陶匜，形制亦与临淄两醇M3201、平度岳石M16所出器物形制接近。本期墓葬年代，我们认定在战国中期。

第五期出土陶匜的主要墓葬有洛阳市区墓、临淄城区M1⑨。本期陶匜的数量已很少，在形制上与耳杯有相似之处。出土甲类Ba型Ⅲ式陶匜的临淄城区M1规模较大，是一座"甲"字形大墓，该墓的发掘简报从墓葬形制上判定是典型的战国晚期齐国墓葬。本期的年代，我们认定在战国晚期。

---

① 山西省考古研究所侯马工作站：《侯马牛村古城南墓葬发掘报告》，《晋都新田》，山西人民出版社，1996年，194～248页。
② 临淄区文物局：《山东淄博市临淄区辛店二号战国墓》，《考古》2013年第1期。
③ 淄博市临淄区文物局：《山东淄博市临淄区孙家徐姚战国墓地》，《考古》2011年第10期。
④ 章丘市博物馆：《章丘市枭家村战国墓葬》，《海岱考古》第四辑，科学出版社，2011年，232～239页。
⑤ 山东省文物考古研究所、淄博市文物局：《山东淄博隽山战国墓发掘简报》，《海岱考古》第四辑，科学出版社，2011年，241～249页。
⑥ 沂水县博物馆：《山东沂水县埠子村战国墓》，《文物》1992年第5期。
⑦ 山东省文物考古研究所、齐城遗址博物馆：《临淄两醇墓地发掘简报》，《海岱考古》第一辑，山东大学出版社，1989年，274～282页。
⑧ 山东省文物考古研究所、齐城遗址博物馆：《临淄东古墓地发掘简报》，《海岱考古》第一辑，山东大学出版社，1989年，283～291页。
⑨ 淄博市临淄区文物局：《山东淄博市临淄城区一号战国墓的发掘》，《考古》2008年第11期。

三、墓葬组合

一期：陶匜数量少，出土陶匜的墓葬只有1座，即滕州东小宫M241。组合形式如下。

鬲1、盂1、豆1、罐2、匜1　　　　　　　　　　　　　滕州东小宫M241[①]

本期出土陶匜数量少，滕州东小宫M241墓葬面积只有2.14平方米，随葬陶器为鬲、盂、豆、罐、匜，随葬品中未见铜器。

二期：组合关系完整的墓葬有12座，组合形式如下。

鼎1、敦1、豆2、尊1、匜1　　　　　　　　　　　　　河南禹县白沙M137[②]
鼎1、甗2、匜1、盘1、匜1　　　　　　　　　　　　　河南禹县白沙M153[③]
鼎1、敦1、尊1、匜1、盘1、匜1　　　　　　　　　　河南禹县白沙M155[④]
鼎1、敦1、甗1、匜1、盘1、匜1　　　　　　　　　　新郑赵庄M58[⑤]
鼎3、甗2、匜1、盘1、匜1　　　　　　　　　　　　　新郑赵庄M59[⑥]
鼎1、罐2、盂1、匜1　　　　　　　　　　　　　　　　荥阳官庄M3[⑦]
鼎1、鬲1、豆2、壶2、匜1　　　　　　　　　　　　　牛村古城59H4M63[⑧]
鼎1、鬲1、豆2、罐1、壶1、匜1、盘1　　　　　　　牛村古城60H4M15[⑨]
鼎1、鬲1、豆2、壶2、匜1　　　　　　　　　　　　　侯马63H4M2[⑩]

---

① 山东省文物考古研究所、滕州市博物馆：《山东滕州市东小宫周代、两汉墓地》，《考古》2000年第10期。

② 陈公柔：《河南禹县白沙的战国墓葬》，《考古学报》1954年第2期。

③ 陈公柔：《河南禹县白沙的战国墓葬》，《考古学报》1954年第2期。

④ 陈公柔：《河南禹县白沙的战国墓葬》，《考古学报》1954年第2期。

⑤ 郑州市文物考古研究院、河南省文物管理局南水北调文物保护办公室：《新郑市赵庄东周墓葬发掘简报》，《中原文物》2011年第3期。

⑥ 郑州市文物考古研究院、河南省文物管理局南水北调文物保护办公室：《新郑市赵庄东周墓葬发掘简报》，《中原文物》2011年第3期。

⑦ 郑州大学历史学院考古系、河南省文物局南水北调文物保护办公室：《河南荥阳市官庄遗址春秋墓葬发掘简报》，《华夏考古》2012年第1期。

⑧ 山西省考古研究所侯马工作站：《侯马牛村古城南墓葬发掘报告》，《晋都新田》，山西人民出版社，1996年，194~248页。

⑨ 山西省考古研究所侯马工作站：《侯马牛村古城南墓葬发掘报告》，《晋都新田》，山西人民出版社，1996年，194~248页。

⑩ 山西省考古研究所侯马工作站：《侯马牛村古城南墓葬发掘报告》，《晋都新田》，山西人民出版社，1996年，194~248页。

鼎1、豆2、鬲1、罐1、壶1、匜1	上马墓地M1014①
鬲1、豆1、壶2、匜1	下平望M6②
鼎1、豆2、罐2、匜1、匝1	牛村古城63H4M2③
鼎1、豆1、壶1、甗1、匜1	章丘宁家埠M78

本期出土陶匜的墓葬数量相对丰富。出土陶匜的地区主要集中于河南和山西两地，墓葬组合按照地区可以划分为两种形式：河南地区出土陶匜墓葬的组合主要以鼎、敦、(豆)、尊或罍、匜、盘、匝为常见形式；山西地区出土陶匜墓葬的组合主要以鼎、鬲、(豆)、(罐)、壶、匜、盘、匝为主要形式。

三期：出土陶匜墓葬组合完整的有15座，组合形式如下。

鼎2、鬲1、豆1、壶1、匜1、匝1	下平望M10④
鼎1、鬲1、豆2、壶1、匜1	牛村古城57H4T13M2⑤
壶1、匜2、盒1（漆器）	长子东周M7⑥
鼎2、豆4、壶4、匜1、盘2、匝2、盒4	平度岳石M17⑦
鼎2、豆4、盖豆2、豆盘1、壶2、匜1、盘2	昌乐岳家河M123⑧
鼎1、簋1、豆6、壶2、匜7、杯6、盘2	章丘昊家村M1⑨
鼎1、匜1、盘1	章丘宁家埠M91⑩
鼎2、敦2、豆4、盖豆2、壶2、匜1、盘2	烟台金沟寨M11⑪

---

① 山西省考古研究所：《上马墓地》，文物出版社，1994年，307～397页。
② 山西省考古研究所侯马工作站：《晋都新田》，山西人民出版社，1996年，194～248页。
③ 山西省考古研究所侯马工作站：《侯马牛村古城南墓葬发掘报告》，《晋都新田》，山西人民出版社，1996年，194～248页。
④ 山西省考古研究所侯马工作站：《晋都新田》，山西人民出版社，1996年，194～248页。
⑤ 山西省考古研究所侯马工作站：《侯马牛村古城南墓葬发掘报告》，《晋都新田》，山西人民出版社，1996年，194～248页。
⑥ 山西省考古研究所：《山西长子县东周墓》，《考古学报》1984年第4期。
⑦ 中国科学院考古研究所山东发掘队：《山东平度东岳石村新石器时代遗址与战国墓》，《考古》1962年第10期。
⑧ 山东省潍坊市博物馆、山东省昌乐县文管所：《山东昌乐岳家河周墓》，《考古学报》1990年第1期。
⑨ 章丘市博物馆：《章丘市昊家村战国墓葬》，《海岱考古》第四辑，科学出版社，2011年，232～239页。
⑩ 济青公路文物考古队宁家埠分队：《章丘宁家埠遗址发掘报告》，《济青高级公路章丘工段考古发掘报告集》，齐鲁书社，1993年。
⑪ 烟台市博物馆：《山东烟台市金沟寨战国墓葬》，《考古》2003年第3期。

第五章 铜匜的起源及相关问题

鼎3、敦2、豆4、盖豆4、壶4、罍2、筵4、杯2、匜4、盘3	临淄孙家徐姚M22[①]
鼎1、敦2、盖豆3、豆9、罐1、壶4、匜1、盘1、匜1	长岛王沟M10[②]
盖鼎4、敦2、甗1、盖豆6、豆20、罐4、壶4、盆1、匜2、斗4、杯4、匜2	临淄隽山M1[③]
鼎9、敦6、豆5、壶6、盂1、匜1、杯2、匜1、盘1、匜1	临淄辛店M2[④]
鼎1、豆2、壶1、匜1、盘1	洛阳中州路M511[⑤]
鼎1、豆1、壶2、匜1、盘1、匜1	洛阳中州路M508[⑥]
鼎3、豆4、壶3、匜1、匜2	辉县褚邱M2[⑦]

本期出土陶匜的墓葬数量最多，集中在山东、山西、河南地区。其中以山东地区最多，共9座墓葬，主要有三种主要形式：鼎、豆、匜、盘；鼎、敦、豆、匜、盘、匜；鼎、簠、豆、匜、盘、匜。以鼎、豆、匜、盘为主要形式的两座墓，墓葬面积在5平方米以下，属于小型墓。以鼎、敦、豆、匜、盘、匜为主要组合形式的墓葬与以鼎、簠、豆、匜、盘、匜为主要组合形式的墓葬，墓室面积在5平方米以上，属于中型墓葬，其中长岛王沟M10、临淄隽山M1、临淄辛店M2三座墓葬是带墓道的"甲"字形大墓，说明这两种组合形式在山东地区规格较高。山西地区发现3座出土陶匜的墓葬中，其中两座组合形式为鼎、鬲、豆、壶、匜。河南地区发现3座出土陶匜的墓葬，组合形式为鼎、豆、壶、匜。

四期：本期陶匜数量减少，出土陶匜的墓葬有7座，组合形式如下。

鼎2、鬲2、敦2、豆6、罐4、钵形器2、盆形器4、盘形器4、匜2、匜2、方盒1、杯1	沂水埠子村墓[⑧]
鼎1、敦2、豆8、壶2、匜1、盘2、匜2	临淄东古M1032[⑨]

---

① 淄博市临淄区文物局：《山东淄博市临淄区孙家徐姚战国墓地》，《考古》2011年第10期。
② 烟台市文物管理委员会：《山东长岛王沟东周墓群》，《考古学报》1993年第1期。
③ 山东省文物考古研究所、淄博市文物局：《山东淄博隽山战国墓发掘简报》，《海岱考古》第四辑，科学出版社，2011年。
④ 临淄区文物局：《山东淄博市临淄区辛店二号战国墓》，《考古》2013年第1期。
⑤ 中国科学院考古研究所：《洛阳中州路（西工段）》，科学出版社，1959年，149~163页。
⑥ 中国科学院考古研究所：《洛阳中州路（西工段）》，科学出版社，1959年，149~163页。
⑦ 中国社科院考古研究所：《辉县发掘报告》，科学出版社，1956年，125~133页。
⑧ 沂水县博物馆：《山东沂水县埠子村战国墓》，《文物》1992年第5期。
⑨ 山东省文物考古研究所、齐城遗址博物馆：《临淄东古墓地发掘简报》，《海岱考古》第一辑，山东大学出版社，1989年，283~291页。

鼎1、敦1、豆10、罐1、壶6、匜1、盘2、匜1	临淄两醇M3201[①]
鼎1、豆1、匜1	平度岳石M16[②]
鼎1、豆2、壶2、匜1	章丘宁家埠M71
鼎1、豆2、壶1、匜1	下平望M25
鼎1、豆1、壶1、罍1、匜1	章丘宁家埠M78

本期所见出土陶匜的墓葬主要集中于山东地区，墓葬组合形式主要有两种：鼎、豆、（壶）、匜；鼎、（罍）、敦、豆、（壶）、匜、盘、匜。以鼎、（罍）、敦、豆、（壶）、匜、盘、匜为组合形式的3座墓葬都是中型墓，墓室面积最小的沂水埠子村墓墓室面积也在7平方米以上。5平方米以下的小型墓葬则采用鼎、豆、（壶）、匜的组合形式。

五期：本期已是陶匜发展的末期，目前发现出土陶匜的墓葬只有2座，组合形式如下。

鼎1、豆1、匜1、盘2	洛阳市区M54
鼎2、豆11、盖豆4、壶2、盘2；陶明器，鼎1、甗1、簋形器4、钫2、罐1、匜1、盘1、匜2、耳杯2、箕1、勺3	临淄城区M1[③]

本期出土陶匜的两座墓等级悬殊，洛阳市区M54墓室面积3.25平方米，属于小型墓，临淄城区M1则是带墓道的"甲"字形大墓。墓葬中随葬陶器组合差距较大，洛阳M54基本组合是鼎、豆、匜，临淄城区M1的组合则是鼎、豆、甗、壶、匜、盘、匜。

我们共搜集36座出土陶匜且陶器组合完整的墓葬。这36座墓葬中，3座墓葬同时随葬铜匜，其余33座墓葬未见铜匜，可见陶匜与铜匜很少同时出现。

四、小　结

目前，最早的一件陶匜是滕州东小宫M241出土，器形与铜匜的早期形式接近。单耳、小口，腹部有所不同，陶匜腹部内收明显。这件陶匜的年代在春秋中期，晚于莒县西大庄M1的铜匜。两者相去不远，因此，我们认为陶匜应是承袭铜匜而来。另外从以下几个方面也能发现陶匜与铜匜的承袭关系。

第一，在器形方面，陶匜完全落入铜匜造型的"窠臼"。陶匜甲类Aa型与铜匜甲类Aa型基本一致；陶匜甲类Ab型与铜匜甲类Bb型一致，最后稍有发展；陶匜甲类Ac

---

[①] 山东省文物考古研究所、齐城遗址博物馆：《临淄两醇墓地发掘简报》，《海岱考古》第一辑，山东大学出版社，1989年，274～282页。

[②] 中国科学院考古研究所山东发掘队：《山东平度东岳石村新石器时代遗址与战国墓》，《考古》1962年第10期。

[③] 淄博市临淄区文物局：《山东淄博市临淄城区一号战国墓的发掘》，《考古》2008年第11期。

型，无耳的特征在铜匜中未见，但这一型式的陶匜属少数；陶匜甲类Ba型与铜匜甲类Bc型基本一致；陶匜甲类Bb型与铜匜甲类Bd型形制接近；乙类A型陶匜与乙类A型铜匜造型基本相同；乙类B型陶匜型式稍显特殊，但这类陶匜除足部特征外，器身和器盖与甲类Bd型铜匜器形几乎一致，这一类型陶匜可能是乙类铜匜和甲类铜匜的派生。而且这类陶匜数量少，只见于山东地区，甲类Bd型铜匜也只见于山东地区，因此，这类陶匜可能是甲类Bd型铜匜的创新。丙类Aa型、Ab型、Ac型陶匜腹部与丙类Aa型铜匜的腹部形制相同，丙类B型陶匜直口、深腹、高圈足，在铜匜中未见。但这类陶匜也是仅见于山东地区，与山东地区唯一一件圈足铜匜有相同之处，如弧顶盖、深腹、高圈足，应该是山东地区此类铜匜的派生器形。

总体来说，陶匜的形制种类远远少于铜匜的类型。陶匜中不见短边附凸纽的铜匜甲类Ab型和甲类Ba型，以及铜匜的丙类Ab型、Ac型、B型器类。这与陶器匜的发展时间较短有关系，陶匜出现于春秋中期，春秋晚期逐渐增多，到战国早期进入繁荣期，战国晚期迅速衰落并消亡，延续时间较短。

第二，纹饰方面。陶匜以灰陶居多，山东地区也有个别陶匜是黑陶质地。器表以素面为主，个别装饰彩绘纹饰。彩绘有黑彩、红彩、黄彩等。纹饰种类承袭铜匜而来，有三角涡纹、蟠螭纹、回纹、弦纹、三角雷纹、波折纹、鱼鸟纹、圆雕兽首纹、重环纹、垂叶纹等（图5-27）。纹饰种类较铜匜的纹饰种类少，不及铜匜的纹饰精美（图5-28）。这与陶匜和铜匜的功用有很大关系。铜匜是墓葬中重要的铜礼器，制作精美。陶匜大多是陪葬用的明器，质地松软，烧制火候差，纹饰也是仿制铜器而来。

第三，从陶匜的发展脉络来看，陶匜第三期相当于战国早期，是陶匜发展的兴盛期。而铜匜的繁荣期则是在春秋晚期，可见，陶匜的发展滞后于铜匜。陶匜的组合关系与铜匜的组合关系基本保持一致，从鼎、敦、匜的组合逐渐向鼎、豆、匜的组合发

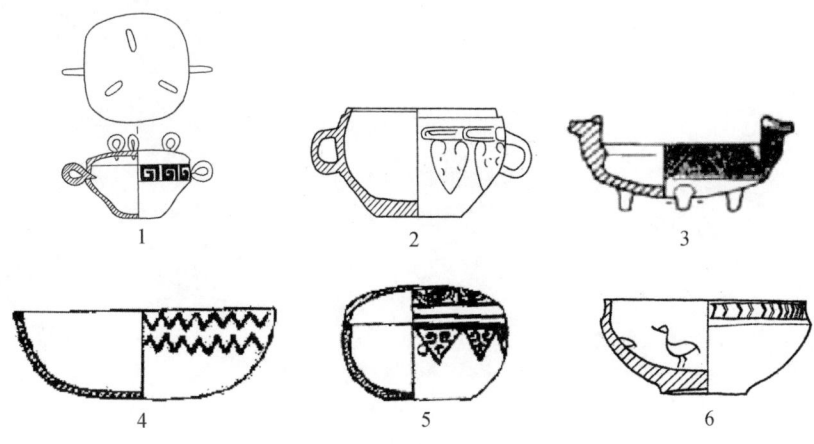

图5-27　陶匜纹饰种类图

1. 烟台金沟寨M11∶15云雷纹匜　2. 荥阳官庄M3∶4垂叶纹匜　3. 新郑赵庄M59∶5三角纹匜
4. 章丘景家村M1∶5彩陶匜　5. 临淄东古M1032∶6彩陶匜　6. 下平望M10∶8彩绘匜

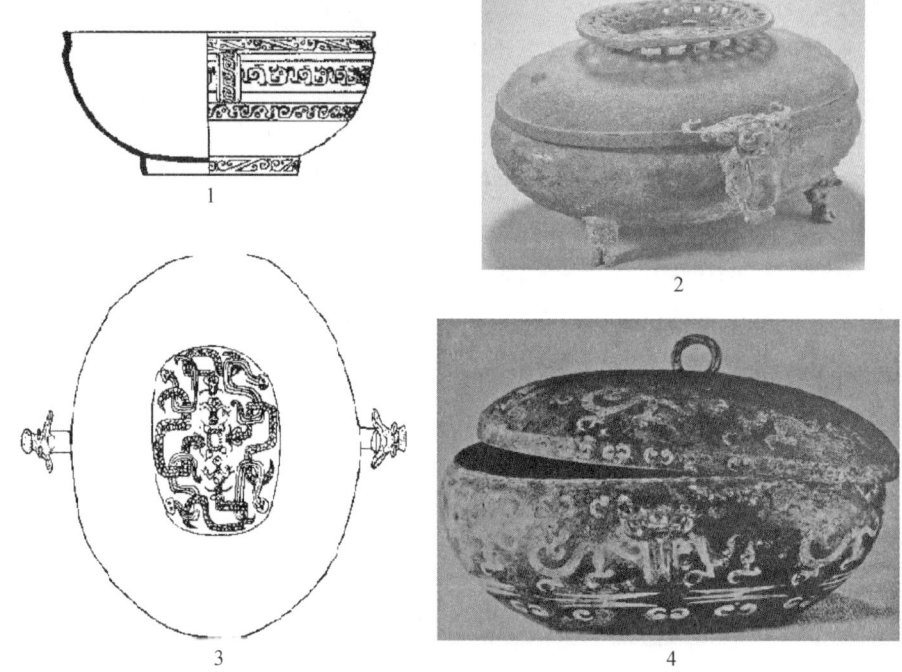

图5-28　铜匜纹饰种类图

1. 长治分水岭M12∶15错金匜　2.《新郑郑公大墓青铜器》兽耳熊足匜
3. 枣庄徐楼M1∶11兽耳龙纹匜　4. 淅川下寺M2∶54夔龙纹匜

展，但陶匜的组合相对复杂。在陶匜二期，鼎、敦、匜组合的同时，还并行出现鼎、鬲、匜的组合。簠、甗等食器偶有出现与匜形成陶器组合。

第六章　铜厄与其他器类的关系
——兼论铜厄的消亡

"经过多年观察，我们认为古代青铜器器形之间的关系主要有三种：派生关系、相生关系、更替关系……有一部分器类是在另一部分器类的基础上衍生演化出来的，我们把这两者之间的关系称为派生关系。相生关系是指两类不同的青铜器在发展演进过程中，由于组合关系，或者形态、用途、功能相近的缘故，相互吸引，相互影响，从而产生一种在形制上介乎于二者之间的新品种。所谓更替关系，是指两类铜器之间既无派生关系，也无相生关系，但二者在年代上有明显或不明显的早晚衔接关系，在形态、组合、用途、功能上有相似之处……"[①]铜厄作为春秋中期之后墓葬组合中的重要礼器之一，在发展过程中，不可避免地与其他一些器类相互影响，尤其是与铜敦、耳杯等器物。正是由于这种相互影响，使得我们有必要对它们之间的相互关系进行分析探讨。

第一节　铜厄与铜敦的关系

铜敦出现在春秋中期，盛行于春秋晚期至战国，继铜簋之后，成为先秦时期青铜礼器组合中粢盛器的主流。铜厄的出现要稍早于铜敦，这两类器物在春秋中晚期成为墓葬中的基本组合。在两者出现之初，它们各自沿着不同的轨迹发展，由于两者在墓葬中常常相伴而出，在发展过程中，不可避免地相互产生影响。前文我们在对铜厄进行类型学分析时，发现甲类Bb型铜厄与平底铜敦有相似之处。乙类A型铜厄与荆公孙敦[②]、济南左家洼LZM1∶8铜敦[③]有很多相似之处，两者腹下都附蹄足，通体饰乳钉纹（图6-1、图6-2）。河南陕县M2040∶274[④]铜敦，器身与盖子母口扣合，大小相同，器

[①] 张懋镕：《试论中国古代青铜器器类之间的关系》，《古文字与青铜器论集》第二辑，文物出版社，2006年。

[②] 王景东：《胶南县发现荆公孙敦》，《文物》1988年第1期。

[③] 济南市文化局文物处、历城区文化局：《山东济南市左家洼出土战国青铜器》，《考古》1995年第3期。

[④] 中国社会科学院考古研究所：《陕县东周秦汉墓》，科学出版社，1994年，57页。

底与器盖顶部皆附圈足,这一形制与丙类圈足铜匜相似(图6-3、图6-4)。这种器底附圈足的铜敦出现于春秋晚期,主要发现于中原地区[①],丙类圈足铜匜也主要在中原地区盛行,丙类铜匜出现在春秋中期,时代要稍早于铜敦。鉴于铜敦和铜匜的流行时间及形制有相似之处,而且一些考古简报和著作中还经常将两者混淆,如青岛安乐大队所出铜匜简报将其称为"敦"[②],《夏商周青铜器研究》一书将收录的一件铜匜称为敦[③]等。因此有必要对两者进行区分。

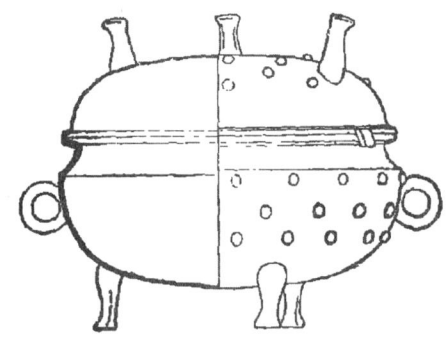

图6-1　乳钉纹敦
(济南左家洼LZM1∶8)

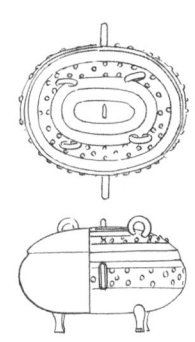

图6-2　乳钉纹匜
(长清仙人台M5∶75)

图6-3　圈足匜
(太原赵卿墓M251∶563)

图6-4　圈足敦
(陕县后川M2040∶274)

铜匜与铜敦在形态上最主要的区别在于器身横截面的形状,前者呈椭圆形,后者呈圆形。另外还有一些其他方面的差异,我们将做进一步的分析。铜敦在底部的形态上与铜匜一样,也可以分成三种形式:平底、附足、圈足。我们就将这三类铜敦和铜匜分别进行比较。

---

① 谷朝旭:《中国古代青铜器整理与研究·青铜敦卷》,科学出版社,2016年,45页。
② 孙善德:《青岛市郊出土一批东周青铜器》,《文物资料丛刊》(5),文物出版社,1981年。
③ 陈佩芬:《夏商周青铜器研究》,上海古籍出版社,2004年,312页。

平底型：首先，从形态上看，平底铜敦器盖扣合呈圜形，盖小器大。甲类铜盂出现之初没有器盖，春秋中期偏晚才开始出现器盖，而且器盖最初为平顶，后逐渐演变为弧顶。铜敦在春秋中期出现时就有盖，而且盖为弧顶。铜敦与铜盂在春秋中期偏晚开始成为墓葬组合中的固定搭配，常常相伴而出，铜盂的盖顶由平顶变为弧顶可能受到铜敦的影响。其次，两者的尺寸也有很大的不同。一般来说铜敦的通高要大于10厘米或者接近10厘米，而且有将近50%的铜敦通高超过15厘米[①]。而铜盂的通高一般在10厘米以下，超过10厘米的铜盂只占总数的20%，通高超过15厘米的铜盂所占比例不到5%（图6-5）。铜敦的口径多在20厘米及其以上，口径小于20厘米的所占比例不到30%。铜盂的口径多在20厘米以下，只有个别超过20厘米者，所占比例不超过3%（图6-6）。最后，从数量上来看，平底的铜盂要多于平底的铜敦。

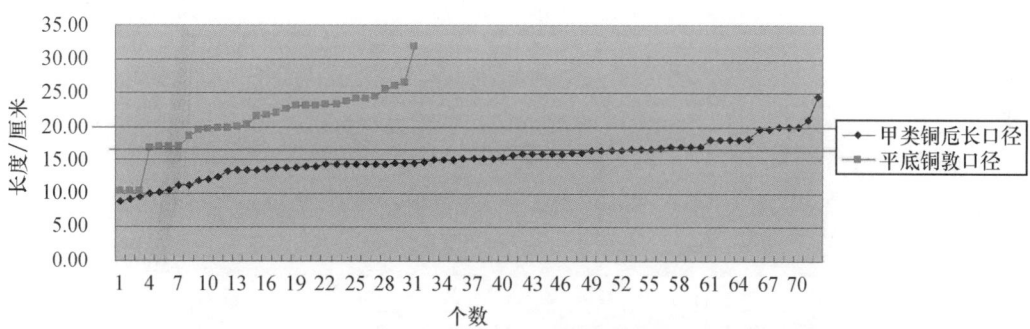

图6-5　甲类盂与平底敦口径比较图

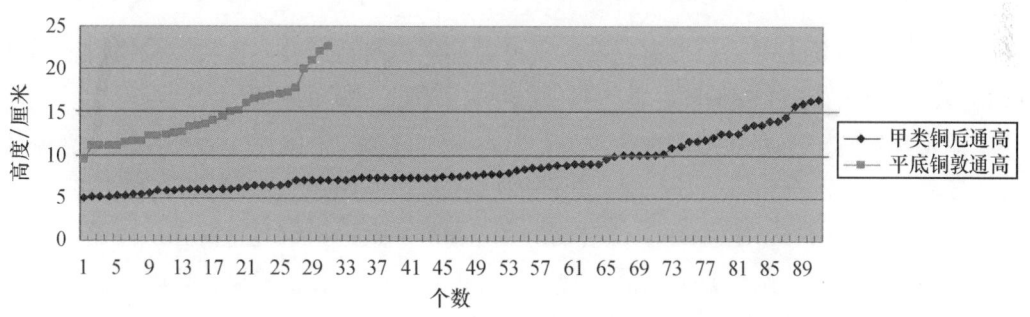

图6-6　甲类盂与平底敦通高比较图

附足型：首先从形态上分析，铜敦器盖扣合成圜形或者球形，铜敦都是有盖的，而乙类铜盂多数有盖，也有无盖者。该类型的铜敦除了附足外，还有底部附环形纽者，铜盂的器底不见这种附环纽做足者，皆为附蹄形足。另外，还有一个重要的区别，铜敦底部不论附蹄足还是环纽，数量都为三。而铜盂腹底所附蹄足，除个别外

---

① 谷朝旭：《中国古代青铜器整理与研究·青铜敦卷》，科学出版社，2016年，115~173页。

（如北方地区发现的3件乙类铜盉为三足），数量都为四。这种蹄足的数量不同与两者器身的形状有关。铜敦器身横截面呈圆形，三足就能稳定支撑器身。而铜盉器身横截面为椭圆形，四足才能稳定地支撑起器身。北方地区所见的3件三足铜盉，皆出自北京军都山及其附近[①]，其中军都山玉皇庙M2墓葬组合为：鼎1、敦1、罍1、盉3、钵1、匕1、斗1、盘1、匜1，该墓所出的铜敦为平底，军都山墓地其他墓葬所出的铜敦也为平底。延庆龙庆峡M30的墓葬组合为：盉2。军都山玉皇庙M2所出3件铜盉中1件为甲类Bb型，延庆龙庆峡M30所出2件铜盉中的1件也为甲类Bb型。可见这3件三足铜盉与铜敦关系不大，是北方地区的一种特殊形制，至于这种三足铜盉形制的源流还有待考证。

其次，从体量上分析，铜敦要高于铜盉。铜敦的通高几乎都在15厘米及其以上，通高低于15厘米的铜敦只占2%。而乙类铜盉的通高多在15厘米以下（图6-7）。

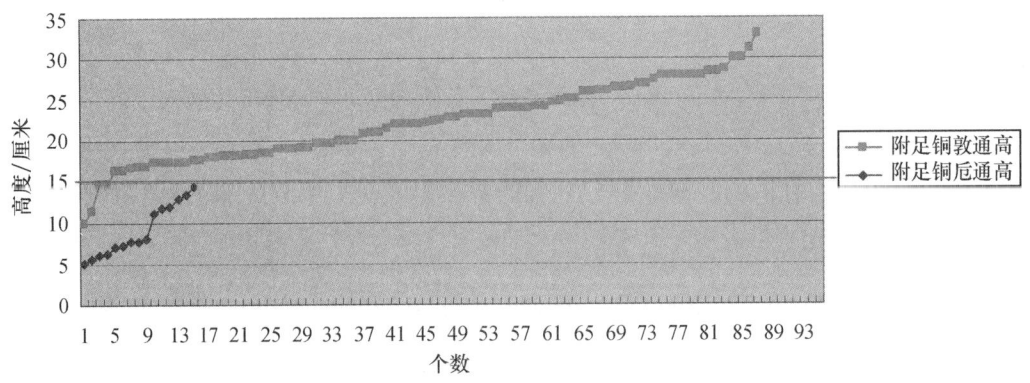

图6-7 乙类盉与附足铜敦通高比较图

最后，从数量上看，乙类铜盉的数量要远远少于附足铜敦。这两类器物出现的时代相当，大约在春秋中期偏晚，两者腹下的足可能都受到鼎的影响[②]。

圈足型：这一类型的铜敦数量较少，基本形制为器、盖同形，大小相同，器盖都有二环耳。将其器身和器盖分开后，从侧面观察，与丙类铜盉形制极为相似（图6-3、图6-4）。两者最主要的区别在于，铜敦为器盖扣合，而丙类铜盉皆无盖。丙类铜盉在春秋中期偏晚出现，是中原地区的产物，这类铜敦出现于春秋晚期，要晚于丙类铜盉产生的时间，也主要发现于中原地区，在形制上可能受到丙类铜盉的影响。

总之，铜盉与铜敦最主要的区别在器身横截面的形状，前者呈椭圆形，后者呈圆形。两者在体量上也有较大的区别，铜盉相对来说体量较小、口径偏小。乙类铜盉要矮于附足型铜敦，而且乙类铜盉腹下多附四足，而附足铜敦腹下多附三足或环纽。铜

---

① 北京市文物研究所：《龙庆峡别墅工程中发现的春秋时期墓葬》，《北京文物与考古》第四辑，1994年，32页；北京市文物研究所：《军都山墓地——玉皇庙》，文物出版社，2007年，905页。

② 以上铜敦的尺寸来自谷朝旭：《中国古代青铜器整理与研究·青铜敦卷》，科学出版社，2016年，115~172页。

敦和铜卮出现之初皆为平底，附足型铜敦与乙类铜卮的出现可能是受到铜鼎的影响。圈足铜敦的形制可能是受到丙类铜卮的影响而出现。

第二节 铜卮与耳杯的关系

马承源先生在《中国青铜器》一书"铜耳杯条"中提到："耳杯，秦汉时期常用的饮酒器，又称'羽觞'，战国晚期出现，可能是由椭杯演变来的。"[①]马承源所言的"椭杯"即是本书探讨的"卮"。通过观察，笔者也认为铜卮与耳杯虽无派生、相生关系，却有某种相承关系。

耳杯器腹与口部横截面皆做椭圆形，敞口，浅腹，平底，长边口沿接一对与口部齐平的弧形或方形把手，通称为耳杯[②]（图6-8、图6-9）。对耳杯的命名有三类：研究者多因其两侧各有一耳，而称其为"耳杯"；《西清古鉴》中著录1件耳杯，称其为"羽觞"，这一称谓可能来源于《楚辞·招魂》"瑶浆蜜勺，实羽觞些。挫糟冻饮，酎清凉些。华酌既陈，有琼浆些"，以及《汉书·外戚传（下）》"酌羽觞兮销忧"。"羽觞"之名是否属实，还没有考古学上的确凿证据来说明；河南信阳长台关M1出土物疏简上既有"其木器：杯豆三十、杯三十"[③]的文字说明，根据墓中出土实物，"杯"应是指双耳杯。西汉时期，漆器耳杯有自称为杯者，如安徽阜阳双古堆西汉汝阴侯墓（M1）出土耳杯，铭文中有"女阴侯杯"字样[④]。铜耳杯中有自称为"梧"者，汉代"染梧"[⑤]，自名为"梧"，梧通杯，故也应为"杯"（图6-10）。以上几种命名中，"杯"的名称已经得到出土资料的验证，但"杯"的名称也经常被冠到其他器物上，不容易区分。此类器物耳部特征鲜明，故将其称为"耳杯"既能表现它的特征，又保留了器物的自名，更为妥帖。

耳杯在形制上与铜卮有相似之处：两者器身横截面皆做椭圆形，双耳皆附在器身的长径上，耳杯的形制与Bc型Ⅰ、Ⅱ式铜卮形制接近。两者不同之处也较为明显：铜卮的腹部较深，耳杯腹部较浅；铜卮的双耳为环耳，附于腹部之上，耳杯的耳部为扁方形或圆弧形，与口沿齐平（图6-8、图6-9）。两者在时代上具有相承关系，耳杯约出现在战国时期，盛行于秦汉，而铜卮在战国晚期消亡。耳杯以漆质和木质为多，铜质

---

① 马承源：《中国青铜器》，上海古籍出版社，1988年，177页。
② 朱凤瀚：《古代中国青铜器》，南开大学出版社，1995年，262页。
③ 洪石：《东周至晋代墓所出物疏简牍及其相关问题研究》，《考古》2001年第9期。
④ 安徽省文物工作队、阜阳地区博物馆、阜阳县文化局：《阜阳双古堆西汉汝阴侯墓发掘简报》，《文物》1978年第8期。
⑤ 端方：《陶斋吉金录》，清光绪三十四年石印本。孙机先生在《汉代物质文化资料图说》一书论述"染杯"为酱料盛器，染杯与染炉组合为汉代人的一种食器。

图6-9 耳杯
（临淄商王村M1∶112）

图6-8 耳杯
（潢川M1）

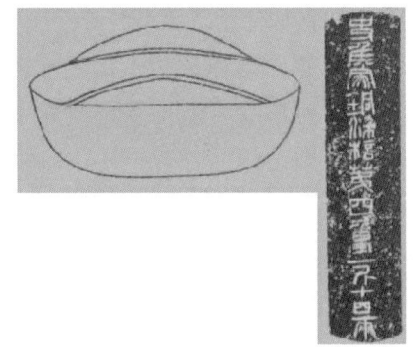

图6-10 染桮
（《陶斋吉金录》）

较少，战国时期铜质耳杯更少，主要有临淄商王村M1、临淄赵家徐姚M1、山西太原M251、江陵马山M1、信阳长台关M7等，以上发现战国时期铜质耳杯的地区也是铜匜盛行的山东、中原及南方地区。

从时代上看，耳杯与铜匜有较为明显的衔接关系。在形态上，两者口部平面皆为椭圆形，长边两侧各有一耳，有相近之处。功能上都为酒器，铜匜的功能前文已有论及，不再赘述。对于耳杯的功用，多数学者也将其归入酒器类，且多是饮酒器[①]。铜匜与耳杯的这一衔接关系和青铜盂与青铜盆的发展规律类似[②]。铜盆出现在铜盂开始衰落的西周中期，兴盛于西周晚期和春秋早期，而且铜盆初现时与铜盂有相似之处。

铜匜的形制特点为椭圆形口，腹部长边两侧附有环耳，平底多见，也有圈足或附四足者。而耳杯的形制特点为椭圆形口，长边口沿接一对环形或方形耳，平底。相同之处为口平面呈椭圆形，不同之处主要有两点：其一，两者耳的位置不同，前者耳附

---

① 朱凤瀚：《古代中国青铜器》，南开大学出版社，1995年；容庚、张维持：《殷周青铜器通论》，文物出版社，1984年；孙机：《汉代物质文化资料图说》，上海古籍出版社，2008年，354～355页。

② 张懋镕：《青铜盆小议》，《古文字与青铜器论集》第二辑，科学出版社，2006年。

在腹部，后者耳与口沿齐平；其二，腹部的形制，前者腹部较深，后者腹部较浅。卮与耳杯形制上的演变关系在铜卮上表现得并不明显，但是可以通过陶卮得到反映。

甲类Ab型、甲类Ba型、丙类Aa型陶卮腹部由深变浅、耳部上移，渐与口沿齐平（图6-11~图6-14），形制上与耳杯极为接近。耳杯出现后与铜卮的关系相当紧密，这点从两者在墓葬中的位置可以得到反映。铜卮与耳杯共出的墓葬有3座，其中临淄赵家徐姚M1出土青铜耳杯4件，叠放在铜卮内[①]，太原金胜村M251和临淄商王村M1所出耳杯与铜卮在墓葬中的位置接近（图6-15 ~ 图6-17）。铜卮与耳杯形制相似，在墓葬中的摆放位置也异常亲密，说明在某些方面有密不可分的联系。

图6-11 圈足卮
（牛村古城59H4M63：5）

图6-12 圈足彩绘卮
（牛村古城60H4M15：4）

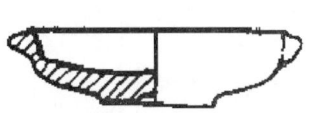

图6-13 圈足卮
（下平望M25：9）

图6-14 素面卮
（洛阳中州路东工段DM29：13）

另外一个值得注意的问题是，战国时期，耳杯在南方地区尤其是湖北地区出土最多，质地主要为漆器，这除了与当地的自然环境易于保存漆质品有关外，也反映了该地区耳杯的盛行。耳杯能在南方楚文化繁荣，与当地铜卮的形制有较深渊源。南方地区出土铜卮多为Bc型Ⅰ、Ⅱ式，共有12件，占到南方地区铜卮总数的55%。前文已经提到耳杯与Bc型铜卮形制相似，两者在形制上有共同点：腹部较浅、下腹斜内收（图6-8、图6-9），所以耳杯这一器形被楚地接受，并得到普遍应用。南方地区铜卮春秋晚期之后数量减少，战国非常少见，耳杯却屡有发现。南方出土耳杯偶有铜质耳杯，如江陵马山一号楚墓出土铜耳杯2件[②]，信阳长台关M7出土耳杯23件，但多数是漆质和陶质。例如，江陵望山沙冢墓[③]、江陵天星观1号楚墓[④]、江陵马山1号楚墓[⑤]、江陵藤店M1[⑥]、

[①] 淄博市临淄区文化局：《山东淄博市临淄区赵家徐姚战国墓》，《考古》2005年第1期。
[②] 湖北省荆州地区博物馆：《江陵马山一号楚墓》，文物出版社，1985年，75~77页。
[③] 湖北省文物考古研究所：《江陵望山沙冢楚墓》，文物出版社，1996年，20~26页。
[④] 湖北省荆州地区博物馆：《江陵天星观一号楚墓》，《考古学报》1982年第1期。
[⑤] 湖北省荆州地区博物馆：《江陵马山一号楚墓》，文物出版社，1985年，75~77页。
[⑥] 荆州地区博物馆：《湖北江陵藤店一号墓发掘简报》，《文物》1973年第9期。

图6-15 临淄商王村M1平面图

信阳楚墓[①]、包山楚墓[②]、曾侯乙墓[③]、江陵溪峨山楚墓[④]、绍兴M306[⑤]、河南泌阳M3[⑥]等,数量众多。

---

① 河南省文物研究所:《信阳楚墓》,文物出版社,1986年,35~38页。
② 湖北省荆沙铁路考古队:《包山楚墓》,文物出版社,1991年。
③ 湖北省博物馆:《曾侯乙墓》,文物出版社,1989年。
④ 湖北省博物馆江陵工作站:《江陵溪峨山楚墓》,《考古》1984年第6期。
⑤ 浙江省文物管理委员会、浙江省文物考古所、绍兴地区文化局等:《绍兴306号战国墓发掘简报》,《文物》1984年第1期。
⑥ 驻马店地区文管会、泌阳县文教局:《河南泌阳秦墓》,《文物》1980年第9期。

第六章　铜匜与其他器类的关系——兼论铜匜的消亡

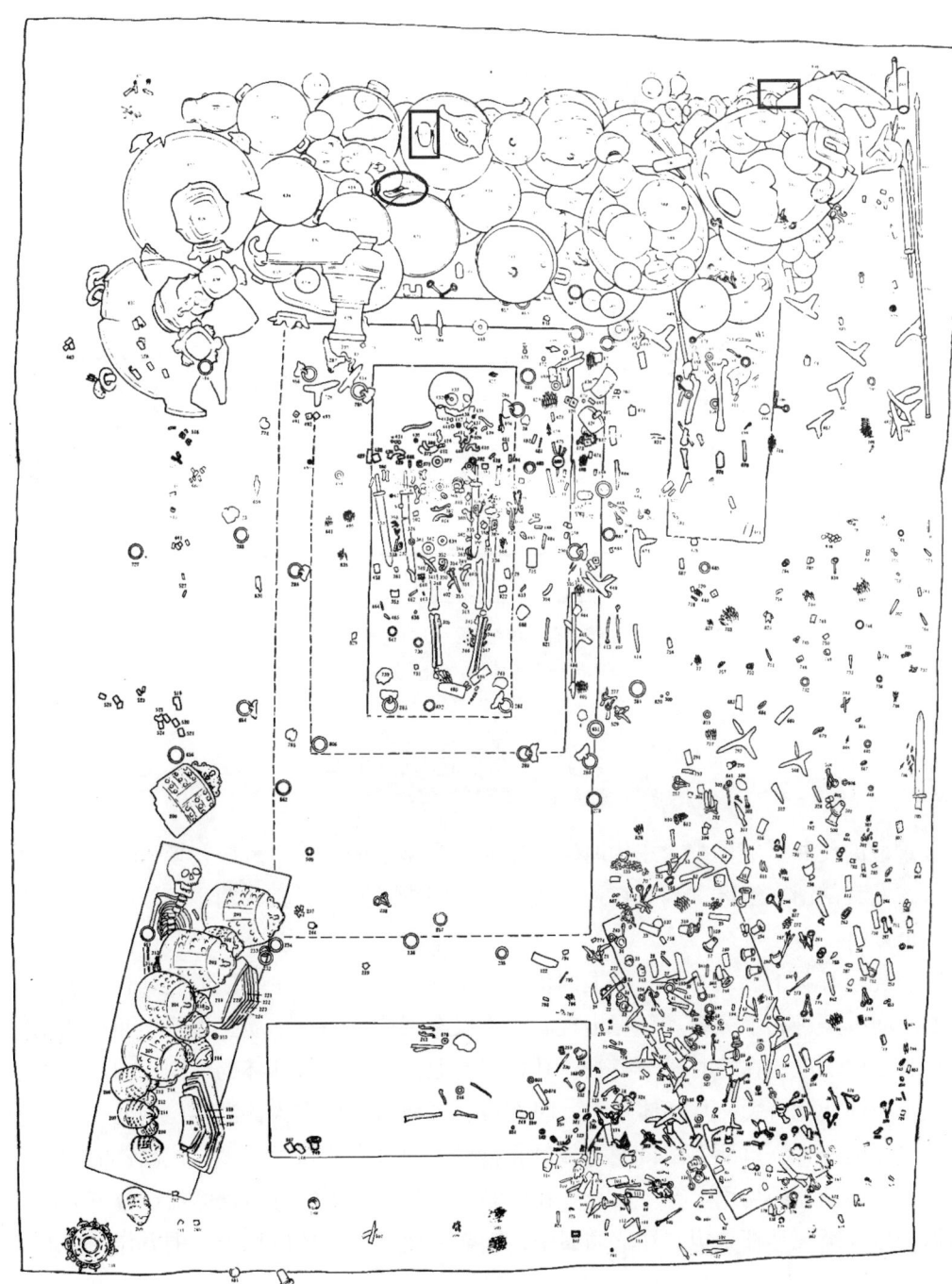

图6-16　太原金胜村M251平面图

因此，我们认为，耳杯起源于铜匜。耳杯产生后，在南方的楚文化圈中得到长足发展。

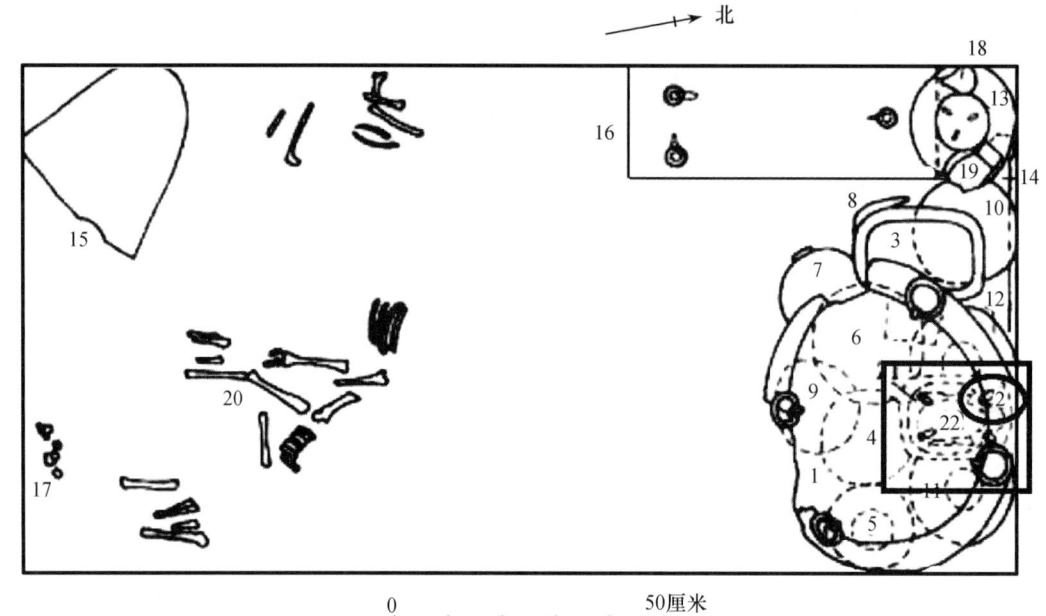

图6-17　临淄赵家徐姚M1平面图
椭圆形区域为耳杯，方形区域为铜卮

第三节　铜卮的消亡

铜卮的使用贯穿了整个东周时期，据前面类型学的分析，战国初期以后铜卮开始衰落，尤其是南方地区，铜卮在进入战国之后很少见到。分析其消亡的原因主要有以下三个方面。

首先，耳杯的出现导致了铜卮的消失。上文我们已经讨论了铜卮与耳杯的关系，他们之间有某种相承关系。耳杯出现后，不仅有铜质，还有木质、漆质，而且使用时间很长，而铜卮却在这时逐渐消失。耳杯能够取代铜卮，与耳杯的形制、功用，以及铜卮形制的变化有关。耳杯体量小、腹部浅、大敞口，可作为饮酒器。铜卮在春秋中期体量逐渐变大，口部由敞口变为敛口和直口，而且有器盖者居多，饮酒器的功用逐渐降低，盛酒器的功用上升。而耳杯在形制和体量上，更适宜做饮酒器，故铜卮的饮酒器功用逐渐被耳杯分担。在盛酒器中，铜壶历史悠久、地位稳固，铜卮作为盛酒器自然受到排挤，逐渐衰落。

随着东周时期周礼的崩坏，青铜容器逐渐走下神坛，青铜器的角色随之发生了变化，逐渐由礼器转变为实用器，成为普通的日常用品。"秦国和秦朝均以法治国，在思想上不遵循周礼那一套，无疑淡化了铜器的神性和礼制的味道。"[1]青铜礼器在角色

---

[1]　杨菊华：《汉代青铜文化概说》，《中原文物》1998年第2期。

转换的过程中，传统礼器如鼎、壶、钫等已被广泛应用于生活，还有一些礼器如簋、方彝等完全消失。青铜器性质、用途的变化决定了器物的造型、装饰等方面也将发生重大变化。生活用器实用是基础，造型更加轻便、灵巧。耳杯的造型特点正好符合这一生活化的需求。铜匜的消失也是青铜器在功能转化过程中对自身形制的改进。

其次，铜匜产生于山东地区，具有地方特色，后来传入中原，成为青铜礼器组合的基本要素之一。但综观铜匜的流行区域，关中地区极为少见，说明铜匜并不为秦文化所接受。秦统一全国后，铜匜也随之退出了历史舞台。

再次，铜匜是在青铜器逐渐衰落的大背景下消失的。战国中期以后，铁器广泛应用，宣告着中国青铜时代的结束。以青铜容器为主要特征的祭祀礼仪制度也不可避免地做出相应的改变，铜器逐渐退出历史舞台，战国中期以后铜匜的消亡就是在这个大的社会环境下发生的，这是铜匜消亡的根本原因。

第七章 铜匜纹饰分析

  青铜器的纹饰有着较强的时代特征。在商与西周时期，青铜器纹饰中有许多神话、幻想中的动物，因此多具有神秘、诡异的气氛。这种风格至西周晚期后为之一变，渐渐被图案式的装饰风格所取代。到春秋中晚期后开始向自由奔放、清新的风格转变。根据青铜器纹饰的内容，大致可以分为三大类：①动物纹；②几何纹；③人物画像纹[①]。铜匜上的纹饰主要包括动物纹和几何纹两类，动物纹的种类主要有龙纹、夔龙纹、蟠虺纹、蟠螭纹、贝纹、鸟纹、垂鳞纹、重环纹、圆雕兽首等，几何纹主要有雷纹、云纹、圆点纹、垂叶纹、绚索纹、四纹花叶、弦纹、谷纹、瓦纹等，皆为春秋战国时期常见的纹饰。其中动物纹中的垂鳞纹、鸟纹，几何纹中的瓦纹、乳钉纹是山东地区独有的纹饰，而动物纹中的重环纹、贝纹和几何纹中的弦纹、谷纹仅出现在中原地区的铜匜上。铜匜纹饰中并不见人物画像类纹饰，这可能与铜匜的器形有关，铜匜器形较矮，体量相对较小，不适宜装饰人物画像类这种场面宏大的纹饰。

  我们搜集到纹饰较为清楚的铜匜136件，其中甲类平底铜匜90件、乙类有足铜匜20件、丙类圈足铜匜26件。本书对纹饰的种类及其纹饰在器身的分布位置做了分析。

一、腹部纹饰特征

  铜匜的各部位中，以腹部纹饰分布最多，共69件，占到总数的近一半。不同形制的铜匜腹部纹饰所占比重也有所不同。有纹饰的甲类铜匜共90件，其中39件腹部有纹饰，占甲类总数的43%；有纹饰的20件乙类铜匜中，只有6件腹部有纹饰，只占到乙类总数的30%，而且这6件铜匜中5件腹部纹饰是乳钉纹；而有纹饰的26件丙类铜匜中只有两件腹部没有纹饰，腹部有纹饰的丙类铜匜占总数的90%以上。形成这样的状况，与铜匜的形制有关（图7-1）。甲、乙、丙三类铜匜中，丙类铜匜的造型基本是敞口、束颈、深腹。腹部较深，相对于耳部、圈足等其他部位在整器中所占比例最大，正视面与青铜簋相似，腹壁平缓，利于铸造纹饰。乙类铜匜的造型基本是敛口、圜底，腹部相对较浅，正视面短窄，腹壁平铺面积小，因此，乙类铜匜腹部的形制相对而言，不利于纹饰布局。乙类铜匜的腹部纹饰多是乳钉纹，乳钉纹立体感强，即使小面积分布也有良好的视觉效果。

  [①] 朱凤瀚：《中国青铜器综论》，上海古籍出版社，2009年，534页。

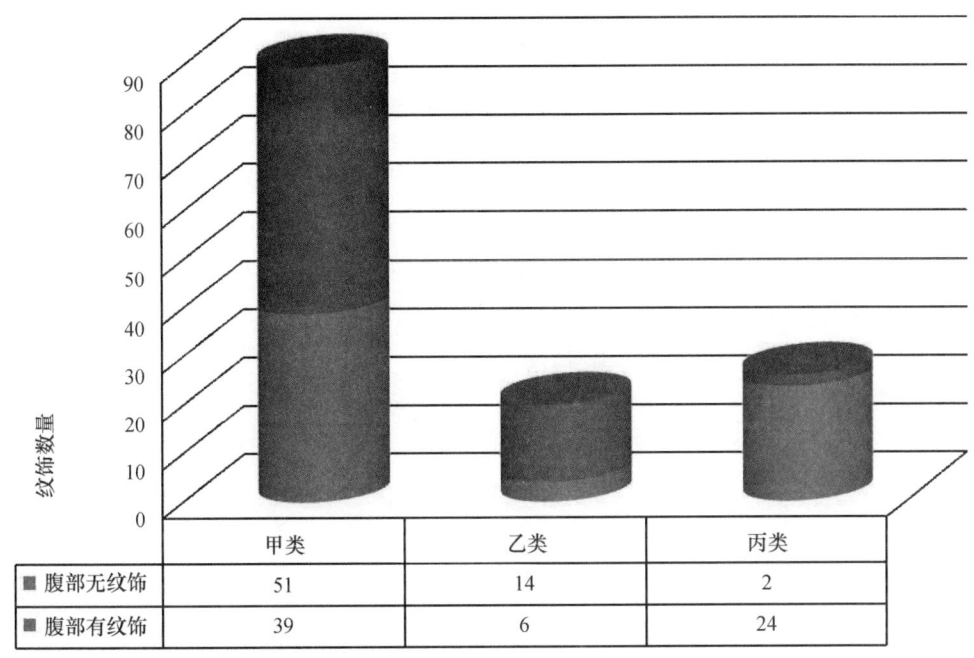

图7-1　甲、乙、丙类铜匜腹部纹饰数量对比图

腹部纹饰以几何纹稍多于动物纹。单独以几何纹作为腹部纹饰的铜匜有22件，其中丙类铜匜只有2件，其中1件则是错金几何纹。单独以动物纹作为纹饰的铜匜有20件，其中丙类铜匜有9件。单一种类的纹饰布局形式以纹饰带为主，个别器物上出现器身满花的布局形式。几何纹和动物纹这两种纹饰也经常相伴出现。其中16件铜匜的腹部以动物纹为主纹，几何纹为底纹或间隔纹样。这样的纹饰组合，动物纹以蟠螭纹、蟠虺纹为主，兼有窃曲纹、夔龙纹。几何纹种类则较多，衬底以圆点纹、云雷纹、乳钉纹等为主；纹饰带间隔则以弦纹、绚索纹等为主；作为动物纹的辅助纹饰带则以三角云纹、垂叶纹、三角蝉云纹等为主。这种组合纹饰以丙类铜匜腹部出现最多，共有11件。除此之外，也有动物纹和几何纹这两种纹饰的内部组合，形成腹部纹饰的情况，但数量相对较少。这种内部组合形成的纹饰也以几何纹在数量上占优势，我们发现的几何纹组合纹饰有7件，动物纹组合纹饰有2件。几何纹组合形式以并列纹饰带为主，如云纹、涡纹、三角蝉云纹、绚索纹等形成并列纹饰带。动物纹组合纹饰则是以不同的动物形成图案装饰，我们发现的两件铜匜都出自枣庄峄城徐楼，如M1∶11所出铜匜腹内壁近底部及底饰四龙四蛇相交纹和两蟾蜍纹，M2∶21所出铜匜腹外壁镶嵌红铜禽、兽纹各一周。综上所述，铜匜的腹部纹饰以丙类铜匜所占比例最大，纹饰组合也最为复杂。腹部纹饰的装饰手法以刻划为主，个别有错金、嵌红铜、彩绘等形式，但数量少，未见浮雕、圆雕等手法。究其原因，我们认为，这主要是限于铜匜的体量、腹部正视面积小等造成的。

二、耳部纹饰特征

铜匜纹饰分布的另一个重点部位是耳部,纹饰清晰的铜匜共有63件,占总数的近一半,仅次于腹部。不同形制的铜匜在耳部装饰上也存在不同的特点,甲类铜匜耳部有纹饰者43件,乙类铜匜耳部有纹饰者14件,丙类铜匜耳部有纹饰者7件。甲、乙两类铜匜耳部纹饰的数量都超过腹部装饰纹饰者,乙类铜匜耳部有纹饰的比例占到70%,而丙类铜匜耳部有纹饰者数量则相对较少,只有不到30%,说明甲、乙两类青铜器耳部是装饰的重点,而丙类青铜器的耳部是被忽略的装饰部位。

甲、乙、丙三类铜匜在耳部纹饰种类上也有很大差异。铜匜耳部纹饰以动物纹为主,几何纹数量少,动物纹又以圆雕兽形纹饰为主,线刻平面纹饰数量较少。圆雕兽形纹饰属于立体三维构图,几何纹和线刻动物纹则属于二维平面构图,这两种构图形式在铜匜形制和地域分布上有明显规律性(表7-1、表7-2)。甲类铜匜耳部纹饰的种类稍显复杂,以动物纹居多,几何纹仅有8件。动物纹也以三维立体的圆雕兽首纹为主,二维平面动物纹仅见3件。甲类铜匜耳部三维构图和二维构图存在地域差异。中原地区16件甲类铜匜耳部皆装饰圆雕兽首,北方地区2件甲类铜匜耳部皆装饰圆雕兽首,南方地区11件甲类铜匜9件耳部装饰圆雕兽首、2件装饰平面几何纹,山东地区12件甲类铜匜3件耳部装饰兽首、9件耳部装饰平面动物纹或几何纹。由此可见,山东地区甲类铜匜耳部以平面动物纹或几何纹为主,中原地区、南方地区、北方地区则以圆雕兽首为耳部主要纹饰。从总体数量来看,甲类铜匜耳部施以圆雕动物纹的数量要多于平面刻划纹。乙类铜匜所见14件耳部有纹饰者皆是立体三维构图。耳部都装饰圆雕兽首,更有耳部整体为动物造型者,如新郑铁岭M1405:3铜匜,耳部整体做兽形卧于腹部两侧,兽张嘴、卷鼻、凸眼、双角上扬、额头饰云雷纹,兽身成环状,环下有卷尾。丙类铜匜耳部纹饰则都是二维平面构图,而且以几何纹为主(图7-2)。

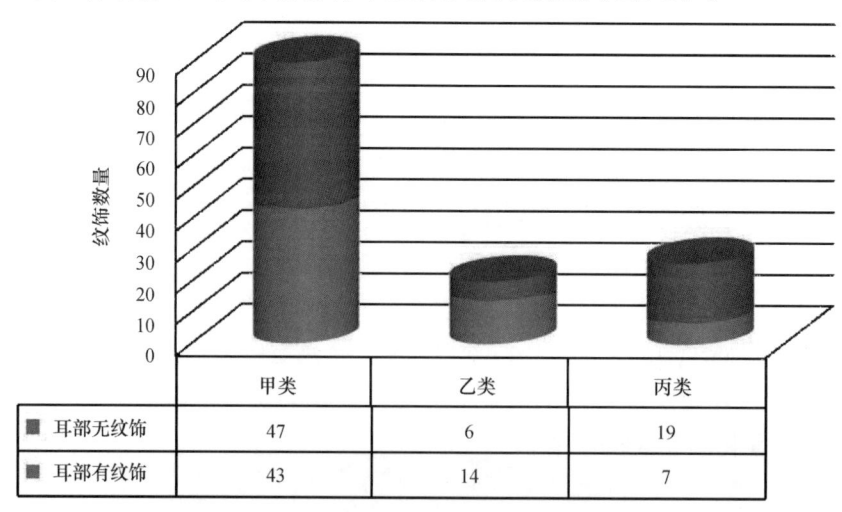

图7-2 甲、乙、丙类铜匜耳部纹饰数量对比图

三、颈部、足部、器盖纹饰特征

颈部、足部、器盖，不同类别的铜匜不一定存在这三个部位，因此，这三个部位的纹饰分布相对较少，颈部只有4件装饰纹样，都是几何纹，且皆出现在丙类铜匜上，这是因为只有丙类铜匜颈部明显，甲、乙两类铜匜颈部与腹部无法严格区分。

甲类平底铜匜不存在足部之说，乙类四足铜匜和丙类圈足铜匜因为足部形制的不同，纹饰存在较大差异。足部有纹饰的乙类铜匜有10件，皆装饰动物纹，且为兽面纹或圆雕动物纹。足部纹饰清晰的丙类铜匜也有10件，皆装饰几何纹，且以陶索纹居多。

甲类、乙类铜匜都有带盖器，丙类铜匜未见带盖器。带盖铜匜出现较晚，在春秋中期偏晚出现，流行于春秋晚期到战国早期。带盖铜匜以山东地区居多，河南地区、北方地区偶见，南方地区仅1件。有盖铜匜盖面多数附有环纽，从单环纽到五环纽，数量不等，环纽既有实用作用，便于器盖提起、倒置，又有装饰作用，更有器物在环纽上点缀纹饰。铜匜器盖上除了环纽还有捉手、蹄足等，与环纽用途一致，目前所见，只有海阳嘴子前M4：132铜匜器盖上既没有环纽，也没有捉手或蹄足等附件，但该铜匜器盖为平顶，不妨碍倒置。因此，本书将环纽、捉手、蹄足等也看作铜匜的纹饰之一。器盖除环纽、捉手、蹄足等附件，盖面多数光素无纹。也有另做装饰者，在器盖表面施以动物纹或几何纹。个别环纽作动物造型，如长清岗辛墓：7铜匜，四个鸟首形环耳附于器盖之上。器盖附有捉手的铜匜皆为乙类铜匜，器盖上的捉手则另做装饰，大多装饰复杂，以相互缠绕的龙纹或简化龙纹做镂空处理。

四、小　结

通过分析，我们发现铜匜纹饰分布有一定规律性。

第一，铜匜形制的不同造成甲、乙、丙三类铜匜装饰部位的侧重点有所不同，乙类和丙类铜匜表现得最为明显。乙类铜匜的耳部是装饰重点，多附以圆雕或浮雕的兽形纹，还有耳部整体做兽形附于腹部两侧者，如郑公大墓所见铜匜。丙类铜匜的腹部是装饰重点，带纹饰的丙类铜匜，纹饰基本集中在腹部，还有腹部通体花纹者，如太原金胜村M251：533铜匜，从口沿下到圈足上遍布花纹。乙类、丙类铜匜这样的一个纹饰分布规律与它们的形制关系密切。乙类铜匜腹部浅，腹部正视面面积小，不利于纹饰布局，所以大多乙类铜匜腹部光素无纹。耳部作为附件，体量也较小，但作为独立的单位可以设计不同的动物造型，起到装饰作用，从而提高整个器物的艺术感。因此，乙类铜匜耳部的立体纹饰所占比例最大（图7-3）。丙类铜匜腹深，腹部平缓，正

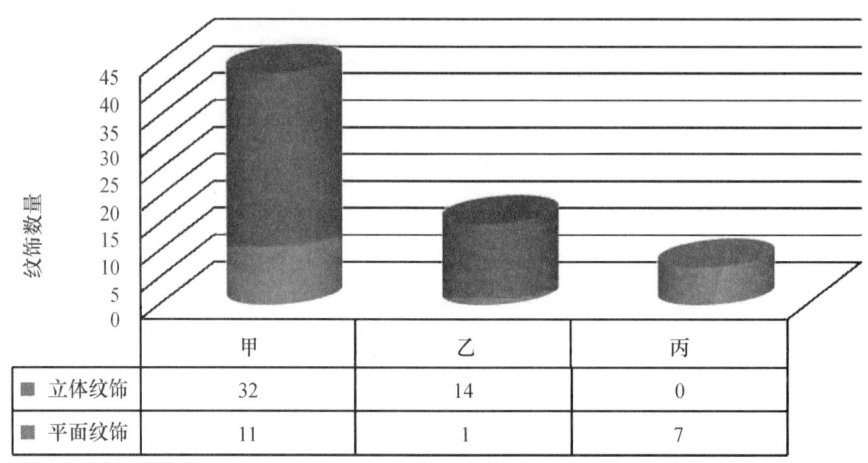

图7-3 甲、乙、丙类铜卮耳部立体纹饰、平面纹饰对比图

视面面积大，便于纹饰的布局，因此，丙类铜卮的腹部纹饰丰富，但都是平面构图的刻划纹，未见立体构图的浮雕纹饰。这是因为铜卮本身体量较其他器物小，腹部不适宜装饰繁缛的立体纹饰。

第二，铜卮装饰上存在地域差异。

山东地区铜卮的纹饰主要装饰在腹部和器盖。腹部纹饰种类又以几何纹稍多，主要是云雷纹以及少量乳钉纹。腹部的动物纹饰以蟠螭纹占多数，也有少量垂鳞纹、垂叶象鼻纹、夔龙纹、鸟纹等装饰。器盖上多饰环形纽，也有个别器盖上装饰雷纹、乳钉纹、蟠螭纹及蟠虺纹。耳部装饰圆雕兽首纹、夔龙纹、蟠虺纹、瓦纹和绹索纹等。山东地区丙类圈足铜卮数量少，只有淄川磁村M02∶3铜卮圈足装饰镂空三角形（表7-3）。

中原地区铜卮的纹饰主要装饰在腹部和耳部，而且纹饰种类以动物纹居多。腹部所饰动物纹主要是蟠螭纹和蟠虺纹，耳部装饰以圆雕兽首纹为主，仅见一例贝纹间以绹索纹装饰。乙类的足部纹饰则以浮雕兽首纹为主。丙类铜卮的圈足则以几何纹为主，而且主要是绹索纹。中原地区铜卮有盖者不多，盖上装饰小蹄足或者环纽。新郑郑韩路M6∶3铜卮盖上装饰圈形捉手，捉手饰龙纹，装饰华美（表7-4）。

南方地区铜卮纹饰主要装饰在耳部，而且以圆雕兽首纹为主。而且Bc型铜卮的耳部多见这种圆雕兽首纹，8件Bc型铜卮中有6件装饰有圆雕兽首纹。腹部装饰数量也较多，主要是几何纹中的云纹，动物纹数量较少，主要是蟠虺纹和蟠螭纹（表7-5）。

北方地区铜卮的纹饰在腹部、耳部、圈足（或足部）、器盖都有装饰，而且纹饰种类分明。如腹部只见几何纹装饰，耳部只有动物纹装饰，都是圆雕兽首纹，圈足（或足部）也只见圆雕兽首纹装饰，器盖只有几何纹装饰（表7-6）。

通过分析，我们发现，耳部和足部装饰浮雕或浅浮雕兽首造型的铜卮主要集中于中原地区和南方地区，而山东地区则以平面刻划纹饰为主（图7-4）。

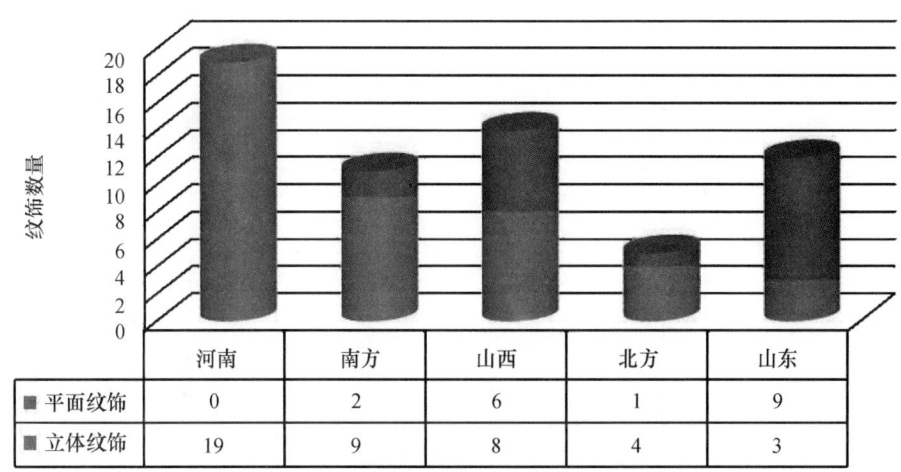

图7-4 不同地区间立体纹饰、平面纹饰分布图

第三，铜卮纹饰风格以简洁端庄为主调。铜卮腹部装饰纹饰者最多，腹部也是整个器物中最大的部分，不管装饰的动物纹还是几何纹，都属于平面构图的刻划纹。全身各部位都装饰花纹的器物也较少，腹部和耳部这两个纹饰的主要部位，一般也只装饰其一，少见两者同时分布纹饰者。尤其是耳部装饰圆雕或者浮雕兽首形的乙类铜卮，腹部都是光素无纹，耳部装饰兽首形纹饰的甲类铜卮，腹部大多也是光素无纹，偶见腹部装饰者。总体来说，铜卮纹饰简洁，只有乙类铜卮的装饰风格稍显繁复，但装饰部位集中，凸显这类器物简单沉稳的特质。

表 7-1 耳部立体纹饰不同地区数量统计表

部位 地区	名称	颈部	腹部	耳部	足部	器盖	型式	数量
中原地区	闻喜上郭村89WSM3：1厄		s	p			甲	
	闻喜上郭村89WSM4：3厄			p			甲	
	长治分水岭M269：62厄			p			甲	
	宋村采集厄			p			甲	
	临猗程村M0003：16厄			p			甲	
	闻喜上郭村89WSM5：10厄			p			甲	
	临猗程村M1064：7厄			p			甲	
	长治分水岭M270：17厄			p			甲	
	洛阳西工区C1M4：4厄			p			甲	28
	郑公大墓平底厄			p			甲	
	洛阳解放路98LM535：4厄		s	p			甲	
	蔚氏河东周村厄			p			甲	
	新郑兴弘花园M121：3厄			p			甲	
	新郑兴弘花园M42：2厄			p			甲	
	洛阳纱厂JM32：1厄			p			甲	
	荥阳官庄M6：2厄			p			甲	
	陕县后川M2056：7厄			p			甲	
	新郑郑韩路M6：3厄			p	p	p	乙	
	郑州铁岭M1405：3厄			p	s	p	乙	
	新郑蔡庄M37：3厄			p		p	乙	

第七章 铜匜纹饰分析

续表

部位 名称		颈部	腹部	耳部	足部	器盖	型式	数量
中原地区	新郑郑禹公路M2：5匜			p	s		乙	28
	新郑铁岭M1404：16匜			p	s		乙	
	新郑郑禹公路M13：5匜			p	s		乙	
	新郑郑禹公路M1：3匜			p			乙	
	新郑李家村M1：4匜			p			乙	
	洛阳西工区C1M124：4匜			p			乙	
	洛阳体育场路M8830：6匜			p			乙	
	郑公大墓四足匜			p	p	p	乙	
南方地区	淅川M2：54匜		s	p		s	甲	10
	当阳曹家岗K：6匜		s	p			甲	
	宜昌藏匜		s	p			甲	
	襄阳山湾			p			甲	
	襄阳山湾采：29匜			p			甲	
	襄阳山湾采：11匜		s	p			甲	
	襄阳山湾采：12匜			p			甲	
	潢川稻场匜			p			甲	
	云梦M9：25匜			p			甲	
	潢川M1（朴正）			p			甲	

续表

部位 名称	颈部	腹部	耳部	足部	器盖	型式	数量
北方地区							
灵寿西岔头墓：13厄			p			甲	4
军都山YYM2：10厄			p	p		乙	
军都山YYM2：11厄			p	p		乙	
行唐莫1400厄		s	p			甲	
山东地区							
滕州薛故城M2：79厄		s	p			甲	3
滕州薛故城M1：1厄		s	p			甲	
峄城徐楼M1：11厄		s	p			甲	

注：p代表立体纹饰，s代表平面纹饰

表7-2 耳部平面纹饰不同地区数量统计表

部位 名称、纹饰类型	颈部	腹部	耳部	足部	器盖	型式	数量
山东地区							
莒南大店M1：19厄		s	s			甲	9
新泰郭家泉M9厄			s			甲	
滕州庄里西90STZM8：4厄			s			甲	
新泰周家庄M2：62厄			s			甲	
泰安黄花岭厄			s			甲	
泰安大汶口厄			s			甲	
长清县岗辛墓：7厄			s			甲	
青岛安乐大队厄			s		s	甲	

续表

部位 名称、纹饰类型		颈部	腹部	耳部	足部	器盖	型式	数量
中原地区	洛阳西工区小屯村 C1M3490：12卮		s				乙	7
	原平刘庄M3：4卮	s	s	s	s		丙	
	长治分水岭M12卮	s	s	s	s		丙	
	新绛柳泉村M302：17卮		s	s			丙	
	太原金胜村M251卮		s	s	s		丙	
	屯留武家沟卮		s	s	s		丙	
	下平望1975卮			s			甲	
南方地区	当阳金家山M247：2卮			s			甲	2
	当阳金家山M249：5卮		s				丙	1
北方地区	邯郸百家村M57：26卮		s				丙	

注：p代表立体纹饰，s代表平面纹饰。因立体纹饰只出现在足部和耳部，故其他部位不做标示。

表7-3 山东地区纹饰分析表

名称	纹饰										型式
	肩部		腹部		耳部		圈足		盖		
	动物纹	几何纹	动物纹	几何纹	动物纹	几何纹	动物纹	几何纹	动物纹	几何纹	
1982东河北单耳卮	动物纹										甲AaⅠ
临朐泉头M甲卮			垂叶象鼻纹	竖针脚纹							甲AaⅠ
蓬莱柳格庄M4：55卮				涡纹、三角纹							甲AaⅡ
莒县西大庄M1：14卮				竖针脚纹							甲AaⅠ

续表

名称	肩部		腹部		耳部		圈足		盖		型式
	动物纹	几何纹	动物纹	几何纹	动物纹	几何纹	动物纹	几何纹	动物纹	几何纹	
栖霞吕家埠M2匜				坚针脚纹							甲AaⅠ
沂水埠子村M5：7匜				三角卷云纹							甲AbⅡ
齐国古城M1：9匜			夔龙纹			绹索纹					甲AbⅠ
潍坊岳M1：2匜			蟠螭纹								甲BbⅡ
曲阜鲁故城M202：4匜		雷纹	垂鳞纹	雷纹							甲BbⅡ
曲阜鲁故城M203：8匜				三角云纹							甲AbⅡ
曲阜鲁故城M305：1匜				三角卷云纹							甲BbⅠ
滕州薛故城M1：1匜			鸟纹		兽形						甲BaⅠ
沂水刘家店子M1：99匜			蟠螭纹（口沿下）						蟠螭纹		甲AaⅢ
沂水纪王崮M1：45匜			蟠螭纹		兽形				蟠螭纹		甲BcⅠ
峄城徐楼M1：11匜			四龙四蛇相交纹，蟾蜍纹（腹内底）								甲BcⅠ
莒南大店M1：19匜			龙纹	交错三角雷纹		方形几何纹				交错三角雷纹	甲BcⅡ
莒南大店M2：13匜			蟠虺纹	三角雷纹						三角雷纹	甲BbⅢ
潍坊岳M1：3匜			蟠虺纹							环纽	甲BbⅤ
潍坊达M1：1匜			兽纹								甲BbⅡ
峄城徐楼M2：21匜				嵌红铜菱形纹							甲BbⅢ
滕州薛故城M2：79匜					兽首					四环纽	甲BbⅢ

第七章 铜匜纹饰分析

续表

名称	肩部		腹部		耳部		圈足		盖		型式
	动物纹	几何纹	动物纹	几何纹	动物纹	几何纹	动物纹	几何纹	动物纹	几何纹	
阳谷景阳冈匜				乳钉纹（通体）							乙AaⅠ
邹平大省M1匜										环形鼻和四环纽	甲BbⅢ
新泰郭家泉M9匜					夔龙纹						甲BcⅡ
海阳嘴子前M4：132匜			三角螭纹								甲BaⅢ
长清仙人台M5：75匜			蟠螭纹	乳钉纹					螭纹	乳钉纹、四环纽	乙A
淄川磁村M02：3匜								三角形镂空			丙
沂水峪穜塞匜				乳钉纹						乳钉纹、四小蹄足	乙AaⅠ
淄川磁村M01：3匜										五个环形纽	甲BbⅣ
海阳嘴子前M1匜										四环纽	甲BaⅣ
邹平大省村M7匜										环形鼻、四环纽	甲BbⅣ
邹平大省M3匜							绹索纹			四环纽	乙AaⅠ
青岛安乐大队匜					蟠螭纹					四环纽	甲BcⅣ
新泰周家庄M2：62匜											

续表

名称	纹饰									型式
	肩部		腹部		耳部		圈足		盖	
	动物纹	几何纹	动物纹	几何纹	动物纹	几何纹	动物纹	几何纹	动物纹	几何纹	
临淄区东夏庄LDM5:105匜										几何纹	甲Bd
临淄区相家庄LXM6X:5匜										三环纽	甲Bd
曲阜鲁故城M116:1匜										四环纽	甲BcIV
济南左家洼M1:10匜										四环纽	甲BbV
长岛王沟M1:4匜										四环纽	甲BcIV
滕州庄里西90STZM8:4匜					蟠螭纹					单环纽	甲BcIII
烟台金沟寨M1:7匜										三环纽	甲Bd
泰安黄花岭匜						绹索纹					甲BcIV
泰安大汶口匜						绹索纹					甲BcIV
长岛王沟M10:28匜										三环纽	甲Bd
章丘女郎山M1:37匜										一环纽	甲Bd
长清岗辛墓:7匜						瓦纹			鸟首环纽	环纽	甲Bd
临淄区相家庄LXM3P3:8匜										三环纽	甲Bd
临淄赵家徐姚M1:2匜										四环纽	甲BcV
统计 分计	1	1	14	14	6	6		1	5	25	
总计			28		12		1		30		

表7-4 中原地区纹饰分析表

名称	颈部		肩部			腹部		耳部			圈足		盖		型式
	动物纹	几何纹	动物纹	几何纹	动物纹	几何纹	动物纹	几何纹	动物纹	几何纹	动物纹	几何纹			
中州路M2415：5厄						云雷纹									甲BaⅡ
新郑兴弘花园M121：3厄							兽形								甲BbⅡ
新郑兴弘花园M42：2厄							兽形								甲BbⅡ
闻喜上郭村89WSM3：1厄					窃曲纹	卷云纹	兽首								甲BbⅠ
闻喜上郭村76M4：2厄						云雷纹							四环纽		甲BcⅠ
洛阳西工区C1M6112：7厄							兽首								甲BbⅡ
洛阳纱厂JM32：1厄							兽形								甲BbⅡ
荥阳官庄M6：2厄			蟠螭纹												
荥阳官庄M24：2厄							兽首								甲BaⅠ
洛阳西工区C1M124：4厄							兽首								乙B
洛阳体育场路M8830：6厄				云雷纹			蟠螭纹								乙B
洛阳西工区小屯村C1M3490：12厄			蟠螭纹			弦纹									乙B
洛阳西工区C1M4：4厄							兽形								甲CⅠ
洛阳西工区M8832：26厄															甲Ab

续表

名称	颈部		肩部		腹部		耳部		圈足		盖		型式
	动物纹	几何纹	动物纹	几何纹	动物纹	几何纹	动物纹	几何纹	动物纹	几何纹	动物纹	几何纹	
新郑郑韩路M6:3匜							兽形		兽首（足）		龙纹（捉手）		乙AⅠ
临猗程村M1118:3匜										绹索纹			丙AaⅡ
陕县后川M2056:7匜												一环纽	甲BbⅢ
闻喜上郭村89WSM4:3匜							兽形						甲BbⅡ
闻喜上郭村89WSM5:10匜							兽首						甲BcⅠ
侯马上马村M1015:12匜					蟠螭纹		兽形						甲BbⅡ
长治分水岭M270:17匜							兽形						甲BcⅡ
长治分水岭M269:62匜							兽形						甲BbⅡ
宋村采集匜							兽形						甲BbⅡ
临猗程村M1002:5匜					蟠螭纹								丙AaⅡ
临猗程M0003:16匜					蟠螭纹		兽形						甲BbⅡ
万荣庙前村62M1:14匜						圆点纹、垂叶纹	兽形						丙AaⅠ
侯马上马M1006:3匜					蟠螭纹								甲BbⅡ
侯马上马M1026:7匜					蟠螭纹					绹索纹			丙AaⅠ
侯马上马M4006:7匜					蟠螭纹					绹索纹			丙AaⅡ

续表

名称	颈部		肩部		腹部		耳部		圈足		盖		型式
	动物纹	几何纹	动物纹	几何纹	动物纹	几何纹	动物纹	几何纹	动物纹	几何纹	动物纹	几何纹	
侯马上马M15:15匜					蟠螭纹								丙AaⅠ
临猗程村M1064:7匜							兽首						甲CⅡ
临猗程村M4006:7匜					蟠螭纹								丙AaⅡ
新郑李家村M1:4匜							兽形						乙A
新郑蔡庄M37:3匜							兽首						乙AⅡ
蔚氏河东周村匜							牛首						甲BbⅡ
袁成叔匜												凹蹄足	乙AⅠ
郑州铁岭M1405:3匜							兽形		兽面纹		8条蟠龙纹（捉手）		乙AⅠ
侯马上马4090:22匜					蟠螭纹								丙AaⅡ
洛阳解放路98LM1535:4匜					蟠螭纹		牛首						甲BbⅡ
原平刘庄M1:2匜					蟠螭纹			重环纹、绚索纹		绚索纹			丙AaⅡ
原平刘庄M3:4匜			蟠螭纹				兽形		兽面纹				丙AaⅡ
新郑铁岭M1404:16匜													乙AⅡ

续表

名称	颈部		肩部		腹部		耳部		圈足		盖		型式
	动物纹	几何纹	动物纹	几何纹	动物纹	几何纹	动物纹	几何纹	动物纹	几何纹	动物纹	几何纹	
新郑郑禹公路 M2:5匜		几何纹					兽首		兽面纹				ZAⅡ
新郑郑禹公路 M13:5匜							兽形		兽面纹				ZAⅡ
新郑郑禹公路 M1:3匜							兽形		兽面纹				ZAⅡ
郑公大塞四足匜							兽形		兽形		镂空捉手		ZAⅠ
郑公大塞平底匜							兽形						甲BbⅡ
长治分水岭 M126匜	错金斜角花纹				蟠螭纹					斜角花纹			丙AaⅢ
西柳泉采集匜					蟠螭纹	垂叶纹							丙AaⅠ
东柳泉采集匜					蟠螭纹、圆点纹								丙AaⅠ
新绛柳泉 M302:17匜	三角形纹、圆点纹				蟠螭纹	圆点纹		叶纹、雷纹					丙Ac

续表

名称	颈部		肩部		腹部		耳部		圈足		盖		型式
	动物纹	几何纹	动物纹	几何纹	动物纹	几何纹	动物纹	几何纹	动物纹	几何纹	动物纹	几何纹	
屯留武家沟卮	衡叶纹					绹素纹、四纹花叶、圆点纹							丙 AbⅡ
临猗程村1056:8卮					蟠螭纹	麻点纹	贝纹	绹素纹					丙 AbⅠ
太原金胜村M251:563卮		衡叶纹			蟠螭纹	凸弦纹	贝纹	回纹、云纹		绹素纹、卷云纹、三角纹			丙 AaⅡ
太原金胜村M251:533卮					蟠螭纹	凸弦云纹、三角云纹、垂叶纹	贝纹			绹素纹			丙 AaⅡ
邯郸百家村M57:26卮						谷纹		回纹					丙 AaⅡ
下平望1975卮		绹素纹			纹饰不清	纹饰不清		斜角云纹		斜角云纹			丙 AaⅡ
侯马东高采集卮						凸弦纹							丙 AaⅡ

续表

名称	纹饰部位												型式
	颈部		肩部		腹部		耳部		圈足		盖		
	动物纹	几何纹	动物纹	几何纹	动物纹	几何纹	动物纹	几何纹	动物纹	几何纹	动物纹	几何纹	
陕县后川M2048：9匜		5			蟠螭纹								丙 AaⅡ
长子M2：6匜			3	1		云纹、圆点点纹作底							丙 AaⅡ
统计	分计	5		3	1	21	15	32	6	7	8	3	3	
	总计	5		4		36		38		15		6		

表7-5 南方地区铜匜纹饰统计

名称	纹饰部位										型式
	肩部		腹部		耳部		圈足		器盖		
	动物纹	几何纹	动物纹	几何纹	动物纹	几何纹	动物纹	几何纹	动物纹	几何纹	
信阳平桥单环耳匜			蟠螭纹								甲AbⅡ
当阳金家山M247：2匜			蟠螭纹			绹索纹					甲BcⅠ
当阳金家山M248：3匜		云纹（口沿下）									甲BbⅡ
当阳金家山M249：5匜					龙形	几何纹					甲BbⅠ
襄阳山湾12匜				三角卷云纹	龙形						甲BcⅠ
襄阳山湾采29匜			蟠螭纹		龙形						甲BcⅠ

续表

名称	肩部		腹部		耳部		圈足		器盖		型式
	动物纹	几何纹	动物纹	几何纹	动物纹	几何纹	动物纹	几何纹	动物纹	几何纹	
襄阳山湾采:11卮					龙形						甲BcⅠ
淅川M2:54卮			嵌红铜夔龙	亚腰纹、云纹	兽首					绹索纹立环纽、云纹	甲BcⅡ
当阳曹家岗K:6卮				云带纹、三角云纹	兽首						甲BbⅡ
宜昌藏卮				云雷纹、三角蝉云纹	兽首						甲BbⅡ
淅川稻场卮					兽形						甲BcⅠ
云梦M9:25卮					兽首						甲BcⅡ
淅川M1(补正)					兽形						甲BcⅡ
六合程桥M3:7卮				变体云纹							Bb型Ⅱ式
统计 分计		1	4	5	10	2			1	1	
统计 合计	1		9		12				2		

表7-6 北方地区纹饰统计表

名称	肩部		腹部		耳部		圈足		器盖		型式
	动物纹	几何纹	动物纹	几何纹	动物纹	几何纹	动物纹	几何纹	动物纹	几何纹	
行唐葛1400卮		卷云纹		三角云纹	兽形						甲BbⅡ
乳钉纹四足卮				乳钉纹							ZAⅠ

续表

名称	纹饰部位										型式
	肩部		腹部		耳部		圈足		器盖		
	动物纹	几何纹	动物纹	几何纹	动物纹	几何纹	动物纹	几何纹	动物纹	几何纹	
怀来甘子堡M1:7卮										一环纽	甲Bd
怀来甘子堡M2:5卮										三环纽	甲BbIV
灵寿西岔头墓:13卮					兽首						丙C
军都山YYM2:10卮					兽形		兽首(足)				乙B
军都山YYM2:11卮					兽形		兽首(足)				乙B
军都山YYM2:9卮				饰菱形乳钉纹、回纹			兽首(足)			菱形乳钉纹、回纹	甲BbIII
延庆龙庆峡卮M30:1卮											乙AI
北京拣选卮				乳钉纹							
统计 分计		1		4	4		3			4	
统计 合计	1		4		4		3		4		

第八章 结　　语

本书搜集带有自名的铜㔽，从铭文、形制两方面对其进行考察，根据青铜器定名"名从主人"的原则，本书将这一器类定名为"㔽"。

铜㔽出现在春秋早期偏早，这一时期是青铜器发展过程中的一个低谷期。这一时期能够出现这样一种新的器形，是因为铜㔽具有独特的气质。铜㔽不像其他青铜器，起源于陶器或者派生自其他青铜器类。它的出现是因为汲取了皮制品的灵感，而且铜㔽不是出现在中原地区，而是产生于海岱地区的东夷文化区。两周之际正是民族融合的大繁荣时期，北方少数民族南下，西周被犬戎所灭，中原文化的向心力受到削弱，周边的少数民族文化有所发展。铜㔽就是在这个大的社会环境下出现的，它是东夷人在青铜容器的基础上吸收皮制品缝合的特点而形成的。

铜㔽出现之后，随着战争、通婚以及贸易往来等文化传播途径，传播到北方、南方、中原等地。铜㔽的使用范围最北到达北京延庆军都山一带，最西到达甘肃张掖，最南在湖南湘潭也发现铜㔽的踪迹。

在形制上，铜㔽主要分为三类：平底、附足、圈足。山东地区以平底㔽为主，且平底㔽最早出现在山东地区。中原地区在平底㔽的基础上衍生出附足和圈足㔽两种，三类铜㔽在数量上平分秋色。其中圈足㔽在山西地区发现最多，占到所有圈足㔽的90%以上，而附足铜㔽以河南新郑、洛阳两地居多。文化的交流总是双向的，乙类、丙类铜㔽出现后，又传入山东地区，所以山东地区也有少量乙类、丙类铜㔽出土。南方地区只发现平底㔽，而且以甲类Bc型铜㔽为主。北方地区铜㔽数量虽少，但型式多样，平底、附足、圈足三类铜㔽都有发现。

铜㔽的发展在春秋中期晚段达到高峰，这一时期的主要特点是体量大、数量多、型式丰富。这一时期，铜㔽不仅在中小型墓葬中出现，而且在大墓中也有发现。在墓葬组合中，与鼎、敦相伴成为铜容器的基本组合。铜㔽能够迅速从山东地区发展起来，进而传入中原，并成为墓葬组合中的核心器物，与它的形制和功能有密切关系。西周中期开始，小型饮酒器，如觚、爵、觯、斝等逐渐消亡，酒器中只有壶、罍沿用时间长，但壶、罍等酒器，形体大，更适合做盛酒器，不适宜做饮酒器，这就需要一种小型饮酒器与之相配。铜㔽出现之初体量较小、侈口束颈、腹部饰环耳，在形制上正合适与壶、罍等大型盛酒器相配，因此铜㔽能够迅速兴盛[①]。而且，有相当数量的铜

---

① 关于这一点，曹斌的硕士学位论文《商周青铜觯研究》（2007年陕西师范大学）有所提及。

卮在纹饰上较为精美，如长治分水岭M12、M126所出铜卮皆以错金纹饰作为装饰，这也说明铜卮在礼制中受到重视。

从出土铜卮的墓葬组合判断，铜卮充当了酒器的角色。铜卮初现期，体量较小，多为敞口，应为饮酒器。到春秋中后期，铜卮体量变大，形制多为敛口，而且一定数量的铜卮出现器盖，所以，春秋中期偏晚之后，铜卮可能兼有盛酒器的功能。

铜卮与耳杯有着微妙的关系。耳杯在形制上与陶卮的晚期形态以及Bc型Ⅰ式、Ⅱ式铜卮的形态接近。耳杯初现在铜卮开始衰落的战国早期，大盛于战国秦汉，在时间上与铜卮有相承的关系。耳杯体量小，耳部宽扁，从形制上看，更便于饮酒。铜卮的功能逐渐由饮酒器变为盛酒器后，急需另一种器形替代其先前的功能，耳杯的出现正好弥补了这一功能上的空当。而且青铜质地的耳杯发现甚少，主要是漆器和陶器制品，说明耳杯更多的是扮演一种实用器的角色。随着东周时期周礼的崩坏，青铜容器逐渐走下神坛，青铜器的角色随之发生了变化，逐渐由礼器转变为日常用器。因此，铜卮的消失、耳杯的兴盛也是礼制变化的一种必然结果。

本书总体而言属于基础性的研究工作，由于自身学识的限制，很多问题的探讨可能有失偏颇，敬请方家指正。

附 表

附表一 山东地区铜匜分期表

分期 \ 型式	甲类						乙类	丙类
	A		B					
	Aa鼓腹，束颈侈口	Ab短边附两凸纽	Ba鼓腹，侈口束颈卷沿	Bb鼓腹，侈口束颈卷沿，短边有两系	Bc敛口，斜收腹	Bd直口，口平面呈圆角长方形		
一期（春秋早期）早	Ⅰ式 莒县西大庄M1:14	Ⅰ式 临淄齐古城M1:9						
晚			Ⅰ式 栖霞吕家埠M1素面匜					

续表

型式 / 分期	甲类						乙类	丙类
	A		B					
	Aa 鼓腹，束颈侈口	Ab 短边附两凸纽	Ba 鼓腹，侈口束颈卷沿	Bb 鼓腹，侈口束颈卷沿，短边有两系	Bc 敛口，斜收腹	Bd 直口，口平面呈圆角长方形		
二期（春秋中期） 早	Ⅱ式 蓬莱柳格庄M4：55			Ⅰ式 曲阜鲁故城M305				
二期（春秋中期） 晚	Ⅲ式 沂水刘家店子M1：99	Ⅱ式 曲阜鲁故城M203	Ⅱ式 栖霞霞吕家埠M1	Ⅱ式 凤凰岭殉4：4	Ⅰ式 临沂凤凰岭器物坑：35			

续表

型式 分期	甲类						乙类	丙类
	A		B					
	Aa鼓腹,束颈侈口	Ab短边附两凸纽	Ba鼓腹,侈口束颈卷沿	Bb鼓腹,侈口束颈卷沿,短边有两系	Bc敛口,斜收腹	Bd直口,口平面呈圆角长方形		
三期（春秋晚期）早								
三期（春秋晚期）晚			III式海阳嘴子前 M4:132	III式滕州薛故城M2:79	II式淄川磁村M1:4		长清仙人台 M5:75	
四期（战国）早				IV式邹平大省M7 / V式济南左家洼M1:10	III式滕州薛故城M6:2 / IV式泰安黄花岭	1966临淄		淄川磁村M02:3

续表

型式 分期	甲类				乙类	丙类
	A		B			
	Aa鼓腹，束颈侈口	Ab短边附两凸纽	Ba鼓腹，侈口束颈卷沿	Bb鼓腹，侈口束颈卷沿，短边有两系	Bc敛口，斜收腹	Bd直口，口平面呈圆角长方形
四期（战国）晚					V式临淄赵家徐姚M1:2	

附表二 中原地区铜匜分期表

分期	型式	甲类					乙类			丙类			
		Ab型	Ba型	Bb型	Bc型	C型	A型	B型		A型			B型
									Aa型	Ab型	Ac型		
一期（春秋中期）	前段	Ⅰ式洛阳体育场路西M8832:26	Ⅱ式中州路M2415:5	Ⅰ式闻喜上郭村76M4:2									
	后段			Ⅱ式新郑弘兴花园M42:2	Ⅰ式闻喜上郭村89WSM5:10 Ⅱ式长冶分水岭M270:17	Ⅰ式洛阳西工区C1M4:4	Ⅰ式新郑郑韩路M6:3	Ⅰ式洛阳西工区C1M124:5	Ⅰ式临猗程村M1001:126			

续表

分期 \ 型式	甲类						乙类		丙类				
	Ab型	Ba型	Bb型	Bc型	C型		A型	B型	A型			B型
									Aa型	Ab型	Ac型	
二期（春秋晚期）前段												
二期（春秋晚期）后段			III式陕县后川 M2056：7		II式辉县琉璃阁甲墓					中州路 M2729：23		
三期（战国）前段				III式运城南相 M1：6			II式新郑郑禹公路 M2：5		II式太原晋国赵卿墓 M251：563		新绛柳泉 M302：17	洛阳凯旋路路南 97LM470：12
三期（战国）后段				IV式长子M1：6；V式洛阳解放路陪葬坑 C1M395：142					III式长治分水岭 M25：41			

·147·

附表三 南方地区铜匜分期表

分期\型式	甲类		
	A 单环耳	B 双耳	
	Ab型	Bb型	Bc型
一期		Ⅰ式罗山高店	Ⅰ式当阳金家山M247:2
二期	Ⅱ式信阳M3	Ⅱ式曹家岗M5K:6	Ⅱ式淅川下寺M2:54 Ⅳ式苏州城北墓

附表四 北方地区铜卮分期表

分期 \ 型式	甲类				乙类		丙类
	A 单环耳	B 双耳			A	B	
	Ab型	Bb型		Bd型			
一期	II式玉皇庙 M18:4	I式怀来甘子堡M16:3	II式延庆龙庆峡M30:2	III式军都山玉皇庙M2:9	延庆龙庆峡M30:1	军都山玉皇庙M2:10	
二期					怀来甘子堡 M1:7		D型灵寿西岔头13号

附表五 出土铜卮统计表

名称	通高/厘米	口径/厘米	腹径/厘米	底径/厘米	纹饰	铭文	型式	期别	时代	出土时间地点	墓室面积/平方米	棺椁	共存青铜容器	资料来源	备注
绳纹单耳卮	6.4	8.8×7.9		6.7×6.2	腹部饰绳索纹		甲 AaⅠ	一期前段	春秋早期前段	1996年莒县店子集镇西大庄	4.6×3（墓口）	一椁	鼎3、簋4、鬲1、甗1、壶1、匜1、盘1	《考古》1999.7	墓室口大底小，东西残
单耳卮	9	10.5×8.3		7.4×6.4	素面无纹		甲 AaⅠ	一期前段	春秋早期前段	1982年淄川南阳村	2.4×1	一椁	鼎1、匜1	《考古》1986.4	原报告称鉴
素面单耳卮	9		10×9		素面无纹		甲 AaⅠ	一期前段	春秋早期前段	1977年临朐泉头村	4×3（墓底）		鼎2、鬲5、匜1、盘1、匜1	《文物》1983.12	墓室破坏，匜放于盘内
垂叶象鼻纹单耳卮	8	13.5×10		6×4	腹部饰垂叶象鼻纹		甲 AaⅠ	一期前段	春秋早期前段	1982年沂水黄山铺区东河北村	2.3×1.8（墓底）		鼎1、鬲1、匜1	《考古》1986.8	墓口被破坏
卷云纹单耳卮	7.5	10×8		8×6	腹部饰三角卷云纹		甲 AbⅡ	一期前段	春秋早期前段	1990年沂水黄山铺乡东河北村	2.2×1.2		匜1	《考古》1995.4	墓口被破坏

续表

名称	通高/厘米	口径/厘米	腹径/厘米	底径/厘米	纹饰	铭文	型式	期别	时代	出土时间地点	墓室面积/平方米	棺椁	共存青铜容器	资料来源	备注
绳纹单耳厄（M2）	7.5	9.5	12		腹部饰一道竖绳纹		甲 AaⅠ	一期后段	春秋早期后段	1982年栖霞吕家埠	4.6×2.6	一棺一椁	鼎1、厄1	《考古》1988.9	墓室被破坏；厄内存有谷物朽壳；报告称整
单耳厄（留：1）	11	18			素面无纹		甲 AaⅡ	一期后段	春秋早期后段	潍坊留村遗址				《考古》1993.9	系调查出土。出自墓葬
夔龙纹单耳厄	8.5	10.2×8	12.5×10.5		腹部饰夔龙纹		甲 AbⅡ	一期后段	春秋早期后段	1984年齐国故城古城村	2.48×1.58		鼎3、壶1、匜1、簋2、厄1、盘1	《考古》1988.1	墓口被破坏
素面厄（M1）	7	8×14	12×16		素面无纹		甲 BaⅠ	一期后段	春秋早期后段	1982年栖霞吕家埠	4.8×3.2（墓口）	一棺一椁	鼎1、厄1、盘1	《考古》1988.9	墓室被破坏
素面厄（YYM18）					素面无纹		甲 AbⅡ	一期	春秋中期	1985~1991北京延庆县军都山	3.6×1.6-3.23（口）3.2×1.2-1.95（底）		罍1、敦1、厄1、鍑1	《军都山墓地：玉皇庙》	厄放于铜敦内
信阳平桥单环耳厄	8	12×10	14×11.5		腹部饰"S"形勾连纹		甲 AbⅡ	一期	春秋中期	1981年信阳平桥西	3.8×3	一棺一椁	鼎1、壶1、厄1	《中原文物》1981.4	随葬器物放于边箱内

续表

名称	通高/厘米	口径/厘米	腹径/厘米	底径/厘米	纹饰	铭文	型式	期别	时代	出土时间地点	墓室面积/平方米	棺椁	共存青铜容器	资料来源	备注
素面匜（YYM35:2）	7.4	14.4×11	16×12.7		素面无纹		甲BbⅠ	一期	春秋中期	1985~1991北京延庆县军都山	2.6×0.8（残）	不清	匜1	《军都山墓地：玉皇庙》	墓室遭到破坏。器壁较薄。口沿粘有麻布痕
云纹匜（鲎1400）	6	11×8.3			耳饰兽首，肩部饰一周卷云纹带，卷云纹带下饰12个三角云纹		甲BbⅠ	一期	春秋中期	1966年唐县钓鱼台村	3.5×1.3	不清	鼎1、叠1、敦1、器盖1、匜1、鍑1、勺1	《中原文物》2007.6	非系科学发掘，现藏河北省文物研究所
隔素纹匜	12.5	10.5×15	14.5×20		口沿、腹部、耳部下饰绹素纹；耳饰兽面		甲BbⅠ	一期	春秋中期	1979年罗山高店			鼎2、壶1、盆1、盘1、匜1	《中原文物》1981.4	墓室被破坏；器内有一块隔板，隔板偏于一边，隔板上有6个分布均匀的小圆孔

续表

名称	通高/厘米	口径/厘米	腹径/厘米	底径/厘米	纹饰	铭文	型式	期别	时代	出土时间地点	墓室面积/平方米	棺椁	共存青铜容器	资料来源	备注
兽耳厄（襄阳山湾）	7	14.6×14	5.7（腹深）		耳饰兽面		甲 BbⅠ	一期	春秋中期	襄阳山湾				《江汉考古》1988.3	器壁薄。非科学发掘，现藏襄樊市博物馆
素面厄（YYM250：3）	6.8	15×11.4	16.6×13		素面无纹		甲 BbⅡ	一期	春秋中期	1985～1991北京延庆县军都山	3.55×1.15～3.3（口）2.6×1.1～1.35		罍1、厄1、鍪1	《军都山墓地：玉皇庙》	厄放于铜鍪内
素面厄（当阳CM3：1）	6.8	15.6×12.6			素面无纹		甲 BbⅡ	一期	春秋中期	1975～1979年当阳曹家岗	5.5×4（口）3.74×2.16（底）	一棺一椁	厄1	《当阳赵家湖楚墓》，文物出版社，1992	盗。发掘单位：湖北省宜昌地区博物馆
蟠螭纹厄（当阳金家山M248：3）	6.6	14.5×10.2			腹饰蟠螭纹		甲 BbⅡ	一期	春秋中期	1984年当阳金家山	2.9×1.3（口）2.52×1（底）	一棺	鼎1、敦1、厄1	《文物》1989.12	有头盖
云纹厄	5.5		14×11.5		口沿下饰云纹		甲 BbⅡ	一期	春秋中期	1975年湘潭古塘桥	3.2×0.8	不明	鼎5、厄1	《考古》1978.5	有盖盒，壁薄，口沿残

续表

名称	通高/厘米	口径/厘米	腹径/厘米	底径/厘米	纹饰	铭文	型式	期别	时代	出土时间地点	墓室面积/平方米	棺椁	共存青铜容器	资料来源	备注
平顶匜（YYM2：9）	9.4	12.3×15.6	17.2（长）18.2（连耳宽）		盖顶有一环纽		甲BbⅢ	一期	春秋中期	1985~1991北京延庆县军都山			鼎1，敦1，钵1，匕1，罍1，匜3（三足2，平底1），盘1，斗1，匜1	《军都山墓地：玉皇庙》	器壁较薄
有盖匜（M8836：41）	9	17×14.5		10×8	平盖，盖顶一环纽		甲BbⅢ		春秋中期	2005年洛阳体育场路西	4.1×2.9（口）3.5×2.3（底）		鼎7，甗1，簠2，扁壶1，罍3，匜1，盘1，匜1	《洛阳体育场路西东周墓发掘报告》，文物出版社，2011	
素面匜（当阳金家山JM9：6）	7	15.3×13			素面无纹		甲BcⅠ	一期	春秋中期	1975~1979年当阳金家山	5.3×4.85（口）4.2×2.4（底）	一棺一椁	鼎2，簠3，匜1	《文物》1982.4	发掘单位：湖北省宜昌地区文物工作队
素面匜（当阳ZHM8：18）	6.2	15.8×13			素面无纹		甲BcⅠ	一期	春秋中期	1975~1979年当阳赵家塝	4.6×2.7（口）3.9×2（底）	一棺一椁	鼎2，盏（錍）1，敦1，匜1	《当阳赵家湖楚墓》文物出版社，1992	发掘单位：湖北省宜昌地区博物馆

续表

名称	通高/厘米	口径/厘米	腹径/厘米	底径/厘米	纹饰	铭文	型式	期别	时代	出土时间地点	墓室面积/平方米	棺椁	共存青铜容器	资料来源	备注
绳索纹匜（当阳金家山M247:2）	5.5	15.4×13.6			耳饰绳索纹		甲 BcI	一期	春秋中期	1984年当阳金家山	4.5×2.6（口） 3.08×1.7（底）	一棺一椁	鼎1、敦1、匜1	《文物》1989.11	
蟠螭纹匜（襄阳山湾采:12）	5.1（腹高）	11.7×9.7			腹部饰蟠螭纹三角卷云纹；耳饰龙纹		甲 BcI	一期	春秋中期	1967年襄阳山湾				《江汉考古》1988.1	制作精良。现藏湖北省博物馆
兽耳匜（襄阳山湾采:29）	7.5	14.2			耳饰夔龙		甲 BcI	一期	春秋中期	1967年襄阳山湾				《江汉考古》1988.2	壁薄，口平面呈圆形 现藏湖北省博物馆
兽耳匜（襄阳山湾采:11）	6	14			耳饰夔龙		甲 BcI	一期	春秋中期	1967年襄阳山湾				《江汉考古》1988.3	壁薄，口平面呈圆形 现藏湖北省博物馆
几何纹匜（当阳金家山M249:5）	5.5	12.5			耳饰几何纹		甲 BcI	一期	春秋中期	1984年当阳金家山	4.4×2.3（口） 3.4×1.6（底）	一棺一椁	匜1	《文物》1989.11	
三角纹单耳匜	6	9.8×7.4		6.5~5.8	上腹部饰不规律涡纹、三角纹		甲 AaII	二期前段	春秋中期前段	蓬莱柳格庄	3.58×2.4	一棺	匜2	《考古》1990.9	墓上部被破坏；有腰坑。被盗

续表

名称	通高/厘米	口径/厘米	腹径/厘米	底径/厘米	纹饰	铭文	型式	期别	时代	出土时间地点	墓室面积/平方米	棺椁	共存青铜容器	资料来源	备注
单耳匜（M28:31）	6.1	11.2		6.4	素面无纹		甲 AaⅡ	二期前段	春秋中期前段	2011年临淄刘家新村	3.9×2.8	一椁一棺	鼎3、簋4、甗1、盆1、壶2、匜1、盘1、匜1	《考古》2013.5	
匜	7.5	12×8			不明		甲 AaⅡ	二期前段	春秋中期前段	蓬莱柳格庄	3.58×2.4	一椁一棺	匜2	《考古》1990.9	墓上部被破坏；有腰坑。被盗
鸟纹匜（滕州薛故城 M1:1）	11.8	12（长）			腹部饰鸟纹，鋬饰兽首		甲 AbⅡ	二期前段	春秋中期前段	1978年滕州市城南	7.74×4.7（口）5.54×4.7（底）	双椁双棺	鼎8、簋6、甗6、簠2、壶3、匜1、盘1、匜1	《考古学报》1991.4	殉2人
单耳匜（M8832:17）	9.8	16.6×12.4			腹饰弦纹		甲 AbⅡ		春秋中期前段	2005年洛阳体育场路西	4.2×3（口）3.34×2.05（底）	二椁一棺	鼎8、簋4、罍2、壶2、匜1、盘1、匜1	《洛阳体育场路西东周墓发掘报告》，文物出版社，2011	
素面匜（M201:7）					素面无纹		甲 BbⅠ	二期前段	春秋中期前段	1977年曲阜鲁故城西	3.3×2.1（口）3.3×2.2（底）	一椁一棺	鼎1、敦1、匜1	《曲阜鲁国故城》，齐鲁书社，1982	形制

续表

名称	通高/厘米	口径/厘米	腹径/厘米	底径/厘米	纹饰	铭文	型式	期别	时代	出土时间地点	墓室面积/平方米	棺椁	共存青铜容器	资料来源	备注
三角云纹匜（M305:1）	6.1	9.2×7.3			腹饰三角卷云纹		甲 BbⅠ	二期前段	春秋中期前段	1977年曲阜鲁故城西	3.2×1.9（口，底）	一椁	匜1	《曲阜鲁国故城》，齐鲁书社，1982	被盗
云雷纹匜（76M4:2）	8.1		13.7×11		腹饰云雷纹		甲 BbⅠ	一期前段	春秋中期前段	1976年闻喜上郭村	3.3×2.1（底）	一椁	鼎1，簋1，匜1	《三晋考古》，山西人民出版社，1994	器壁薄
素面匜（M8820:3）	7	15.6×12.3					甲 BbⅠ		春秋中期前段	2005年洛阳体育场路西	3.9×2.6（口）3.2×1.8（底）	一棺一椁	盘1，匜1	《洛阳体育场路西东周墓发掘报告》，文物出版社，2011	
素面匜（M8815:3）	7.8	14.4×12.7					甲 BbⅠ		春秋中期前段	2005年洛阳体育场路西	2.9×1.7（口）2.6×1.4（底）	一棺	盘1，匜1	《洛阳体育场路西东周墓发掘报告》，文物出版社，2011	

续表

名称	通高/厘米	口径/厘米	腹径/厘米	底径/厘米	纹饰	铭文	型式	期别	时代	出土时间地点	墓室面积/平方米	棺椁	共存青铜容器	资料来源	备注
"S"纹匜（岳:2）	8.7				腹中部饰一环形柄，上部有一纹带，纹带内饰两行"S"形花纹		甲BbⅡ	二期前段	春秋中期前段	潍坊岳泉遗址				《考古》1993.9	系调查出土。出自灰坑文化层
纹带匜（达:1）	10.5				腹饰一条纹带		甲BbⅡ	二期前段	春秋中期前段	潍坊达字刘遗址				《考古》1993.9	系调查出土。出自灰坑文化层
雷纹匜（M2415:5）	7.3		16.7×12.5		腹饰两带雷纹		甲BaⅡ	一期前段	春秋中期前段	1954年洛阳中州路	4.4×3.47	一棺双椁	鼎1、簋1、匜1、盘1、勺1	《洛阳中州路（西工段）》，科学出版社，1959	多为明器
素面匜（M8762:9）	7.4	13.5×11.5					甲BbⅡ		春秋中期前段	2005年洛阳体育场路西	3.5×2.1（口）3.2×1.8（底）	一棺一椁	匜1	《洛阳体育场路西东周墓发掘报告》，文物出版社，2011	

续表

名称	通高/厘米	口径/厘米	腹径/厘米	底径/厘米	纹饰	铭文	型式	期别	时代	出土时间地点	墓室面积/平方米	棺椁	共存青铜容器	资料来源	备注
兽耳匜（M8835：4）	6.4	16×13.5		8.4×7	耳饰兽首		甲BbⅡ	一期前段	春秋中期前段	2005年洛阳体育场路西	3.6×2.4（口）3.1×1.8（底）		鼎2、簋2、匜1、盘1、匜1	《洛阳体育场路西东周墓发掘报告》，文物出版社，2011	
素面匜（M8750：2）	6.8	15×11.5		8.3×6.8			甲BbⅡ	一期前段	春秋中期前段	2005年洛阳体育场路西	3×1.5（口）2.8×1.3（底）	一棺一椁	鼎1、簋1、匜1	《洛阳体育场路西东周墓发掘报告》，文物出版社，2011	
有盖四足匜（M6：3）	11.2	18.6×13.6			盖顶捉手式8条龙纹；耳饰兽首；足根饰兽面形纹		ZAⅠ	一期后段	春秋中期后段	2004年新郑郑韩路	3.9×2.8（口）3.65×2.8（底）	一棺双椁	鼎1、敦1、盘1、匜1	《文物》2005.8	
弦纹有盖匜（M8832：26）	9.8	16.6×14.2		12×8.6	腹饰三组弦纹，盖饰单环纽		甲Ab	一期后段	春秋中期后段	2005年洛阳西工区	4.2×3（口）3.34×2.05（底）	二棺一椁	鼎8、簋4、壶3、盘1、匜1	《考古》2011.9	有殉牲

续表

名称	通高/厘米	口径/厘米	腹径/厘米	底径/厘米	纹饰	铭文	型式	期别	时代	出土时间地点	墓室面积/平方米	棺椁	共存青铜容器	资料来源	备注
垂鳞纹匜（M203∶8）	7	13.5×9.7			腹上部饰垂鳞纹，下部饰三角云纹		甲AbⅡ	二期早段	春秋中期前段	1977年曲阜鲁故城西	2.78×1.73（口、底）	一棺一椁	匜1	曲阜鲁故城	
蟠螭纹有盖匜（M1∶99）	13.5		18.8×15.4		盖与口沿下饰蟠螭纹		甲AaⅢ	二期后段	春秋中期后段	1977年沂水刘家店子	12.8×8（口）8.5×5.8（底）	一棺双椁	鼎16、簋7、鬲9、壶7、盆2、盘1、匜2、盉1、罍4、甑2、盂1、匜1、瓿1、罐1	《文物》1984.9	原墓口被破坏；椁室两侧各一器物库；殉人若干
蟠虺纹匜（M24∶2）	7	12.2×9.2	14×11.2		腹上部饰一周蟠虺纹		甲BaⅠ	一期后段	春秋中期后段	2004年荥阳官庄	2.7×1.4	一棺一椁	鼎1、敦1、罐1、和1	《华夏考古》2012.1	
素面匜（M13）	6.5	16.7×13			素面无纹		甲BaⅡ	一期后段	春秋中期后段	1961年侯马上马村	5.2×3.8	一棺一椁	鼎7、方壶2、簋4、鬲2、盘1、匜1、鉴2、甑1、盂2、小尊1	《考古》1963.5	

续表

名称	通高/厘米	口径/厘米	腹径/厘米	底径/厘米	纹饰	铭文	型式	期别	时代	出土时间地点	墓室面积/平方米	棺椁	共存青铜容器	资料来源	备注
匜（M13）							甲 BaⅡ	一期后段	春秋中期后段	1961年侯马上马村					未做介绍，应该与上一件形制相同
素面匜（M0021：5）	6	16.1×15.6		7.2×5.6	素面无纹		甲 BaⅡ	一期后段	春秋中期后段	1987~1988年临淄荷程村	3.7×2.2（口）3.42×2.12（底）	一棺一椁	鼎1、敦1、匜1	《临淄荷程村》，中国大百科全书出版社，2003	制作轻薄
素面匜	7.8		15.7×12.2		素面无纹		甲 BbⅠ	二期后段	春秋中期后段	1965年长岛大竹山岛				《文物》1992.2	墓葬被破坏
雷纹匜（M202：4）	7.2	18.2×12.2			肩、腹饰雷纹		甲 BbⅡ	二期前段	春秋中期前段	1977年曲阜鲁故城西	2.8×1.5（口、底）	一棺一椁	敦1、匜1、盘1、匜1	《曲阜鲁国故城》，齐鲁书社，1982	被盗；殉人1
三角纹匜（殉4：4）	7.8	17.8×12.4			腹部饰变形三角纹		甲 BbⅡ	二期后段	春秋中期后段	1983年临沂黑崖村凤凰岭	11.2×9.45（口）10.45×8.70（底）	一棺一椁	鼎10、甗1、敦2、簠1、簋3、盆1、匜2、盂1、壶1、勺3、盘1	《临沂凤凰岭东周墓》，齐鲁书社，1987	位于殉人4足下

续表

名称	通高/厘米	口径/厘米	腹径/厘米	底径/厘米	纹饰	铭文	型式	期别	时代	出土时间地点	墓室面积/平方米	棺椁	共存青铜容器	资料来源	备注
兽耳平底匜（M51:8）	6.1	16.4×12.3			耳饰浅浮雕兽首		甲BbⅡ	二期后段	春秋中期后段	1999年山东滕州东康留			匜1	《文物》2013.4	
素面匜（M0020:6）	6.6	14×11.8		8.5×6.2	素面无纹		甲BbⅡ	一期后段	春秋中期后段	1987~1988年临淄荷程村	3.6×2.7（口）3.4×2.6（底）	一棺一椁	鼎3、簋2、匜1	《临淄荷程村》，中国大百科全书出版社，2003	
兽耳匜（M0003:16）	7.3	14.5×10.8		9.5×6.8	耳饰镂空兽首		甲BbⅡ	一期后段	春秋中期后段	1987~1988年临淄荷程村	4.4×2.87（口）4.12×2.74（底）	双棺一椁	鼎3、敦1、甗2、盘1、匜1	《临淄荷程村》，中国大百科全书出版社，2003	匜、甗、匜，放于鼎内
素面匜（M1024:10）	5.5	14.4×12		9×7.4	素面无纹		甲BbⅡ	一期后段	春秋中期后段	1987~1988年临淄荷程村	3.54×2.6（口）3.5×2.5（底）	一棺一椁	鼎1、敦1、匜1、盘1、匜1	《临淄荷程村》，中国大百科全书出版社，2003	

续表

名称	通高/厘米	口径/厘米	腹径/厘米	底径/厘米	纹饰	铭文	型式	期别	时代	出土时间地点	墓室面积/平方米	棺椁	共存青铜容器	资料来源	备注
兽耳匜（M269：62）	7.5	15.5×10			耳饰兽首		甲BbⅡ	一期后段	春秋中期后段	1972年长治分水岭	5.6×4.6（口）5.76×4.68（底）	一棺一椁	鼎9、鬲两4、甗1、簋2、敦2、方壶2、盉1、匜1、罐1、盘2、鉴1、匕1	《上马墓地》，文物出版社，1994	
素面匜（M1010：11）	7.4	14.6×10.4			素面无纹		甲BbⅡ	一期后段	春秋中期后段	1963~1987年侯马上马村	4×2.52（口）	一棺一椁	鼎1、簋2、甗1、盘1、匜1、盉1	《上马墓地》，文物出版社，1994	
素面匜（M11）	7		15.5×11.5		素面无纹		甲BbⅡ	一期后段	春秋中期后段	1961年侯马上马村	3.8×2.8	不清	鼎1、鬲两2、簋2、盘1、匜1、舖1	《考古》1963.5	
蟠螭纹匜（M1015：12）	7.1	15.1×11.1			腹饰蟠螭纹		甲BbⅡ	一期后段	春秋中期后段	1963~1987年侯马上马村	3.85×2.6（口）	一棺一椁	鼎2、敦2、盘1、匜1	《上马墓地》，文物出版社，1994	
素面匜（M1027：10）	6.1	16.4×14.2			素面无纹		甲BbⅡ	一期后段	春秋中期后段	1963~1987年侯马上马村	4×2.8（口）	一棺一椁	鼎3、匜1、盘1、匜1	《上马墓地》，文物出版社，1994	口部断裂

续表

名称	通高/厘米	口径/厘米	腹径/厘米	底径/厘米	纹饰	铭文	型式	期别	时代	出土时间地点	墓室面积/平方米	棺椁	共存青铜容器	资料来源	备注
蟠螭纹匜（M1006：3）	7.8	16.9×11.8			腹饰蟠螭纹		甲BbⅡ	一期后段	春秋中期后段	1963~1987年侯马上马村	4.6×3.07（口）4.2×2.83（底）	一棺一椁	鼎2、簋1、匜1、盘1、甗1	《上马墓地》，文物出版社，1994	性别男
素面匜（76M17：5）			16.7×13.2		素面无纹		甲BbⅡ	一期后段	春秋中期后段	1976年闻喜上郭村	3×1.97（底）	一棺	鼎1、簋1、匜1	《三晋考古》第一辑，山西人民出版社，1994	
卷云纹匜（89WSM3：1）	6.7		13.5×10		耳饰兽首，腹上部饰窃曲纹，腹中部是较宽的斜网构的卷云纹，下部饰一周三角窃曲纹		甲BbⅡ	一期后段	春秋中期后段	1989年闻喜上郭村	3.3×2.15（口）2.9×1.85（底）	一棺一椁	匜1、盆1、削1、勺1、匕1、管环1	《三晋考古》第一辑，山西人民出版社，1994	

续表

名称	通高/厘米	口径/厘米	腹径/厘米	底径/厘米	纹饰	铭文	型式	期别	时代	出土时间地点	墓室面积/平方米	棺椁	共存青铜容器	资料来源	备注
兽耳匜（89WSM4:3）	7.1	15.2×12.1	14.6×11.6		耳部作兽首		甲 BbⅡ	一期后段	春秋中期后段	1989年闻喜上郭村	3.2×1.95（口）2.85×1.57（底）	一棺一椁	匜1	《三晋考古》第一辑,山西人民出版社,1994	
兽耳匜（M6:2）	6.8		16.8×13.6		耳部作兽形		甲 BbⅡ	一期后段	春秋中期后段	2004年荥阳官庄	2.64×1.5	一棺一椁	鼎1、敦1、和1	《华夏考古》2012.1	
素面匜（M6:19）	5.1		14×10.9		素面无纹		甲 BbⅡ	一期后段	春秋中期后段	1954年洛阳中州路	3.2×2.4	一棺一椁	鼎1、簋1、盘1、匜1	《洛阳中州路（西工段）》,科学出版社,1959	未报道
匜（M1:4）					素面无纹		甲 BbⅡ	一期后段	春秋中期后段	1954年洛阳中州路	3.6×2.4	一棺一椁	鼎1、簋1、盘1、匜1	《洛阳中州路（西工段）》,科学出版社,1959	
匜（M4:20）							甲 BbⅡ	一期后段	春秋中期后段	1954年洛阳中州路	3.6×2.4	一棺一椁	鼎3、簋2、罍2、盘1、匜1	《洛阳中州路（西工段）》,科学出版社,1959	未报道

附表

续表

名称	通高/厘米	口径/厘米	腹径/厘米	底径/厘米	纹饰	铭文	型式	期别	时代	出土时间地点	墓室面积/平方米	棺椁	共存青铜容器	资料来源	备注
匜（M216:6）							甲BbⅡ	一期后段	春秋中期后段	1954年洛阳中州路	3.4×1.66	一棺一椁	鼎1、簋1、匜1	《洛阳中州路（西工段）》，科学出版社，1959	未报道
匜（M115:47）							甲BbⅡ	一期后段	春秋中期后段	1954年洛阳中州路	4×3	一棺一椁	鼎1、豆2、罍2、匜1、匜1	《洛阳中州路（西工段）》，科学出版社，1959	未报道
匜（M2717:196）							甲BbⅡ	一期后段	春秋中期后段	1954年洛阳中州路	4.5×3.5	一棺双椁	鼎5、甗1、壶2、豆4、盘1、匜2、勺1	《洛阳中州路（西工段）》，科学出版社，1959	未报道
兽耳匜（M121:3）	7.3	14.3×10.8	15.1×12		耳饰兽面		甲BbⅡ	一期前段	春秋中期早段	2003年新郑郑韩故城兴弘花园	2.74×1.2	一椁	鼎1、敦1、匜1	《郑韩故城兴弘花园与热电厂墓地》，文物出版社，2007	被扰；有头箱

续表

名称	通高/厘米	口径/厘米	腹径/厘米	底径/厘米	纹饰	铭文	型式	期别	时代	出土时间地点	墓室面积/平方米	棺椁	共存铜容器	资料来源	备注
兽耳匜（M42:2）	7.3	13.8×10.7	15.3×12.1	8.6×7	耳饰兽面		甲BbⅡ	一期后段	春秋中期后段	2004年新郑郑韩故城兴弘花园	2.9×1.32~1.4	一椁	鼎1、敦1、匜1	《郑韩故城兴弘花园与热电厂墓地》，文物出版社，2007	墓底腰坑，内殉狗1；有头箱
素面（M100:2）	7.4	16×10.8	17.1×12.5	6.5	素面无纹		甲BbⅡ	一期后段	春秋中期后段	2003年新郑郑韩故城兴弘花园	3.44×2.04（口）3.24×1.6（底）	一棺一椁	敦1、匜1	《郑韩故城兴弘花园与热电厂墓地》，文物出版社，2007	墓底腰坑，内有殉狗1；西壁有一祭祀坑；椁室外有足箱
兽耳匜（JM32:1）	5.9		15.2×10.8		耳饰兽面		甲BbⅡ	一期后段	春秋中期后段	2001年洛阳纱厂路	4.3×3（口）4.3×3（底）	一棺一椁	鼎3、簋2、敦1、罍2、匜1、盘1、匜1	《文物》2002.11	随葬器物制作粗糙，体胎较薄
素面匜（WSM2:5）	5.3、5深	14.3×11.6					甲BbⅡ	一期后段	春秋中期后段	1953年洛阳西郊	2.65×1.44	一棺一椁	鼎1、簋1、盘1、匜1	《考古学报》1956.2	匜放于盘内；器壁薄

续表

名称	通高/厘米	口径/厘米	腹径/厘米	底径/厘米	纹饰	铭文	型式	期别	时代	出土时间地点	墓室面积/平方米	棺椁	共存青铜容器	资料来源	备注
素面匜（M60:10）	5.6	14.3×9.5			素面无纹		甲BbⅡ	一期后段	春秋中期后段	1975年洛阳汉河南	3.7×2.4	双棺一椁	鼎5、簋4、豆1、壶1、匜1、盘1、匜2	《考古》1981.1	两件匜形制大小相同；底部有明显的铸缝
素面匜（C1M7256:5）	7.7	16×12		11.4×7.6	素面无纹		甲BbⅡ	一期后段	春秋中期后段	2001~2002年洛阳西工区		一棺一椁	鼎1、簋1、盘1、匜1、缶1	《考古与文物》2003.2	
素面匜（LBM4:10）	5.2	13.8×10.3			素面无纹		甲BbⅡ	一期后段	春秋中期后段	1983年洛阳西工区	3.75×2.87	一棺一椁	鼎2、罍2、簋1、匜1、盘1、匜1	《考古》1985.6	无图
素面匜（M8833:23）	6.1	16.5×12.4		10.2×6.8			甲BbⅡ		春秋中期后段	2005年洛阳体育场路西	4.1×2.8（口）3.5×2.2	二棺一椁	鼎4、簋1、壶2、罍2、匜1、盘1、匜1	《洛阳体育场路西东周墓发掘报告》，文物出版社，2011	
禽兽纹有盖匜（M2:21）	9.6	18.6×13.8			上腹饰镶嵌红铜禽兽纹各一周，下腹饰近菱形纹图案		甲BbⅢ	二期前段	春秋晚期前段	2009年枣庄峄城区徐楼村	5.88×5.1（口）3.7×3.14（底）	一棺一椁	鼎3、和1、盘1、匜1	《海岱考古》第七辑	有器物箱

续表

名称	通高/厘米	口径/厘米	腹径/厘米	底径/厘米	纹饰	铭文	型式	期别	时代	出土时间地点	墓室面积/平方米	棺椁	共存青铜容器	资料来源	备注
兽耳匜（M8821:4）	10	18.2×14.3			耳饰兽首、盖上三环纽		甲BbⅢ		春秋中期后段	2005年洛阳体育路西	4.6×3（口）3.8×2.2（底）	一棺	鼎2、簋2、盘1、方壶2、匜1、匝1	《洛阳体育场路西东周墓发掘报告》，文物出版社，2011	
有盖兽耳匜（M2056:7）	9.5;7.2（身高）	19.5×13.9		12.6×7.5	耳饰兽面、盖饰一环纽		甲BbⅢ	二期后段	春秋晚期前段	1955~1958年河南陕县	4.2×2.8（口）4.2×2.8（底）	一棺一椁	鼎3、簋1、盘1、匜1	《陕县东周秦汉墓》，科学出版社，1994	椁室西侧有狗骨架一具
兽耳匜（M2061:1）		16.4×12.9			耳饰兽面		甲BbⅣ	一期后段	春秋中期后段	1956~1958年河南陕县	3.62×2.1（口）3.77×2.19（底）	一棺一椁	鼎1、簋1、盘1、匜1	《陕县东周秦汉墓》，科学出版社，1994	器物缺盖
素面匜（坑:35）	9	24.5×18.8			素面无纹		甲BcⅠ	二期后段	春秋中期后段	1983年临沂凤凰岭黑墩村凤凰岭	11.2×9.45（口）10.45×8.70（底）	一棺一椁	鼎10、簋3、甗1、敦2、匜2、盆1、盉1、壶2、卣3、盘1	《临沂凤凰岭东周墓》，齐鲁书社，1987	墓室被盗；有一器物箱；殉人14具

续表

名称	通高/厘米	口径/厘米	腹径/厘米	底径/厘米	纹饰	铭文	型式	期别	时代	出土时间地点	墓室面积/平方米	棺椁	共存青铜容器	资料来源	备注
龙纹兽耳平底匜（M1：11）	8.4	16.8×14.4			耳饰兽首，腹内壁及底饰四龙四蛇相交纹和蟠螭纹		甲 BcⅠ	二期后段	春秋中期后段	2009年枣庄峄城区徐楼村	6.28×5.76（口）3.68×3.36（底）		鼎3、敦2、盘1、匜1、豆2、簠4、缶2、罐1、盒2	《海岱考古》第七辑	有器物箱
兽耳匜（M270：17）	7	21×15			耳饰兽首		甲 BcⅡ	一期后段	春秋中期后段	1972年长治分水岭	5.7×4.44	一棺一椁	鼎10、簠2、鬶2、匜2、盉1、盘1、匜1	《三晋考古》，山西人民出版社，1994	
兽耳匜（89WSM5：10）	7		18.4×14		耳饰兽面		甲 BcⅠ	一期后段	春秋中期后段	1989年闻喜上郭村	3.5×1.75	一棺一椁	匜1		
有盖匜（C1M6112：7）	10、器高7.8	18×14		12×7	盖饰对称四环纽		甲 BcⅠ	一期后段	春秋中期后段	1998年洛阳613研究所	3.9×2.6	双棺一椁	鼎3、方壶2、簠2、敦1、盘1、匜1、勺1	《文物》1999.8	

续表

名称	通高/厘米	口径/厘米	腹径/厘米	底径/厘米	纹饰	铭文	型式	期别	时代	出土时间地点	墓室面积/平方米	棺椁	共存青铜容器	资料来源	备注
素面匜（M1082∶10）	6.6	14.8×11.6		9.5×6	素面无纹		甲BcⅠ	一期后段	春秋中期后段	1987~1988年临猗程村	4.1×2.8（口）3.5×2.4（底）	一棺一椁	鼎1、敦1、匜1、盘1、匜1	《临猗程村》，中国大百科全书出版社，2003	
素面匜（M2148∶3）	6.2	16×9.7			素面无纹		甲CⅡ	一期后段	春秋中期后段	1963~1987年侯马上马村	3.4×2（口）3.1×1.7（底）	一棺一椁	鼎1、敦1、匜1	《上马墓地》，文物出版社，1994	打破M2147
素面匜（58M1∶27）	6	15.2×10		9×6	素面无纹		甲CⅠ	一期后段	春秋中期后段	1958年万荣庙前村	4.38×3.6（口）4.32×3.5（底）	双棺一椁	鼎7、鬲3、罍2、方壶1、匜2、鉴2	《三晋考古》，山西人民出版社，1994	匜2件，形制相同。墓葬受到破坏
兽首耳匜（C1M4∶4）	5	15			耳饰兽首		甲CⅠ	一期后段	春秋中期后段	1981年洛阳西工区	3.46×2.1（口）3.4×2.05（底）	一棺一椁	鼎1、簋1、匜1、盘1	《中原文物》1983.4	
素面匜（C1M7258∶9）	5.8	15.6×12		11.4×6.4	素面无纹		甲CⅠ	一期后段	春秋中期后段	2001~2002年洛阳西工区		一棺一椁	鼎1、簋1、盘1、匜1、匜1	《考古与文物》2003.2	

续表

名称	通高/厘米	口径/厘米	腹径/厘米	底径/厘米	纹饰	铭文	型式	期别	时代	出土时间地点	墓室面积/平方米	棺椁	共存青铜容器	资料来源	备注
兽耳匜（M1064:7）	5.9	13.5×11.3		8×5	耳饰兽首		甲CⅡ	一期后段	春秋中期后段	1987~1988年临猗程村	3.7×2.66（口）3.95×2.63（底）	一棺一椁	鼎1、敦1、盘1、盉1、匜1	《临猗程村》，中国大百科全书出版社，2003	
四足匜	8、5.7（腹深）	16×12			耳饰兽面		ZAⅠ	一期后段	春秋中期后段	1979年新郑李家村			鼎1、敦1、盘1、盉1	《考古》1983.8	墓葬已被破坏
乳钉纹四足匜	8	17.6×13.4			腹部饰扁圆大乳钉纹		乙AⅠ	一期	春秋中期					《文物》1987.11	系北京废品回收站金属冶炼厂拣选
兽耳四足匜（M8830:6）	6	18×13.2			耳饰兽首		ZB	一期后段	春秋中期后段	2005年洛阳体育场路	3.7×2.1（口）3.3×1.8	一棺一椁	鼎5、簠2、壶2、甗2、和1、匜1	《文物》2011.8	
兽首蹄足匜（C1M124:4）	7	13×11			耳饰兽首		ZB	一期后段	春秋中期后段	1981年洛阳西工区	3.7×2.3（口）3.6×2.2（底）	一棺一椁	鼎1、簠1、盘1、匜1	《中原文物》1983.4	

续表

名称	通高/厘米	口径/厘米	腹径/厘米	底径/厘米	纹饰	铭文	型式	期别	时代	出土时间地点	墓室面积/平方米	棺椁	共存青铜容器	资料来源	备注
三足匜（YYM2:10）	5.6		12.2（长）14.7（连耳宽）		耳饰兽首（螭龙形）足饰兽首		乙B	一期	春秋中期	1985~1991北京延庆县军都山			鼎1，敦1，钵1，匕1，罍1，匜3（三足2，平底1），盘1，斗1，盘1，匜1	《军都山墓地——玉皇庙》，文物出版社，2007	遭到破坏
三足匜（YYM2:11）	5.1		11.8（长）13.4（连耳宽）		耳饰兽首，足饰兽首		乙B	一期	春秋中期	1985~1991北京延庆县军都山			鼎1，敦1，钵1，匕1，罍1，匜3（三足2，平底1），盘1，斗1，盘1，匜1	《军都山墓地——玉皇庙》，文物出版社，2007	
蟠螭纹圈足匜（M1002:6）					腹饰蟠螭纹		丙AaⅠ	一期后段	春秋中期后段	1987~1988年临猗程村	4.6×3.92（口）4.48×3.3（底）	一棺一椁	鼎5，敦2，匜1，盉2，方壶2，簋2，鉴2	《临猗程村》，中国大百科全书出版社，2003	形制、大小、纹饰、制法同M1002:5
蟠螭纹圈足匜（M1026:7）	7.4	12.9×11.3			腹饰蟠螭纹，圈足是绳素纹		丙AaⅠ	一期后段	春秋中期后段	1963~1987年侯马上马村	4.2×2.85（口）	一棺一椁	鼎1，敦1，盘1，匜1	《上马墓地》，文物出版社，1994	

续表

名称	通高/厘米	口径/厘米	腹径/厘米	底径/厘米	纹饰	铭文	型式	期别	时代	出土时间地点	墓室面积/平方米	棺椁	共存青铜容器	资料来源	备注
圈足匜（M1004：14）	8.5	17.8×14.7			素面无纹		丙AaⅠ	一期后段	春秋中期后段	1963~1987年侯马上马村	5.94×5.84（口）4.94×3.61（底）	一棺一椁	鼎5、豆4、罍2、匜2、盘1、匜1	《上马墓地》，文物出版社，1994	墓室平面呈鼓腰形
圈足匜（M1004：25）							丙AaⅠ	一期后段	春秋中期后段	1963~1987年侯马上马村				《上马墓地》，文物出版社，1994	与M1004：14相同
素面圈足匜（M2008：27）	9.2	15.8×13.2			素面无纹		丙AaⅠ	一期后段	春秋中期后段	1963~1987年侯马上马村	4.44×3.1（口）	一棺一椁	鼎3、瓠1、匜2、盘1、匜、铍1	《上马墓地》，文物出版社，1994	
蟠螭纹圈足匜（62M1：14）	7.5	13.4×10.3			腹上部饰的蟠螭纹，下缀兽面变体的垂叶纹一周共17个		丙AaⅠ	一期后段	春秋中期后段	1962年万荣庙前村	4.56×3.8（口）4.34×3.58（底）	双棺一椁	鼎2、敦1、盘1、匜1、匜1	《三晋考古》第一辑，山西人民出版社，1994	发掘单位：山西省考古研究所

续表

名称	通高/厘米	口径/厘米	腹径/厘米	底径/厘米	纹饰	铭文	型式	期别	时代	出土时间地点	墓室面积/平方米	棺椁	共存青铜容器	资料来源	备注
圈足卮（M0001:126）	7.6	13.7×12			素面无纹		丙AaⅠ	一期后段	春秋中期后段	1987年临猗程村	4×3			《临猗程村》，中国大百科全书出版社，2003	墓葬受到破坏。器物未修复，无图
蟠螭纹圈足卮（M1002:5）	8.2	15.2×14		10×8.6（圈足）	腹饰蟠螭纹		丙AaⅡ	一期后段	春秋中期后段	1987~1988年临猗程村	4.6×3.92（口）4.48×3.3（底）	一棺一椁	鼎5、盘1、匜1、敦2、盉2、方壶2、簠2、鉴2	《临猗程村》，中国大百科全书出版社，2003	
绳索纹圈足卮（M1118:3）	8.1	15.3×12.4		9.5×7.6	圈足饰绳索纹		丙AaⅡ	一期后段	春秋中期后段	1987~1988年临猗程村	3.3×2.1（口）3.5×2.2（底）	一棺一椁	鼎2、簠1、卮1	《临猗程村》，中国大百科全书出版社，2003	
蟠螭纹圈足卮（M1002:5）	6.8	12.7×11.4			腹饰蟠螭纹		丙AaⅡ	一期后段	春秋中期后段	1963~1987年侯马上马村	4.2×3.0（口）4.15×2.9（底）	一棺一椁	鼎1、豆1、卮1	《上马墓地》，文物出版社，1994	

续表

名称	通高/厘米	口径/厘米	腹径/厘米	底径/厘米	纹饰	铭文	型式	期别	时代	出土时间地点	墓室面积/平方米	棺椁	共存青铜容器	资料来源	备注
鸟纹圈足匜 (M10:14)	6.7	9.6×8.8	5.8（腹深）		腹饰变形鸟纹匝卷云纹；其下饰垂叶形卷云纹；耳饰三角形及"S"形云纹		丙 AaⅠ		春秋晚期	1977年凤翔高庄	4.3×3.6	双棺一椁	鼎3、壶2、瓿1、匜2、盂1	《考古与文物》1981.1	殉奴2，从葬1。实用器
素面匜 (固始侯古堆)							丙 AaⅡ	二期	春秋晚期	1978年固始侯古堆	12×10.5（口）10.8×9（底）	一棺双椁	鼎9、盂1、簠4、壶2、豆3、炉1、匜2、盒1、勺2	《文物》1981.1	"甲"字形墓，被盗。两件匜一件出于墓内，一件出于陪葬坑。无图无尺寸
单耳匜 (凤始付0279)	6.7	13.6×10.4			素面无纹		甲 AaⅡ		春秋晚期	1978年凤翔南指挥				《考古与文物》1991.2	墓葬被破坏。同出无铜容器

续表

名称	通高/厘米	口径/厘米	腹径/厘米	底径/厘米	纹饰	铭文	型式	期别	时代	出土时间地点	墓室面积/平方米	棺椁	共存青铜容器	资料来源	备注
单耳匜 （YYM171：4）	7	12.3×10.5	13.7×11.9		素面无纹		甲 AbⅡ	一期	春秋晚期	1985~1991 北京延庆县军都山			匜1	《军都山墓地——玉皇庙》，文物出版社，2007	底部有一条纵向铸缝
蟠螭纹匜 （M10：18）	7.8	9.2×7.2	7.5（腹深）		腹饰蟠螭纹匜垂叶卷云纹		甲 AcⅠ		春秋晚期	1977年凤翔高庄	4.3×3.6	双棺一椁	鼎3、壶2、瓢1、匜2、盂1	《考古与文物》1981.1	器壁薄。实用器
素面匜 （YYM156：4）	5.3	15.4×11.9	16.8×13.2		素面无纹		甲 BbⅡ	一期	春秋晚期	1985~1991 北京延庆县军都山			匜1	《军都山墓地——玉皇庙》，文物出版社，2007	底部有一条纵向铸缝
素面匜 （YYM174：13）	5.1	14.9×11.3	15.5×11.7		素面无纹		甲 BbⅡ	一期	春秋晚期	1985~1991 北京延庆县军都山			匜1	《军都山墓地——玉皇庙》，文物出版社，2007	底部有一条纵向铸缝
漆绘匜 （M30：2）	5.4		13×9.7		漆绘		甲 BbⅡ	一期	春秋晚期	1994年延庆县吴东北			匜2		被盗。被打破。器壁轻薄

续表

名称	通高/厘米	口径/厘米	腹径/厘米	底径/厘米	纹饰	铭文	型式	期别	时代	出土时间地点	墓室面积/平方米	棺椁	共存青铜容器	资料来源	备注
云纹匜（当阳曹家岗K5:6）	6.7	12.7×10.4			腹饰云带纹，三角纹；耳饰兽面		甲BbⅡ	二期	春秋晚期	1984年当阳曹家岗	9.07×8.4（口）4.94×4.06（底）	双棺一椁	鼎4、簠2、岳1、匜1、勺1	《考古学报》1988.4	墓葬被盗。礼器出土于曹家岗5号墓附葬坑
云纹匜（六合程桥M3:7）	8	20.4×19.8			腹饰变体云纹		甲BbⅡ	二期	春秋晚期	江苏六合程桥			鼎2、甗1、盘1、匜1、匜1、勺1	《东南文化》1991.1	墓室被破坏。匜在盘内，现藏南京博物院
王匜（李家湾M44:1）	7.4	14.4×11		7	耳部饰龙首，腹部饰三角纹和卷云纹	"王"	甲BbⅡ	二期	春秋晚期	1993~1995年湖北麻城李家湾	3.64×2.38（口）3.34×2（底）	一棺一椁	匜1	《考古》2000.5	现藏湖北省文物考古研究所
三角纹匜	6.7	11.5×8.7			腹饰花纹带		甲BbⅡ		春秋晚期	1985年张掖木龙坝				未发表	出土于山坡中段洞内。同出土的有铜鹿饰。现藏张掖市博物馆

续表

名称	通高/厘米	口径/厘米	腹径/厘米	底径/厘米	纹饰	铭文	型式	期别	时代	出土时间地点	墓室面积/平方米	棺椁	共存青铜容器	资料来源	备注
兽耳卮（淅川稻场）	6	18.9			耳饰兽首		甲 BcⅠ	二期	春秋晚期	1966年淅川高蹈场			鼎1, 敦1, 簠1, 盘1, 匜1, 盥缶1, 卮1	《文物》1980.1	非科学发掘。铜礼器系出自同一座墓葬
素面卮（云梦M27:16）	6.2	13.5		6	素面无纹		甲 BcⅠ	二期	春秋晚期	1978年云梦	3.2×2.2（口）3.03×2（底）	一棺一椁	卮1	《考古学报》1986.4	口平面呈圆形
镶红铜夔龙纹卮（淅川M2:54）	12	18.4×11.8	19.3×13.6		耳饰兽面，盖饰绹索状立环钮。纹饰为嵌红铜装饰，盖饰夔龙纹一周，盖沿为云纹，腹部饰夔龙纹，亚腰纹卮底云纹		甲 BcⅡ	二期	春秋晚期	淅川下寺	9.1×6.47（口、底）	二棺一椁	鼎19, 盘1, 匜1, 簠2, 豆1, 鬲2, 鉴1, 簋1, 敦1, 樽缶2, 壶1, 卮1, 浴缶2, 勺3, 斗1, 禁1, 俎1, 匕9	《淅川下寺春秋楚墓》, 文物出版社, 1991	被盗

续表

名称	通高/厘米	口径/厘米	腹径/厘米	底径/厘米	纹饰	铭文	型式	期别	时代	出土时间地点	墓室面积/平方米	棺椁	共存青铜容器	资料来源	备注
兽首耳匜（云梦M9:25）	6.7	14.6		6.4	耳饰兽首		甲BcⅡ	二期	春秋晚期	云梦	4.1×3（口）3.72×2.44（底）	一棺一椁	匜1、鑿1、蒜头壶1、卮1、铜镜1、铜铃1、铜簧1	《云梦睡虎地秦墓》，文物出版社，1981	有脚窝有两个壁龛
素面匜	7.9	12.5		6	素面无纹		甲BcⅢ	二期	春秋晚期	1977年苏州城东北				《文物》1980.8	非墓葬出土
乳钉纹匜（M30:1）	13		16.6×14		足饰兽首。盖顶及腹部饰菱形乳钉纹带、回纹		乙A	一期	春秋晚期	1994年延庆县东北			卮2	《北京文物与考古》第四辑	被盗。被打破。器壁轻薄
素面匜	8.4	11.2×10		8.2×6.9	素面无纹			一期	春秋晚期	1996年涿鹿大堡镇			豆1、卮1	《文物春秋》1999.6	非系科学发掘
三角镂空圈足有盖匜（M02:3）	9.2		12.6×9.7		圈足饰三角形镂空		丙	三期后段	春秋晚期前段	1977年淄川磁村	3.8×2.04		鼎1、敦1、卮1	《淄川考古》，齐鲁书社，2006	

续表

名称	通高/厘米	口径/厘米	腹径/厘米	底径/厘米	纹饰	铭文	型式	期别	时代	出土时间地点	墓室面积/平方米	棺椁	共存青铜容器	资料来源	备注
圈足匜（M1001：126）	8.2	13.6×10.9		6.6×4.8（圈足）	素面无纹		丙 AaⅠ	二期后段	春秋中期后段	1987~1988年临猗程村	5.6×4.2（口）4.6×3.7（底）	一棺一椁	鼎5、豆2、甗1、簠1、方壶2、匜2、盘1、匜1、鉴2	《临猗程村》，中国大百科全书出版社，2003	匜匜皆放置于盘内
蟠螭纹圈足匜（M1062：5）	7.5	13.3×11.3		7.3×6.4（圈足）	腹饰蟠螭纹		丙 AaⅠ	二期前段	春秋晚期前段	1987~1988年临猗程村	4.05×2.8（口）4.2×2.8（底）	一棺一椁	鼎1、豆1、匜1	《临猗程村》，中国大百科全书出版社，2003	
圈足匜（曲村邦墓）	6.2	13×9.8			素面无纹		丙 AaⅡ	二期前段	春秋晚期前段					《文物季刊》1996.3	
蟠螭纹圈足匜（M4006：7）	8.2	15.9×13.5			腹饰蟠螭纹		丙 AaⅡ	二期后段	春秋晚期晚段	1963~1987年侯马上马村	4.5×3.3（口）4.2×3（底）	一棺一椁	鼎3、豆2、匜1、盘、匜1	《上马墓地》，文物出版社，1994	缴获，现藏曲村县博物馆；图在封三
圈足匜（M2729：23）	5.7	12.3×11.4			素面无纹		丙 Ab	二期前段	春秋晚期前段	1954年洛阳中州路	3.94×2.78	一棺双椁	鼎2、豆2、匜1、盘1、匜1	《洛阳中州路（西工段）》，科学出版社，1959	

续表

名称	通高/厘米	口径/厘米	腹径/厘米	底径/厘米	纹饰	铭文	型式	期别	时代	出土时间地点	墓室面积/平方米	棺椁	共存青铜容器	资料来源	备注
三角螭纹有盖匜 (M4:132)	10.2				腹部满饰三角螭纹,盖面满饰花地,共有十条蛇屈曲蟠绕,四蛇有鳞纹,其余的没有,二蛇有足,蛇首昂立,栩栩器面		甲BaⅢ	三期前段	春秋晚期前段	1994年海阳嘴子前	7.32×6.24	一棺双椁	鼎7、敦2、方壶2、瓯1、匜1、盂1	《考古》1996.9	随葬品大多放在头箱
素面匜	7	14×8	18×12	5	素面无纹		甲BaⅡ	三期前段	春秋晚期前段	1976年栖霞杏家庄	5.6×3.4（口）	一棺一椁	敦1、匜1、匜1	《考古》1992.1	墓底有腰坑
素面匜 (M130:5)	6.3	15×9.6		9×4.9			甲BbⅡ	二期前段	春秋晚期前段	辉县琉璃阁区	3.7×2.6	不明	鼎2、敦2、匜1	《辉县发掘报告》,科学出版社,1956	

续表

名称	通高/厘米	口径/厘米	腹径/厘米	底径/厘米	纹饰	铭文	型式	期别	时代	出土时间地点	墓室面积/平方米	棺椁	共存青铜容器	资料来源	备注
牛首耳匜							甲BbⅡ	二期前段	春秋晚期	1971年尉氏县河东周村			鼎2、簋4、壶2、甗1、盘2、匜4	《中原文物》1982.4	墓葬已被破坏；专门作为明器
一期后段麒麟首耳匜							甲BbⅡ	二期前段	春秋晚期	1971年尉氏县河东周村			鼎2、盘2、匜3、簋2、甗1、甑3、壶1	《中原文物》1982.4	墓葬已被破坏；此型匜两件，专门作为明器
有盖双耳匜	9~10	16.5×16.8	17~18.9		盖顶饰环形鼻匜四环纽		甲BbⅢ	三期前段	春秋晚期	1977年淄川区磁村	3.7×2.25	一棺一椁	匜1	《考古》1991.6	墓底有腰坑；铜匜位于棺外墓主足部
兽首匜	8.8		15.5~12.5		耳部饰兽首；盖顶饰四环纽		甲BbⅢ	三期前段	春秋晚期	1978年滕州城南薛故城	7.6×4（口）4.5×4（底）	双棺双椁	鼎8、鬲6、簋2、壶3、盘1、匜1、小罐1	《考古学报》1991.4	二层台上放置木质器物箱；椁室底部有殉人；另有殉人坑
有盖双耳匜（M1）	9~10	16.5×16.8	17~18.9		盖顶饰环形鼻匜四环纽		甲BbⅢ	三期前段	春秋晚期	1978年滕州城南薛故城	3.7×2.25	一棺一椁	匜1	《考古学报》1991.4	墓底有腰坑；铜匜位于棺外墓主足部

续表

名称	通高/厘米	口径/厘米	腹径/厘米	底径/厘米	纹饰	铭文	型式	期别	时代	出土时间地点	墓室面积/平方米	棺椁	共存青铜容器	资料来源	备注
有盖双耳匜（M7）	9~10	16.5×16.8	17~18.9		盖顶饰环形鼻匜四环纽		甲BbⅢ	三期前段	春秋晚期前段	1978年滕州城南薛故城	不清		鼎1、鉴1、盘1、匜1、盉2	《考古学报》1991.4	
雷纹有盖匜	13.2	17×13.5	18×15		腹部、盖均饰三角雷纹		甲BbⅢ	三期前段	春秋晚期前段	1975年莒南大店	10×9（口）8.5×7.5（底）	一棺一椁	甸2、匜2	《考古学报》1978.3	墓葬被盗；墓室分南北两部分,北为椁室,南为器物坑；殉人10个
素面匜（M429:3）	7.4	16.8×12.9	18.2×14.5	8×5.5	素面无纹		甲BbⅡ	二期前段	春秋晚期前段	2009年新郑铁岭	4.1×3.1（口）3.5×2.5（底）	一棺一椁	鼎1、盖1、盘1、匜1	《中原文物》2010.1	
兽耳匜（M35:5）	5.8	14.2×12.4		11×6.4	耳饰兽面		甲BbⅢ	二期前段	春秋晚期前段	2004年新郑郑韩故城兴弘花园	3.16×1.88~1.95	一棺双椁	鼎1、敦1、匜1	《文物》2007.2	器物多置于头箱内铜敦、匜位于陶盘上
素面匜（M10:6）	9	20.8×18.8			素面无纹		甲BbⅢ	二期前段	春秋晚期前段	1994年平顶山	5.72×4.8（口）4.4×3.6（底）	一棺一椁	鼎5、敦2、尊缶2、浴缶1、盘1、匜1、斗1	《中原文物》2007.4	被盗，浴缶、敦、匜放在一起，在两件叠放的铜匜上放置一件陶豆

续表

名称	通高/厘米	口径/厘米	腹径/厘米	底径/厘米	纹饰	铭文	型式	期别	时代	出土时间地点	墓室面积/平方米	棺椁	共存青铜容器	资料来源	备注
素面匜（M8829:10）	5.9	14×11.1					甲 BbⅢ	三期前段	春秋晚期前段	2005年洛阳体育场路西	3.2×1.8		鼎3、罍2、匜1、盘1、匜1	《洛阳体育场路西东周墓发掘报告》，文物出版社，2011	
有盖匜（M01:3）	11		20×15.4		盖饰五个环形纽		甲 BbⅣ	三期前段	春秋晚期前段	1977年淄川磁村	3.5×2.1		鼎1、敦1、匜1	《淄川考古》，齐鲁书社，2006	
素面有盖匜	7		16.6×12.2		素面无纹		甲 BcⅠ	三期前段	春秋晚期前段	1977年淄川区磁村	3.8×2.1	一棺一椁	鼎1、敦1、匜1	《考古》1991.6	
蟠螭纹匜	10.5	17.2×14.2			上腹部饰蟠螭纹		甲 BcⅠ	三期前段	春秋晚期前段	2012年沂水纪王崮			鼎6、鬲1、敦3、壶2、瓠2、罍2、罐1、盉1、盂1、盘1、匜1	《海岱考古》第六辑	带墓道大墓，有南北器物箱，殉人3
素面匜（60H4M6:4）	6	13.4×11.2			素面无纹		甲 BcⅠ	二期前段	春秋晚期前段	1960年牛村古城	3.1×1.8	不清	鼎1、豆1、匜1	《晋都新田》，山西人民出版社，1996	

续表

名称	通高/厘米	口径/厘米	腹径/厘米	底径/厘米	纹饰	铭文	型式	期别	时代	出土时间地点	墓室面积/平方米	棺椁	共存青铜容器	资料来源	备注
有盖匜（M4:43）	10.3	11.9×6.7					甲BcⅠ	二期前段	春秋晚期前段	2009年淇县西岗镇宋庄	4.6×4.5（口）4.4×4.2（底）	一棺一椁	鼎3、敦4、壶1、盒1、盘1和匜1	《华夏考古》2015.4	"甲"字形大墓，器物箱1，殉人1
夔龙纹匜（M9）	8.2	15.2			耳部饰夔龙纹		甲BcⅡ	三期前段	春秋晚期前段	1982年新泰郭家泉村	3.1×1.65（口）2.9×1.6（底）	一棺一椁	匜1	《考古学报》1989.4	墓室有壁龛；匜位于足右侧棺椁之间
龙纹有盖匜（M1072:70）	15.8		22.6×16.8		腹、盖饰交错三角雷纹，下腹部饰龙纹，耳饰方形几何纹		甲BcⅡ	三期前段	春秋晚期前段	1975年莒南大店	未清理完毕	一棺一椁	鼎2、敦3、壶1、盘1、匜1	《考古学报》1978.3	墓室被盗；墓室分南北两部分，南为器室，北为器物坑；殉人10个
素面匜（M1072:70）					素面无纹		甲BcⅡ	二期前段	春秋晚期前段	1987~1988年临猗程村	4.4×3.26（口）4.65×3.59（底）	双棺一棺一椁	鼎3、豆1、甗1、盘1、匜1、鍑1	《临猗程村》，中国大百科全书出版社，2003	无尺寸

续表

名称	通高/厘米	口径/厘米	腹径/厘米	底径/厘米	纹饰	铭文	型式	期别	时代	出土时间地点	墓室面积/平方米	棺椁	共存青铜容器	资料来源	备注
素面匜（M1:6）	7.5	9.4			素面无纹		甲BcⅢ	二期前段	春秋晚期前段	1987年运城南相村	4×2.8	椁	鼎3,簋1,敦1,盘1,匜1	《文物季刊》1990.1	铜质粗劣
素面匜（M1）	6.7	14×10		9.5×6	素面无纹		甲CⅡ	二期前段	春秋晚期前段	1981年淇县赵沟			鼎1,敦1,盘1,匜1	《中原文物》1984.2	系非科学发掘
有盖匜（M1）	11.6		19×12; 7.5（腹深）		盖饰四环纽		甲BaⅣ	三期后段	春秋晚期后段	1973年海阳嘴子前大队	4.8×2.7（口）	一椁	鼎1,豆2,壶1,盘1,匜1,器盖1	《文物》1985.3	椁内隔出边箱；做工精巧,器壁光滑如镜
素面匜（M8834:4）	5.2	13.9×12.4		10.2×6.8	素面无纹		甲BbⅠ	三期后段	春秋晚期后段	2005年洛阳体育场路西	3.4×2.2（口） 3×1.8（底）		鼎1,簠1,匜1	《洛阳体育场路西东周墓发掘报告》,文物出版社,2011	
牛首耳匜（98LM535:4）	6	16.6×12.6			耳饰牛首		甲BbⅡ	二期后段	春秋晚期后段	1998年洛阳解放路	2.6×1.5（底）	一椁	鼎1,豆1,匜1	《考古》2002.1	
有盖双耳匜（M3）	16		18.7		盖定饰四环纽		甲BbⅣ	三期后段	春秋晚期后段	1979年邹平大省村	3×2.2（口）	一椁	鼎1,豆1,盘1,壶1,匜1	《考古》1986.7	原墓口被破坏

续表

名称	通高/厘米	口径/厘米	腹径/厘米	底径/厘米	纹饰	铭文	型式	期别	时代	出土时间地点	墓室面积/平方米	棺椁	共存青铜容器	资料来源	备注
"S"纹匜（岳：3）	7.5				腹上部饰两个对称的环状耳和一条纹带，内饰五行"S"形纹		甲BbⅤ	四期早段	战国早期	潍坊岳泉遗址				《考古》1993.9	系调查出土。出自灰坑文化层
有盖双耳匜（M6：2）	14	17×13			素面无纹		甲BcⅢ	三期后段	春秋晚期后段	1978年滕州薛故城	3.7×2.18（口）2.7×2（底）	一棺一椁	鼎1,豆2,匜1	《考古学报》1991.4	殉人
绹纹匜	13.5	19.5×16	9（腹深）	10×8.5	耳部饰绹纹，盖饰四环钮		甲BcⅢ	三期后段	春秋晚期后段	1974年青岛安乐大队			鼎1,豆2,匜1,壶1,盘1	《文物资料丛刊》（5）	报告称敦
素面匜	10	18×14.6			素面无纹		甲BcⅢ	三期后段	春秋晚期后段	1973年莱芜西上崮村				《文物》1990.11	无法判断墓葬组合
素面匜（61H4M342：4）	8.7	12.2×10.3			素面无纹		甲BcⅣ	二期后段	春秋晚期后段	1961年牛村古城	?×2.35（口）3.4×2.14（底）	一棺一椁	鼎1,豆1,匜1	《晋都新田》，山西人民出版社，1996	墓口上部被破坏

续表

名称	通高/厘米	口径/厘米	腹径/厘米	底径/厘米	纹饰	铭文	型式	期别	时代	出土时间地点	墓室面积/平方米	棺椁	共存青铜容器	资料来源	备注
素面匜（C1M395:142）	6.5	11.2×8.2			素面无纹		甲BcV	三期后段	战国晚期	1982年洛阳解放路			鼎18、簠12、豆2、罐1、匜2、盘7、盆3、匕1、甗2、灶1、壶4、盒2、碗1、罍2、匜1、杯1、斗1、盆2、箅1、爪2	《考古学报》2002.3	两件匜大小形制相同出自陪葬坑
素面匜（C1M7039:11）	6.3	15.8×11		11.8×6.3	素面无纹		甲CⅡ	二期后段	春秋晚期后段	2001~2002年洛阳西工区	4×2.6	一棺一椁	鼎2、豆2、罍2、匜1、盘1、匜1	《考古与文物》2003.2	
哀成叔匜	11.8	12.7×11.8			盖饰四蹄足	哀成叔之匜	乙AⅠ	二期后段	春秋晚期后段	1966年洛阳	3.4×1.9（口）3.2×1.8（底）	一棺一椁	鼎1、豆1、匜1、勺1	《文物》1981.7	
兽耳四足匜（M37:3）	6.2	16.3			耳部饰兽面		乙AⅡ	二期后段	春秋晚期晚段	1984年新郑蔡庄		有	鼎1、敦1、匜1	《中原文物》1987.4	报告记录不明

续表

名称	通高/厘米	口径/厘米	腹径/厘米	底径/厘米	纹饰	铭文	型式	期别	时代	出土时间地点	墓室面积/平方米	棺椁	共存青铜容器	资料来源	备注
匜（M03:3）	12	16.2×13.2			通体饰乳钉		ZAⅠ	三期后段	春秋晚期后段	1977年淄川磁村	3.5×2		鼎1、豆1、敦1、匜1	《淄川考古》，齐鲁书社，2006	器物残破过甚
乳钉纹四足匜（M5:75）	14.5		18.6×13.5		盖饰四环钮，腹部及盖顶饰蟠螭纹匜乳钉纹		ZA	三期前段	春秋晚期前段	1979年阳谷景阳冈村	3.5×2（残）	一棺一椁	盖豆1、扁壶1、匜1	《考古》1988.1	墓口及北壁遭到破坏；墓底有腰坑
乳钉纹四足匜	13.5		17×14		盖顶饰四小蹄足		ZAⅠ	三期前段	春秋晚期前段	1995年长清仙人台	4.6×3.3（口）	一棺一椁	鼎3、甗1、敦2、壶1、匜2、盘1	《文物》1998.9	墓底有腰坑
兽耳四足带盖匜（M1405:3）	12.3	17×12.6			耳作兽形，盖顶捉手由8条蟠龙组成，足根部是兽面纹		ZAⅠ	二期前段	春秋晚期前段	2006~2011年新郑铁岭	5.3×3.8（口）4.3×2.96（底）	一棺一椁	鼎1、敦1、甗1、壶1、盘1、和1、匜1	《中原文物》2012.2	墓葬被破坏

续表

名称	通高/厘米	口径/厘米	腹径/厘米	底径/厘米	纹饰	铭文	型式	期别	时代	出土时间地点	墓室面积/平方米	棺椁	共存青铜容器	资料来源	备注
兽耳四足匜（M1404:16）	7.6	16.4×12			耳部作兽形		ZAⅡ	二期前段	战国早期	2006~2011新郑铁岭	4.35×3.2（口）3.1×2.2（底）	一棺一椁	鼎1、敦1、盘1、匜1	《中原文物》2012.2	
蟠螭纹三足匜（M3490:12）	9	14.6×11			耳上饰"S"形纹，腹饰两组蟠螭纹，一组云雷纹		ZB	一期后段	春秋中期后段	1991~1992洛阳西工区小屯村	3.9×2.7	一棺一椁	鼎5、簠2、罍2、盘1、匜1、和1	《考古》2016.4	
三足匜（M8759:8）	7.6	15×10.7					ZB		春秋晚期前段	2005年洛阳体育场路西	3×1.8（口）		鼎2、盘1、匜1、舟1	《洛阳体育场路西东周墓发掘报告》，文物出版社，2011	
异形匜（M5:84）	6.5	8.6×6.6			无纹			三期前段	春秋晚期前段	1995年长清仙人台	4.6×3.3（口）	一棺一椁	鼎3、甗1、壶1、敦2、盘1	《文物》1998.9	该墓出土3件异形器：带流鼎、匜形器、异形器

续表

名称	通高/厘米	口径/厘米	腹径/厘米	底径/厘米	纹饰	铭文	型式	期别	时代	出土时间地点	墓室面积/平方米	棺椁	共存青铜容器	资料来源	备注
圈足匜（60H4M27:7）	5.4（残）	22					丙Aa	二期后段	春秋晚期后段	1960年牛村古城	3.8×2.65	一棺一椁	鼎2,豆2,匜1,盘1	《晋都新田》，山西人民出版社，1996	圈足残
"S"纹圈足匜（M15:15）	7.5	13.4×11.2			腹饰勾连"S"形纹		丙AaⅠ	二期后段	春秋晚期后段	1963~1987年侯马上马村				《上马墓地》，文物出版社，1994	
兽耳匜（宋村采）	3.5	7.7×5.5		3.2	耳足兽首		甲BbⅡ	一期后段	春秋中期晚段	1982年新绛宋村				《晋都新田》，山西人民出版社，1996	在属于柳泉墓地范围内的宋庄采集
蟠螭纹圈足匜（M1:2）	6.9	13.2×11.5			腹饰"C"形蟠螭纹		丙AaⅡ	二期后段	春秋晚期后段	1985年原平刘庄村	2.2×1.5	不明	豆1,匜1	《文物》1986.11	卵石块砌棺
绹索纹圈足匜	7.8、1.4（圈足）	16×13.5			颈饰两周绹索纹,圈足,环形耳饰斜角云纹		丙AaⅡ	二期后段	春秋晚期后段	1975年侯马下平望村			鼎2,鬲1,壶1,匜1,盘1,匜1	《文物季刊》1993.1	器物均非科学发掘,可能并非同一墓葬出土

续表

名称	通高/厘米	口径/厘米	腹径/厘米	底径/厘米	纹饰	铭文	型式	期别	时代	出土时间地点	墓室面积/平方米	棺椁	共存青铜容器	资料来源	备注
素面圈足匜（M15:19）	6.2	14×12			素面无纹		丙AaⅡ	二期后段	春秋晚期后段						
素面匜（M16:3）	7.2	11.2		6.8	素面无纹		甲BbⅠ	一期	战国早期	1982年怀来甘子堡			盘1、匜1	《文物春秋》1993.2	系非科学发掘
有盖匜	10.85	18×13.6			盖饰四环纽		甲BaⅣ	四期前段	战国早期	1985年济南左家洼村			鼎3、豆3、壶1、敦2、匜1、盘1	《考古》1995.3	墓葬被破坏
有盖匜（M2:5）	10.4	12.8		6.4	盖附3环纽		甲BbⅣ	一期	春秋晚期	1981年怀来甘子堡			鼎2、壶1、敦1、匜1、盘1	《文物春秋》1993.2	系非科学发掘
首耳圈足匜（13）	8.4	9.6×7.2			耳饰兽首		甲Bc	二期	战国早期	1984年灵寿县西岔头村	2.1×1.5	不明	鼎2、甗1、盘1、匜1	《文物》1986.6	
素面匜	8.6	15×11			素面无纹		甲BcⅢ	四期前段	战国早期	1984年莱芜戴鱼池村		一棺双椁	鼎2、豆2、匜1	《文物》1989.2	墓葬被破坏
蟠螭纹匜（90STZM8:4）	7.8	13.7			耳饰蟠螭纹或垂叶纹		甲BcⅢ	四期前段	战国早期	1990年滕州庄里西	3.7×2.45	一棺一椁	鼎1、豆2、盘1、匜2	《文物》2002.6	墓口被破坏
夔纹匜（90STZM8:5）	7.2	14.2			耳饰夔纹		甲BcⅢ	四期前段	战国早期	1990年滕州庄里西	3.7×2.45	一棺一椁	鼎1、豆2、盘1、匜2	《文物》2002.6	墓口被破坏

续表

名称	通高/厘米	口径/厘米	腹径/厘米	底径/厘米	纹饰	铭文	型式	期别	时代	出土时间地点	墓室面积/平方米	棺椁	共存青铜容器	资料来源	备注
素面匜（YCM：28）	9.8	16×14.7			素面无纹		甲BcⅢ	四期前段	战国早期	1988年阳信西北村			鼎2、豆2、壶2、敦4、提梁壶1、罍1、小罐1、匜1、盘1、匜1	《考古》1990.3	战国墓器物陪葬坑
蟠螭纹匜	8	14.6×12.4		7.7×6.6	耳饰蟠螭纹，有谷点状底纹		甲BcⅢ	四期前段	战国早期	1981年泰安大汶口				《考古》1987.7	系征集所得
绳纹匜	6.2	13.5×12			耳上饰绳纹		甲BcⅣ	四期前段	战国早期	1956年泰安市黄花岭村				《考古与文物》2000.4	系村民取土时发现。匜2件，简报只介绍1件
蟠螭纹平底匜（M2：62）	7.7	13.2×11.9			耳上饰蟠螭纹		甲BcⅣ	四期前段	战国早期	2004年新泰周家庄	3.88×3（口）	一棺一椁	鼎2、甗1、豆4、壶1、和2、盘1、匜1	《文物》2013.4	
素面匜（M124：3）	7.7	13.6×12			素面无纹		甲BcⅣ	四期前段	战国早期	1999年滕州东康留			匜1	《文物》2013.4	

续表

名称	通高/厘米	口径/厘米	腹径/厘米	底径/厘米	纹饰	铭文	型式	期别	时代	出土时间地点	墓室面积/平方米	棺椁	共存青铜容器	资料来源	备注
素面匜（M103:1）	8.4	12.5×10.8			素面无纹		甲BcIV	四期前段	战国早期	1999年滕州东荆留	3×1.9（口）2.9×1.85（底）	一棺一椁	匜1	《曲阜鲁国故城》，齐鲁书社，1982	被盗
匜（M110:1）							甲BcIV	四期前段	战国早期	1999年滕州东荆留	2.5×2.5（口）2.3×1.2（底）		匜1	《曲阜鲁国故城》，齐鲁书社，1982	被盗；无介绍，报告称盔，同M116
素面匜（M115:6）	8.8	11.2×10.5			素面无纹		甲BcIV	四期前段	战国早期	1999年滕州东荆留	3.15×1.75（口、底）	一棺一椁	匜1	《曲阜鲁国故城》，齐鲁书社，1982	被盗
有盖匜（M116:1）	16.3	17×15			盖饰四环纽		甲BcIV	四期前段	战国早期	1999年滕州东荆留	3.15×2.2（口、底）	一棺一椁	鼎1、豆2、匜2、盘1、匜1	《曲阜鲁国故城》，齐鲁书社，1982	被盗；报告称盔
素面匜（M1:4）	12.5				盖饰四环纽		甲BcIV	四期前段	战国早期	1973年长岛王沟村	3.72×2.72		鼎1、豆2、壶1、匜1	《考古学报》1993.1	墓葬被破坏，系村民挖掘

续表

名称	通高/厘米	口径/厘米	腹径/厘米	底径/厘米	纹饰	铭文	型式	期别	时代	出土时间地点	墓室面积/平方米	棺椁	共存青铜容器	资料来源	备注
有盖匜（M1:6）	12.4	12.6		8.8	盖上四环纽		甲BcⅣ	四期前段	战国早期	1993年肥城王庄镇					系文化层调查出土。现藏肥城市文物管理所
素面匜（M1P5:14）	7.6				素面无纹		甲BcⅣ	三期前段	战国早期	1973年长子羊圈沟	4.25×3（口）4.1×2.86（底）	一棺一椁	鼎2、豆1、敦1、壶2、匜1、匜1	《考古学报》1984.4	
有盖匜（M1P5:14）	8.2	17.2×13.8			盖上三环纽		甲Bd	四期前段	战国早期	2014年临淄高新区隽山村	9.1×7.75（口）7.98×6.74（底）	椁室	鼎1、敦4、壶1、盘1、勺1	《文物》2016.1	"甲"字形大墓，有陪葬坑6个
素面有盖匜（M2Q:20）	15.6	20.4×15.6			盖上四环纽		甲Bd	四期前段	战国早期	2010年临淄辛店	17×16.2（口）14×13.6（底）		鼎9、盉4、敦4、提梁壶2、盖豆1、敦（三足）2、匜1、杯2、盘2、匜1	《考古》2013.1	"甲"字形大墓，有一器物坑

续表

名称	通高/厘米	口径/厘米	腹径/厘米	底径/厘米	纹饰	铭文	型式	期别	时代	出土时间地点	墓室面积/平方米	棺椁	共存青铜容器	资料来源	备注
有盖匜（LDM5：105）	8.4，通盖高11.6	16.8×14		13.6×12	盖饰三环纽		甲Bd	四期前段	战国早期	1980年临淄区东夏庄	12.7×11.6（口）11.1×10.3（底）	一棺一椁	盖鼎2、豆3、盖豆2、敦1、匜1、壶2、盘2、罍2、罐2	《临淄齐墓》第一集，文物出版社，2007	"甲"字形积石木椁墓。椁室二层台2个陪葬坑，被盗
素面匜（LDM6P13X22：1）	6.2	11.6×9			素面无纹		甲Bd	四期前段	战国早期	1980年临淄区东夏庄	29.5×28.2（口）23.9×22.8（底）	一棺一椁	匜1、匜1	《临淄齐墓》第一集，文物出版社，2007	铜礼器皆出自陪葬坑P13陪人X22内；被盗
有盖匜（LXM3P3：8）	10，通盖高14	20×15		15×12	盖饰三环纽		甲Bd	四期前段	战国早期	1995年临淄区相家庄	24.5×23.8（口）18×17.1（底）	一棺双椁	匜1	《临淄齐墓》第一集，文物出版社，2007	"甲"字形积石墓葬家式墓葬；有6个陪葬坑；铜礼器出自陪葬坑P3内；被盗

续表

名称	通高/厘米	口径/厘米	腹径/厘米	底径/厘米	纹饰	铭文	型式	期别	时代	出土时间地点	墓室面积/平方米	棺椁	共存青铜容器	资料来源	备注
有盖匜（LXM6X：5）	10，通盖高14.4	20×15.8		15.5×12	盖饰三环纽		甲Bd	四期前段	战国早期	1995年临淄区相家庄	23.2×21.8（口）21.1×20.2（底）	一棺一椁	盖鼎1、鬲1、方豆2、莲花盖豆2、盘豆1、敦2、匜3、壶1、盘2、匜1、罍2、罐1、尊1	《临淄齐墓》第一集，文物出版社，2007	"甲"字形积石墓；被盗
素面匜（LXM6X：13）	6.8，通高10.3	12×10.2		9.1×7.6	失盖；素面无纹		甲Bd	四期前段	战国早期	1995年临淄区相家庄	23.2×21.8（口）21.1×20.2（底）	一棺一椁	盖鼎1、鬲1、方豆2、莲花盖豆2、盘豆1、敦2、匜3、壶1、盘2、匜1、罍2、罐1、尊1	《临淄齐墓》第一集，文物出版社，2007	器物失盖；"甲"字形积石墓；被盗
素面匜（M10：28）	12.5			盖饰三环纽		甲Bd	四期前段	战国早期	1973年长岛王沟村	7.4×6.8	一棺双椁	鼎1、豆2、壶2、匜3、敦2、鉴1	《考古学报》1993.1	有墓道；有腰坑殉狗

续表

名称	通高/厘米	口径/厘米	腹径/厘米	底径/厘米	纹饰	铭文	型式	期别	时代	出土时间地点	墓室面长/平方米	棺椁	共存青铜容器	资料来源	备注
匜	9.5				盖饰三环纽		甲Bd	四期前段	战国早期	1973年长岛王沟村				《考古学报》1993.1	系王沟墓地出土,现藏长岛县博物馆
有盖匜 (M1:37)	10	16			盖饰一环纽		甲Bd	四期前段	战国中期	1990年章丘女郎山	13.15×12.58（口？）	一棺双椁	鼎5、豆4、盖豆6、壶4、提梁壶1、盘2、勺1、匜4、敦2	《济青高速公路考古发掘报告集》,齐鲁书社,1993	"甲"字形土坑竖穴墓;有器物库;二层台上有5座陪葬墓
有盖匜 (M1:38)	13.2	17.2			盖饰三环纽		甲Bd	四期前段	战国早期	1990年章丘女郎山	13.15×12.58（口？）	一棺双椁	鼎5、豆4、盖豆6、壶4、提梁壶1、盘2、勺1、匜4、敦2	《济青高速公路考古发掘报告集》,齐鲁书社,1993	"甲"字形土坑竖穴墓;有器物库;二层台上有5座陪葬墓

续表

名称	通高/厘米	口径/厘米	腹径/厘米	底径/厘米	纹饰	铭文	型式	期别	时代	出土时间地点	墓室面积/平方米	棺椁	共存青铜容器	资料来源	备注
瓦纹有盖匜(M16:35B)	16.5		22×19.5		耳饰瓦纹、盖饰鸟首环纽		甲Bd	四期前段	战国早期	1977年长清县岗辛大队	46.8×34.8（地下部分）47×38.4（地下部分）	不明	实用器：鼎4、豆4、壶2、匜1、明器：鼎1、钫2、匜1、盒形器1、铝制明器：鼎1、钫1、壶1、盘1、罐1、盒形器2	《考古》1980.4	积石墓。出土时附着丝麻织物
有盖匜					盖饰四环纽		甲Bd	四期前段	战国早期	1960年平度东岳石村	3.3×3	一棺一椁	鼎1、敦2、提梁壶1、盘1	《考古》1962.10	
有盖匜	14	10.3×16.1			素面无纹		甲Bd	四期前段	战国早期	1966年临淄东申桥村			敦2、匜2	《考古》1985.4	出土于一个圆形的坑，坑底径2，深1.5米。同出土的有2敦
有盖匜	12.5	15×12.6			素面无纹		甲Bd	四期前段	战国早期	1966年临淄东申桥村			敦2、匜2	《考古》1985.4	

续表

名称	通高/厘米	口径/厘米	腹径/厘米	底径/厘米	纹饰	铭文	型式	期段	时代	出土时间地点	墓室面积/平方米	棺椁	共存青铜容器	资料来源	备注
有盖匜（M1:7）	8.8	9.2			盖上三环纽		甲Bd	四期前段	战国早期	1973年烟台金沟寨村	2.5×2	一棺一椁	敦2、匜1	《考古》2003.3	器残、无图片无尺寸
有盖匜（M1:7）				6	盖附有小环纽1个		甲Bd	二期	战国早期	1980年怀来甘子堡			鼎1、豆1、罍1、甑1、匜1、盘1	《文物春秋》1993.2	系非科学发掘
四足匜（M2:5）	7.8	16.2×12.3			耳饰兽首，足根部饰兽面		乙AⅡ	三期前段	战国早期	1988年新郑新禹公路	3.2×2.45（口）	一棺一椁	鼎1、敦1、匜1、盘1	《考古》1994.5	从制作工艺看属明器
四足匜（M13:5）	7.2		14.7×10.7		耳饰兽首；足饰兽面		乙AⅡ	三期前段	战国早期	1988年新郑新禹公路	3.52×2.88	一棺一椁	鼎1、敦1、匜1、盘1	《考古》1994.5	墓室被盗；匜内放三个圆陶片，蹄足内嵌有范模；从制作工艺看属明器
四足匜（M1:3）	7.2	15.6×12			耳饰兽首，足饰兽面纹		乙AⅡ	三期前段	战国早期	1988年新郑新禹公路			鼎1、敦1、匜1、盘1	《考古》1994.5	墓室被破坏；从制作工艺看属明器

续表

名称	通高/厘米	口径/厘米	腹径/厘米	底径/厘米	纹饰	铭文	型式	期别	时代	出土时间地点	墓室面积/平方米	棺椁	共存青铜容器	资料来源	备注
素面匜（M2∶8）	7	10.5×8			素面无纹			二期	战国早期	1980年新乐县中同村			鼎1、甗1、豆形器1、盖豆1、壶1、匜1、勺1	《文物》1985.6	发掘单位：河北省文物研究所
花叶纹圈足匜	6.7、6（腹深）	11.7×13.7		7.5×5.5（圈足）	耳饰贝纹、绹索纹、腹饰上下两周长方形花纹，每组纹饰外圈由绹索纹组成圆带、四纹花叶，并有圆点补地		丙AaⅡ	三期前段	战国早期	1975年屯留武家沟	3.7×2.5	一棺一椁	鼎1、豆1、壶2、匜1	《考古》1983.3	

续表

名称	通高/厘米	口径/厘米	腹径/厘米	底径/厘米	纹饰	铭文	型式	期别	时代	出土时间地点	墓室面积/平方米	棺椁	共存青铜容器	资料来源	备注
云纹圈足匜（M3:4）	7.4	15.6×12.9			颈、腹饰"S"形云纹，中部突起绹索纹一道，双耳饰重环纹，绹索纹，圈足饰绹索纹		丙 AaⅡ	二期后段	春秋晚期后段	1985年原平刘庄村	3.4×2.5	不明	豆2，壶1，匜1，匕1	《文物》1986.11	
云纹圈足匜（M2:6）	7	10.6（宽）			腹饰云纹，点纹作底		丙 AaⅡ	三期前段	战国早期	1973年长子羊圈沟	3.9×2.8	一棺一椁	鼎2，豆3，匜1，盘1，匜1	《考古学报》1984.4	发掘单位：山西省考古研究所
弦纹圈足匜（侯马东采:61）	6.4	13.4×11.6			腹饰凸弦纹一周		丙 AaⅡ	三期前段	战国早期					《晋都新田》，山西人民出版社，1996	系侯马东高塞地采集器
蟠螭纹圈足匜（4090:22）	6.2	13.1×11			腹饰蟠螭纹		丙 AaⅡ	三期前段	战国早期	1963~1987年侯马上马村	3.34×2.6（残、口）	双棺一椁	鼎2，豆2，匜1，盘1，匜1	《上马墓地》，文物出版社，1994	

续表

名称	通高/厘米	口径/厘米	腹径/厘米	底径/厘米	纹饰	铭文	型式	期别	时代	出土时间地点	墓室面积/平方米	棺椁	共存青铜容器	资料来源	备注
圈足匜（M2040：460）	6	12.4×10.2		8.4×6.9	素面无纹		丙 AaⅡ	三期前段	战国早期	1956~1958年河南陕县	7×5.7（口）6.9×5.9（底）	双棺一椁	鼎17、鼎钩10、鬲3、甑1、豆10、簋2、壶5、敦2、匜2、匕2、勺5、盘3、鉴1、匜2、4	《陕县东周秦汉墓》，科学出版社，1994	底部有铸补孔5处
蟠螭纹匜（M2048：9）	6.7				腹饰小方格蟠螭纹		丙 AaⅡ	三期前段	战国早期	1956~1958年河南陕县	4.5×2.8（口）4.5×2.8（底）	双棺一椁	鼎2、鬲1、敦2、壶1、盘1、匜1、鉴1	《陕县东周秦汉墓》，科学出版社，1994	
圈匜（97SLM01：5）	6.3	14×11.2			素面无纹		丙 AaⅡ	二期	战国早期	1997年涉县李家巷	不明	不明	鼎2、匜1、罐1	《文物》2005.6	墓葬被破坏
圈足匜（M7：105）	7	16.1			素面无纹		丙 AaⅢ	三期前段	战国早期	1983年潞城潞河村	6×5.5（口）6.4×5.7（底）	双棺一椁	鼎13、豆8、甑1、簋2、壶2、罍2、匜2、罐1、鉴4、盏1、盘3、匜1、炭篓1、勺2	《文物》1986.6	鉴内放置鼎、豆、甑、匜；匜铜质差

续表

名称	通高/厘米	口径/厘米	腹径/厘米	底径/厘米	纹饰	铭文	型式	期别	时代	出土时间地点	墓室面积/平方米	棺椁	共存青铜容器	资料来源	备注
错金蟠螭纹圈足匜（M126）	7	16×11			颈与圈足饰错金斜角云纹，腹饰错金蟠螭纹两组		丙 AaⅢ	三期前段	战国早期	1965年长治分水岭	8.4×6.7（口）7.32×6.22（底）	一棺一椁	鼎2、豆3、甗3、鉴1、匜1、敦1、匕5	《文物》1972.4	
错金圈足匜（M12:15）							丙 AaⅢ	三期前段	战国早期	1954～1955年长治分水岭	8.9×8.06	一棺一椁	鼎5、簋2、甗1、钫2、敦2、壶2、匜2、盘1、匜1、鉴3		报告称簋，描述为椭圆形，应为匜
圈足匜（C1M7226:24）	6	11.3×13.8		9.3×6.6	素面无纹		丙 AaⅢ	三期前段	战国早期	2001～2002洛阳西工区		一棺一椁	鼎1、豆2、罍2、盘1、匜1、匜1	《考古与文物》2003.2	

续表

名称	通高/厘米	口径/厘米	腹径/厘米	底径/厘米	纹饰	铭文	型式	期别	时代	出土时间地点	墓室面积/平方米	棺椁	共存青铜容器	资料来源	备注
蟠螭纹圈足匜（M302：17）	7.7	14.2×10.4			颈饰三角形纹、圆点纹；上腹饰以涡纹衬托的蟠螭纹；耳饰叶纹和云雷纹	ᘁ	丙Ac	三期前段	战国早期	1979年新绛柳泉	12.7×10.5（口）9×7（底）	一棺一椁	方座豆1，匝1，盘1，鉴3（另有鼎足3，壶盖2）	《晋都新田》，山西人民出版社，1996	被盗
单耳匜（97LM470：12）	6.1	11.9			素面无纹		丙B	三期前段	战国早期	1996~1997年凯旋路南	3.6×2.1（口）3.6×2.4（底）	一棺一椁	鼎1，豆1，匜1	《考古学报》2000.3	
有盖匜（M1：2）	12.8	20×15.6			盖饰四环纽		甲BcV	四期前段	战国晚期	2001年临淄赵家徐姚	11.4×9.8（口）7.7×7.4（底）	一棺一椁	鼎2，豆2，敦1，壶2，匜1，盘4，耳杯5，盒2，碗3，带流盒1，筮1，勺2	《考古》2005.1	"甲"字形墓，被盗，器物箱保存完好
蟠虺纹圈足匜（东柳泉采）	6.7、6（腹深）	12			上腹饰以圆点纹衬底的蟠虺纹		丙AaⅠ	三期前段	春秋晚期早段	1976年新绛东柳泉				《晋都新田》，山西人民出版社，1996	在属于柳泉墓地范围内的东柳泉采集

续表

名称	通高/厘米	口径/厘米	腹径/厘米	底径/厘米	纹饰	铭文	型式	期别	时代	出土时间地点	墓室面积/平方米	棺椁	共存青铜容器	资料来源	备注
蟠螭纹圈足匜（西柳泉采）	7.2、6.2（腹深）	12			上腹饰蟠螭纹，下腹饰垂叶纹		丙AaⅠ	三期前段	春秋晚期	1984年新绛西柳泉				《晋都新田》，山西人民出版社，1996	可能属于柳泉墓地范围内的西柳泉采集
圈足匜（M25）	6	16×13		13×9	素面无纹		丙AaⅢ	三期后段	战国晚期	1959～1961年长治分水岭	6.7×5.6（口）6.3×5.25（底）	一棺一椁	鼎6、豆2、壶2、舟3、鉴2、敦2、匜1、盘1、匕2	《考古》1964.3	与M12可能为对子墓
圈足匜（M11）							不清			1954～1955年长治分水岭		一棺一椁	鼎2、敦2、匜1、匜1		报告称簋。但描述为抹角长方形，应为匜。无图片
匜（M1022:6）							不清			1987～1988年临猗程村	4.2×2.8（口）4.46×3.04（底）	一棺一椁	鼎2、豆2、鬲1、匜1、盘1、匜1	《临猗程村》，中国大百科全书出版社，2003	残破过甚，中间方形，匜放于一处

续表

名称	通高/厘米	口径/厘米	腹径/厘米	底径/厘米	纹饰	铭文	型式	期别	时代	出土时间地点	墓室面积/平方米	棺椁	共存青铜容器	资料来源	备注
蟠螭纹匜	9.2				口沿下饰蟠螭纹		不清			1985年交口客底瓦村	4.5×2.95（口）墓底略小于墓口	一椁	鼎2、匜1	《三晋考古》，山西人民出版社，1994	无图片。发掘单位：山西省考古研究所
兽耳匜（M0001:50）	6.7	14			耳饰兽首		不清	不清		1987年临猗程村	4×3			《临猗程村》，中国大百科全书出版社，2003	墓葬受到破坏。器物未修复，无图
蟠螭纹圈足匜（M13:9）	7.7	14.2×13			腹饰蟠螭纹		不清			1979年闻喜邱家庄	4×2.7（口）3.65×2.5（底）	一椁双椁	鼎2、盖豆2、匜1、盘1	《考古与文物》1983.1	无图。发掘单位：运城地区博物馆、运城行署文化局
匜（M2047）							不清			1956~1958年河南陕县	3.46×2.45（口）4.29×2.85（底）	一椁一棺	鼎1、豆3、匜1、盘1	《陕县东周秦汉墓》，科学出版社，1994	报告中未详细描述

续表

名称	通高/厘米	口径/厘米	腹径/厘米	底径/厘米	纹饰	铭文	型式	期别	时代	出土时间地点	墓室面积/平方米	棺椁	共存青铜容器	资料来源	备注
卮（M2041）							不清			1956~1958年河南陕县	4.8×3.7（口）4.85×3.7（底）	双棺一椁	鼎4、甬2、甗1、簋2、豆4、壶2、卮1、盘1、鉴1、匜1	《陕县东周秦汉墓》，科学出版社，1994	报告中未详细描述
卮（M2115）							不清			1956~1958年河南陕县	4.33×3.48（底）	双棺一椁	鼎3、豆2、卮1、壶2、盘1、匜1	《陕县东周秦汉墓》，科学出版社，1994	报告中未详细描述
卮（M2124）							不清			1956~1958年河南陕县	5×4.2（口）4.45×3.8(底)	双棺一椁	鼎2、甑2、卮1、匕1、盘1、匜1	《陕县东周秦汉墓》，科学出版社，1994	报告中未详细描述
卮（M2142）							不清			1955~1958年河南陕县	4.46×3.9（口）4.46×3.66（底）	一棺一椁	鼎2、豆2、壶2、卮1、盘1、匜1	《陕县东周秦汉墓》，科学出版社，1994	报告中未详细描述
卮（M2149）							不清			1955~1958年河南陕县	4.25×3.32（口）4.1×3.15（底）	双棺一椁	鼎3、豆2、壶2、卮1、盘1、匜1	《陕县东周秦汉墓》，科学出版社，1994	报告中未详细描述

续表

名称	通高/厘米	口径/厘米	腹径/厘米	底径/厘米	纹饰	铭文	型式	期别	时代	出土时间地点	墓室面积/平方米	棺椁	共存青铜容器	资料来源	备注
匜 (M2155)							不清			1956~1958年河南陕县	4.6×3.4（口）4.06×2.9（底）	一棺一椁	鼎3、豆2、壶2、盘1	《陕县东周秦汉墓》，科学出版社，1994	报告中未详细描述
匜 (热M40)							不清			2003年新郑郑韩故城热电厂	3×1.5（口）	一椁	敦1、匜1	《郑韩故城兴弘花园与热电厂墓地》，文物出版社，2007	器物残，只有耳部
素面匜 (C1M7257:9)					素面无纹		不清			2001~2002年洛阳西工区	3.1×2	一棺一椁	鼎1、簋1、匜1	《考古与文物》2003.2	简报中未详细描述
兽耳匜 (M1:4)	7	16.5			耳饰兽首		不清			1976年新郑唐户	3.2×2	一棺一椁	盘1、簋1、匜2	《文物资料丛刊》(2)	
兽耳匜 (M1)	6.5	14.5			耳饰兽首		不清			1976年新郑唐户	3.2×2	一棺一椁	盘1、簋1、匜2	《文物资料丛刊》(2)	
匜	6.6	15.6								1976年蓬莱辛旺集					M2、M3都有出土。匜残破，无图片

续表

名称	通高/厘米	口径/厘米	腹径/厘米	底径/厘米	纹饰	铭文	型式	期别	时代	出土时间地点	墓室面积/平方米	棺椁	共存青铜容器	资料来源	备注
匜										1978年滕州城南薛故城			鼎11、簋6、鬲6、壶2、鸟形杯3、匜1、盉1、盘2、匜1、鉴1	《考古学报》1991.4	仅发掘器物箱，该件铜匜未详细介绍
匜										滕州薛故城	3.04×1.8（口）2.14×1.8（底）		匜1	《考古学报》1991.4	未修复
匜										1973年长岛王沟村	3.69×2.64		鼎1、匜1、敦1、壶1、匜1、鉴1	《考古学报》1993.1	墓葬破坏，系村民挖掘。未介绍
匜（M1001:127）										1987~1988年临淄淄程村	5.6×4.2（口）4.6×3.7（底）	一棺一椁	鼎5、豆2、甗1、簋1、方壶2、匜1、盘1、匜2、鉴1	《临淄淄程村》，中国大百科全书出版社，2003	出于M1001，未报道
素面匜（当阳ZM23）										1975~1979年当阳赵家湾子	3.26×1.78（口）2.6×0.94（底）	一棺一椁	鼎1、敦1、匜1	《当阳赵家湖楚墓》，文物出版社，1992	一层台阶。无图。无尺寸

附表六 传世铜卮统计表

器名	腹部周长	口长径	口短径	腹深	通高	重量	铭文	纹饰	类型	分期	出处	备注
云雷卮		四寸	三寸五分	二寸四分	二寸三分	六两		腹饰云雷纹，圈足饰弦纹	丙Aa	春秋晚期偏早	《古器具名》卷上·15	
蔡太史卮		12.5厘米	8.5厘米		9厘米		唯正月初吉王午蔡太史秦作其卮永保用	耳部饰兽首，腹饰绹索纹	甲BbⅡ	春秋中期偏晚	《江汉考古》1983.2	
两耳卮	一尺三寸八分	三寸六分	三寸	二寸一分	二寸三分			腹饰云雷纹，垂叶纹；耳饰兽首	甲BbⅡ	春秋中期偏晚	《考古图》卷10·11	原书称杯
周素卮	一尺五寸	四寸一分	三寸三分	二寸四分	二寸五分	十四两			甲BaⅡ	春秋中期偏早	《宁寿鉴古》6·29	原书称舟
汉牺首卮		四寸	三寸二分	二寸五分	三寸六分	二十八两		耳饰兽首	甲BaⅡ	春秋中期偏早	《宁寿鉴古》11·13	
周卮	一尺七寸	五寸五分	四寸一分	二寸二分	二寸三分	二十两			甲BbⅡ	春秋中期偏晚	《宁寿鉴古》6·26	原书称舟
周卮	一尺六寸六分	五寸四分	四寸	二寸一分	二寸三分	十三两			甲BbⅡ	春秋中期偏晚	《宁寿鉴古》6·27	原书称舟
周卮	一尺七寸五分	五寸七分	四寸四分	二寸四分	二寸五分	二十四两			甲BbⅡ	春秋中期偏晚	《宁寿鉴古》6·28	原书称舟

・212・　中国古代青铜器整理与研究・青铜匜卷

续表

器名	腹部周长	口长径	口短径	腹深	通高	重量	铭文	纹饰	类型	分期	出处	备注
蟠螭匜	一尺三寸五分	四寸五分	三寸五分	二寸二分	二寸五分	二一八两		腹饰蟠螭纹	甲BbⅡ	春秋中期偏晚	《宁寿鉴古》卷6:25	原书称舟
雷纹匜	一尺三寸五分	四寸二分	三寸四分	二寸二分	二寸五分	十六两		腹饰雷纹	甲BbⅡ	春秋中期偏晚	《宁寿鉴古》卷6:23	原书称舟
雷纹匜	一尺三寸六分	四寸	三寸	二寸五分	二寸六分	十一两		腹饰雷纹	丙Aa	春秋晚期偏早	《宁寿鉴古》卷6:24	原书称舟
周雷纹匜	一尺三寸六分	四寸二分	三寸四分	二寸二分	二寸五分	十六两		腹饰雷纹	甲BaⅡ	春秋中期偏晚	《求古精舍金石图》卷1:20	原书称舟
周雷纹匜	一尺三寸五分	四寸	三寸五分	二寸四分	二寸七分	十八两		腹饰云雷纹、垂叶纹	丙Aa	春秋晚期偏早	《求古精舍金石图》卷1:19	原书称舟
周蟠螭匜	一尺三寸三分	三寸九分	三寸二分	二寸八分	二寸四分	十四两		腹饰蟠螭纹	丙Aa	春秋晚期偏早	《求古精舍金石图》卷1:18	原书称舟
汉匜(素面)		七寸八分	五寸八分又十分分之七	三寸一分	三寸二分又十分分之八	十九两五钱			甲BbⅡ	春秋中期偏晚	《求古精舍金石图》卷1:17	
象鼻纹匜		14厘米	10厘米		10.6厘米			腹饰垂叶象鼻纹	甲AbⅠ	春秋早期偏晚	《颂斋吉金图录》,《殷周青铜器通论》	

续表

器名	腹部周长	口长径	口短径	腹深	通高	重量	铭文	纹饰	类型	分期	出处	备注
周素匜	九寸五分	三寸三分	二寸二分	一寸八分	一寸九分	十一两			甲Ac	春秋晚期偏早	《西清古鉴》卷14·31	原书称舟
雷纹匜	一尺二寸五分	四寸二分	三寸五分	二寸	二寸一分	八两		腹饰云雷纹	丙A	春秋晚期	《西清古鉴》卷14·33	原书称舟
斜纹匜	一尺三寸八分	四寸七分	三寸五分	二寸二分	二寸五分	二十两		腹饰菱格纹	丙A		《西清古鉴》卷14·34	原书称舟
兽耳匜	一尺七寸	五寸六分	四寸一分	一寸九分	二寸二分	十六两		盖饰镂空捉手，耳附兽耳，兽首蹄足	乙AⅠ		《西清续鉴甲编》卷8·1	
云纹匜	一尺四寸	四寸八分	四寸一分	二寸	二寸二分	十三两		腹饰云雷纹	甲BbⅡ		《西清续鉴甲编》卷8·2	
素面匜	一尺六寸	五寸四分	四寸一分	二寸二分	三寸二分	二十三两			甲BbⅥ		《西清续鉴甲编》卷8·3	
素面匜	一尺八寸	六寸	四寸二分	二寸七分	三寸	二十两			甲BbⅡ		《西清续鉴甲编》卷8·4	
素面匜	一尺七寸五分	五寸六分	四寸三分	二寸一分	二寸二分	十四两			甲BbⅡ		《西清续鉴甲编》卷8·5	
汉素匜	一尺	三寸一分	二寸七分	一寸九分	二寸	五两			甲Bd	战国早期	《西清续鉴乙编》卷12·16	

续表

器名	腹部周长	口长径	口短径	腹深	通高	重量	铭文	纹饰	类型	分期	出处	备注
素面匜	一尺	三寸一分	二寸七分	一寸九分	二寸	五两				春秋晚期	《西清续鉴乙编》卷12:15	
周孔匜	一尺五寸五分	五寸	四寸	二寸一分	三寸七分	十八两		腹饰乳钉纹	乙AⅠ	春秋中期偏晚	《西清续鉴乙编》卷8:1	原书称舟
夔纹匜	一尺一寸	三寸九分	三寸	一寸七分	二寸五分	二十二两		腹饰夔龙纹、瓦纹，耳部和足部钩饰兽首	乙AⅠ	春秋中期偏晚	《西清续鉴乙编》卷8:3	原书称舟
鸟首人形足匜		19.5厘米	14.5厘米		13.5厘米	1.6公斤		盖顶饰蛟龙组成的镂空形捉手，耳饰兽首，足饰鸟首人形纹饰	乙AaⅠ	春秋晚期偏晚	《夏商周青铜器研究》图564, 312页	原书称敦
刻纹宴乐图匜		18.4厘米	14.9厘米		6.2厘米	0.3公斤		匜内外壁皆刻画宴乐图	甲BcⅤ	战国晚期	《夏商周青铜器研究》图613, 411~414页	原书称杯
两耳匜		七寸一分	五寸	二寸八分	四寸			耳饰兽首；足饰兽首；盖饰圈状捉手	乙AaⅠ	春秋晚期偏晚	《续考古图》卷5:4	原书称杯
汉蝉纹匜		三寸九分	三寸一分	二寸四分	二寸五分	十二两半		腹饰雷纹，垂叶纹	甲BaⅡ	春秋中期偏早	《宣和博古图录》卷16:4	

续表

器名	腹部周长	口长径	口短径	腹深	通高	重量	铭文	纹饰	类型	分期	出处	备注
汉云雷纹匜		四寸	三寸五分	二寸三分	二寸四分	六两		腹饰云雷纹	丙Aa	春秋晚期偏早	《宣和博古图录》卷16-5	
汉螭首匜		三寸七分	一寸八分	二寸一分	二寸二分	七两		腹饰云雷纹，垂叶纹；耳饰兽首	甲BbⅡ	春秋中期偏晚	《宣和博古图录》卷16-6	
蟠螭纹匜		14.9厘米						耳饰兽首，腹饰蟠螭纹，三角雷纹	甲BbⅡ	春秋中期偏晚	《殷周青铜器通论》	

参考文献

一、历史文献

［1］　（汉）司马迁. 史记［M］. 北京：中华书局，1982.

［2］　（汉）许慎. 说文解字［M］. 北京：中华书局，1963.

［3］　（汉）班固. 汉书［M］. 北京：中华书局，1962.

［4］　（清）孙诒让. 周礼正义［M］. 北京：中华书局，1996.

［5］　（清）孙希旦. 礼记集解［M］. 北京：中华书局，1989.

［6］　（清）王先慎. 韩非子集解［M］. 北京：中华书局，2003.

［7］　周秉钧. 尚书易解［M］. 长沙：岳麓书社，1984.

［8］　何宁. 淮南子集释［M］. 北京：中华书局，1998.

［9］　杨伯峻. 春秋左传注［M］. 北京：中华书局，2005.

［10］　程俊英. 诗经译注［M］. 上海：上海古籍出版社，2006.

二、著　录

［1］　（宋）吕大临. 考古图［M］. 清乾隆四十六年四库全书文渊阁书录钱曾影钞宋刻本. 北京：中华书局，1987.

［2］　（宋）赵九成. 续考古图［M］. 清乾隆四十六年四库全书文渊阁书录钱曾影钞宋刻本. 北京：中华书局，1987.

［3］　（宋）王黼. 宣和博古图录［M］. 清乾隆十八年天都黄晟亦政堂修补明万历二十八年吴万化宝古堂刻本.

［4］　（宋）薛尚功. 历代钟鼎彝器款识法帖［M］. 民国二十四年海城于省吾影印明崇祯六年朱谋垔刻本.

［5］　（宋）王俅. 啸堂集古录［M］. 涵芬楼影印，1922.

［6］　（明）胡文焕. 古器具名［M］. 明万历自刻本.

［7］　（清）梁诗正. 西清古鉴［M］. 清乾隆二十年内府刻本.

［8］　（清）王杰. 西清古鉴甲编［M］. 清宣统三年涵芬楼石印宁寿宫写本影印本. 乾隆五十八年.

[9]　（清）王杰. 西清古鉴乙编［M］. 民国二十年北平古物陈列所依宝蕴楼钞本石印本.

[10]　（清）王杰. 宁寿鉴古［M］. 民国二年涵芬楼依宁寿宫写本石印本. 民国二年（1913年）.

[11]　端方. 陶斋吉金录［M］. 清光绪三十四年石印本.

[12]　靳云鹗. 郑冢出土古器图志初编［M］. 1923年影印本.

[13]　容庚. 颂斋吉金图录［M］. 北京：燕京大学考古学社，1933.

[14]　关百益. 郑冢古器图考［M］. 北京：中华书局，1940.

[15]　容庚. 商周彝器通考［M］. 北京：中华书局，2012.

[16]　郭沫若. 两周金文辞大系图录考释［M］. 北京：科学出版社，1958.

[17]　罗振玉. 三代吉金文存［M］. 北京：中华书局. 1983.

[18]　中国社会科学院考古研究所. 殷周金文集成［M］. 北京：中华书局，1988.

[19]　中国青铜器全集编辑委员会. 中国青铜器全集［M］. 北京：文物出版社. 1997.

[20]　刘庆柱，段志洪，冯时. 金文文献集成［M］. 香港：香港明石文化国际出版有限公司. 2004.

三、专　著

[1]　郭宝钧. 商周铜器群综合研究［M］. 北京：文物出版社，1981.

[2]　容庚，张维持. 殷周青铜器通论［M］. 北京：文物出版社，1984.

[3]　李学勤. 东周与秦代文明［M］. 上海：上海人民出版社，2007.

[4]　马承源. 中国青铜器［M］. 上海：上海古籍出版社，1988.

[5]　王中翰. 中国民族史［M］. 北京：中国社会科学出版社，1994.

[6]　朱凤瀚. 古代中国青铜器［M］. 天津：南开大学出版社，1995.

[7]　刘彬徽. 楚系青铜器研究［M］. 武汉：湖北教育出版社. 1995.

[8]　郭沫若. 十批判书［M］. 北京：东方出版社，1996.

[9]　李伯谦. 中国青铜器文化结构体系研究［M］. 北京：科学出版社. 1998.

[10]　印群. 黄河中下游地区的东周墓葬制度［M］. 北京：社会科学文献出版社，2001.

[11]　王青. 海岱地区周代墓葬研究［M］. 济南：山东大学出版社，2002.

[12]　张辛. 中原地区东周陶器墓葬研究［M］. 北京：科学出版社. 2002.

[13]　中国社会科学院考古研究所. 中国考古学·夏商卷、两周卷［M］. 北京：中国社会科学出版社. 2004.

[14]　陈佩芬. 夏商周青铜器研究 [M]. 上海：上海古籍出版社，2004.
[15]　赵瑞民. 晋系青铜器研究 [M]. 太原：山西人民出版社，2005.
[16]　张懋镕. 古文字与青铜器论集（第二辑）[M]. 北京：科学出版社，2006.
[17]　朱凤瀚. 中国青铜器综论 [M]. 上海：上海古籍出版社，2009.
[18]　孙机. 汉代物质文化资料图说 [M]. 上海：上海古籍出版社，2009.
[19]　谷朝旭. 中国古代青铜器整理与研究·青铜敦卷 [M]. 北京：科学出版社，2016.

四、论　　文

[1]　张颔，张万钟. 庚儿鼎解 [J]. 考古，1963（5）.
[2]　王振铎. 论汉代饮食器中的卮和魁 [J]. 文物，1964（4）.
[3]　竺可桢. 中国近五千年来气候变迁的初步研究 [J]. 考古学报，1972（1）.
[4]　齐文涛. 概述近年来山东出土的商周青铜器 [J]. 文物，1972（5）.
[5]　王振铎. 西汉计时器"铜漏"的发现及其有关问题 [J]. 中国历史博物馆馆刊，1980（00）.
[6]　张政烺. 哀成叔鼎释文 [C] //复旦大学出土文献与古文字研究中心. 古文字研究（第五辑）. 中华书局，1981.
[7]　高明　中原地区东周时代青铜礼器研究 [J]. 考古与文物，1981（2）.
[8]　李零. "楚叔之孙倗"究竟是谁 [J]. 中原文物，1981（4）.
[9]　王恩田. 关于齐国建国史的几个问题 [J]. 东岳论丛，1981（4）.
[10]　陈平. 试论关中秦墓青铜容器的分期问题 [J]. 考古与文物，1984（3）.
[11]　叶小燕. 中原地区战国墓初探 [J]. 考古，1985（2）.
[12]　刘翔. 说錍 [J]. 江汉考古，1987（2）.
[13]　李学勤. 非中原地区青铜器研究的几个问题 [J]. 东南文化. 1988（5）.
[14]　李学勤. 论擂鼓墩尊盘的性质 [J]. 江汉考古，1989（4）.
[15]　北京市文物研究所山戎文化考古队. 北京延庆军都山东周山戎部落墓地发掘纪略 [J]. 文物，1989（8）.
[16]　崔乐泉. 山东地区东周考古学文化序列 [J]. 华夏考古，1992（4）.
[17]　靳枫毅. 军都山戎文化墓地的发现及埋葬制度特征 [C] //北京文物与考古（第三辑）. 北京市文物研究所，1992.
[18]　王子今. 试谈秦汉筒形器 [J]. 文物季刊，1993（1）.
[19]　杜迺松. 东周时代齐鲁青铜器探索 [J]. 南方文物，1995（2）.
[20]　孙敬明，徐鹏志. 两周金文与莒史补 [J]. 齐鲁学刊，1995（4）.

［21］ 李零. 再论淅川下寺楚墓［J］. 文物, 1996（1）.
［22］ 刘彬徽. 山东地区青铜器研究［C］//中国考古学会. 中国考古学会第九次年会论文集. 文物出版社, 1997.
［23］ 王恩田. 东周齐国铜器的分期与年代［C］//中国考古学会. 中国考古学会第九次年会论文集. 文物出版社, 1997.
［24］ 邹衡. 论古代器物的型式分类［C］//邹衡. 夏商周考古学论文集（续集）. 科学出版社, 1998.
［25］ 杨善群. 莒国史诸问题探讨［J］. 学术月刊, 2001（4）.
［26］ 李水城. 权杖头——古丝绸之路早期文化交流的重要见证［J］. 中国社会科学院古代文明研究中心通讯, 2002（4）.
［27］ 刘延常. 莒文化探析［J］. 东南文化, 2002（7）.
［28］ 李学勤. 为青铜器厄正名［C］//香港中文大学中国语言及文学系. 第四届国际中国古文字学研讨会论文集. 信雅达印刷公司, 香港中文大学中国语言及文学系, 2003.
［29］ 杨建军. 三晋东周铜器墓初论［J］. 中原文物, 2005（3）.
［30］ 张懋镕. 试论中国古代青铜器器类之间的关系［C］//张懋镕. 古文字与青铜器论集（第二辑）. 文物出版社, 2006.
［31］ 田旭. 秦汉青铜容器研究［D］. 清华大学硕士学位论文, 2008.
［32］ 毕经纬. 山东出土东周青铜礼容器研究［D］. 陕西师范大学硕士学位论文, 2009.
［33］ 贾建威. 从甘肃出土文物看东西方文化交流［J］. 文博, 2010（3）.
［34］ 谷朝旭. 东周青铜敦研究［D］. 陕西师范大学硕士学位论文, 2010.
［35］ 穆玉敏. 中国历史博物馆国宝失踪第一案［J］. 档案春秋, 2010（8）.
［36］ 毕经纬. 铜鍪研究［J］. 考古学报, 2015（4）.
［37］ 吴伟华. 山东出土东周铜鍪及相关问题研究［J］. 考古, 2012（1）.

五、简报与报告

（一）山东

［1］ 山东省文物考古研究所等. 曲阜鲁国故城［R］. 济南: 齐鲁书社, 1982.
［2］ 山东省兖石铁路文物考古工作队. 临沂凤凰岭东周墓［R］. 济南: 齐鲁书社, 1987.
［3］ 山东神文物考古研究所. 大汶口续集: 大汶口遗址第二、三次发掘报告［R］. 北京: 科学出版社, 1997.

[4] 任相宏，张光明，刘德宝. 淄川考古［R］. 济南：齐鲁书社，2006.
[5] 山东省文物考古研究所. 临淄齐墓（第一集）［R］. 北京：文物出版社，2007.
[6] 山东省博物馆，临沂地区文物组，莒南县文化馆. 莒南大店春秋时期莒国殉人墓［J］. 考古学报，1978（3）.
[7] 孙善德. 青岛市郊出土一批东周青铜器［C］//文物编辑委员会. 文物资料丛刊（5）. 文物出版社，1981.
[8] 山东省博物馆，长清县文化馆. 山东长清岗辛战国墓［J］. 考古，1980（4）.
[9] 临朐县文化馆，潍坊地区文物管理委员会. 山东临朐发现齐、鄣、曾诸国铜器［J］. 文物，1983（12）.
[10] 山东省文物考古研究所，沂水县文物管理站. 山东沂水刘家店子春秋墓发掘简报［J］. 文物，1984（9）.
[11] 海阳县博物馆. 山东海阳嘴子前村春秋墓出土铜器［J］. 文物，1985（3）.
[12] 李剑，张龙海. 临淄出土的几件青铜器［J］. 考古，1985（4）.
[13] 张光明. 山东淄博南阳村发现一座周墓［J］. 考古，1986（4）.
[14] 马玺伦. 山东沂水发现一座西周墓葬［J］. 考古，1986（8）.
[15] 山东省惠民地区文物组，邹平县图书馆. 山东邹平县大省村东周墓［J］. 考古，1986（7）.
[16] 齐国故城遗址博物馆，临淄区文物管理所. 山东临淄齐国故城西周墓［J］. 考古，1988（1）.
[17] 栖霞县文物管理所. 山东栖霞县松山乡吕家埠西周墓［J］. 考古，1988（9）.
[18] 莱芜市图书馆，泰安市文物考古研究室. 山东莱芜戴鱼池战国墓［J］. 文物，1989（2）.
[19] 山东大学历史系考古专业，山东省新泰市文化局. 山东新泰郭家泉东周墓［J］. 考古学报，1989（4）.
[20] 山东大学历史文化学院考古系. 长清仙人台五号墓发掘简报［J］. 文物，1989（9）.
[21] 山东省文物考古研究所，齐城遗址博物馆. 临淄两醇墓地发掘简报［C］//张学海. 海岱考古（第一辑）. 济南：山东大学出版社. 1989.
[22] 惠民地区文物普查队，阳信县文化馆. 山东阳信城关镇西北村战国墓器物陪葬坑清理简报［J］. 考古，1990（3）.
[23] 淄博市博物馆. 山东淄博磁村发现四座春秋墓［J］. 考古，1991（6）.
[24] 山东省济宁市文物管理局. 薛国故城勘查和墓葬发掘报告［J］. 考古学报，1991（4）.

［25］ 烟台市文物管理委员会，栖霞县文物事业管理处．山东栖霞县占田童乡杏家庄战国墓清理简报［J］．考古，1992（1）．
［26］ 烟台市文物管理委员会．山东长岛王沟东周墓群［J］．考古学报，1993（1）．
［27］ 济青公路考古队绣惠分队．章丘绣惠女郎山一号战国大墓发掘报告［C］//山东省文物考古研究所．济青高速公路章丘工段考古发掘报告集．济南：齐鲁书社，1993．
［28］ 济南市文化局文物处，历城区文化局．山东济南市左家洼出土战国青铜器［J］．考古，1995（3）．
［29］ 烟台市文物管理委员会，海阳县博物馆．山东海阳县嘴子前春秋墓的发掘［J］．考古，1996（9）．
［30］ 淄博市博物馆．山东临淄商王村一号战国墓发掘简报［J］．文物，1997（6）．
［31］ 莒县博物馆．山东莒县西大庄西周墓葬［J］．考古，1999（7）．
［32］ 林宏．山东泰安市黄花岭村出土青铜器［J］．考古与文物，2000（4）．
［33］ 滕州市博物馆．山东滕州庄里西战国墓［J］．文物，2002（6）．
［34］ 淄博市临淄区文化局．山东淄博市临淄区赵家徐姚战国墓［J］．考古，2005（1）．
［35］ 山东省潍坊市博物馆，山东省昌乐县文管所．山东昌乐岳家河周墓［J］．考古学报，1990（1）．
［36］ 临淄区文物局．山东淄博市临淄区辛店二号战国墓［J］．考古，2013（1）．
［37］ 淄博市临淄区文物局．山东淄博市临淄区孙家徐姚战国墓地［J］．考古，2011（10）．
［38］ 章丘市博物馆．章丘市呆家村战国墓葬［C］//山东省文物考古研究所．海岱考古（第四辑）．北京：科学出版社，2011．
［39］ 山东省文物考古研究所，淄博市文物局：山东淄博隽山战国墓发掘简报［C］//山东省文物考古研究所．海岱考古（第四辑）．北京：科学出版社，2011．
［40］ 山东省文物考古研究所．临淄齐故城［R］．北京：文物出版社，2013．
［41］ 山东省文物考古研究所，新泰市博物馆．新泰周家庄东周墓地［R］．北京：文物出版社，2014．

（二）山西

［1］ 山西省考古研究所．上马墓地［R］．北京：文物出版社，1994．
［2］ 山西省考古研究所等．太原晋国赵卿墓［R］．北京：文物出版社，1996．
［3］ 山西省考古研究所侯马工作站．晋都新田［R］．太原：山西人民出版社，1996．

[4] 中国社会科学院考古研究所，山西省考古研究所，运城市文物局，等．临猗程村墓地［R］．北京：中国大百科全书出版社，2003．

[5] 山西省文物管理委员会侯马工作站．山西侯马上马村东周墓葬［J］．考古，1963（5）．

[6] 山西省文物管理委员会，山西省考古研究所．山西长治分水岭战国墓第二次发掘［J］．考古，1964（3）．

[7] 边成修．山西长治分水岭126号墓发掘简报［J］．文物，1972（4）．

[8] 戴遵德．原平峙峪出土的东周铜器［J］．文物，1972（4）．

[9] 山西省文物工作委员会晋东南工作组，山西省长治市博物馆．长治分水岭269、270号东周墓［J］．考古学报，1974（2）．

[10] 长治市博物馆．山西屯留武家沟出土战国铜器［J］．考古，1983（3）．

[11] 山西省考古研究所．山西长子县东周墓［J］．考古学报，1984（4）．

[12] 山西省考古研究所，山西省晋东南地区文化局．山西省潞城县潞河战国墓［J］．文物，1986（6）．

[13] 山西忻州地区文物管理处．原平县刘庄塔岗梁东周墓［J］．文物，1986（11）．

[14] 山西省考古研究等．山西灵石旌介村商墓［J］．文物，1986（11）．

[15] 山西省考古研究所．山西芮城东周墓［J］．文物，1987（12）．

[16] 山西省考古研究所．1976年闻喜上郭村周代墓葬清理记［C］//山西省考古研究所．三晋考古（第一辑）．山西人民出版社，1994

[17] 山西省考古研究所．万荣庙前东周墓葬发掘收获［C］//山西省考古研究所．三晋考古（第一辑）．山西人民出版社，1994．

[18] 山西省考古研究所侯马工作站．侯马牛村古城南墓葬发掘报告［C］//山西省考古研究所侯马工作站．晋都新田．山西人民出版社，1996．

[19] 山西省考古研究所侯马工作站．新绛柳泉墓地调查发掘报告［C］//山西省考古研究所侯马工作站．晋都新田．山西人民出版社，1996．

[20] 北京大学考古文博学院，山西省考古研究所．天马—曲村遗址北赵晋侯墓地第六次发掘［J］．文物，2001（8）．

[21] 山西省考古研究所，山西省博物馆，长治市博物馆．长治分水岭东周墓地［M］．北京：文物出版社，2010．

（三）河南

[1] 郭宝钧．山彪镇与琉璃阁［R］．北京：科学出版社，1959．

[2] 中国科学院考古研究所．洛阳中州路（西工段）［R］．北京：科学出版社，1959．

[3] 河南省文物研究所，河南省淡江水库地区考古队，淅川县博物馆．淅川下寺

春秋楚墓[R]. 北京：文物出版社，1991.

[4] 中国社会科学院考古研究所. 陕县东周秦汉墓[R]. 北京：科学出版社，1994.

[5] 河南省文物研究所，三门峡市文物工作队. 三门峡虢国墓（第一卷）（上、下）[R]. 北京：文物出版社，1999.

[6] 河南博物馆，台北"历史博物馆". 辉县琉璃阁甲乙二墓[R]. 郑州：大象出版社，2003.

[7] 河南省文物考古研究所. 郑韩故城兴弘花园与热电厂墓地[R]. 北京：文物出版社，2007.

[8] 信阳地区文管会，潢川县文化馆. 河南潢川县发现黄国和蔡国铜器[J]. 文物，1980（1）.

[9] 驻马店地区文管会，泌阳县文教局. 河南泌阳秦墓[J]. 文物，1980（9）.

[10] 固始侯古堆一号墓发掘组. 河南固始侯古堆一号墓发掘简报[J]. 文物，1981（1）.

[11] 信阳地区文管会，信阳市文化局. 信阳市平桥西三号春秋墓发掘简报[J]. 中原文物，1981（4）.

[12] 信阳地区文管会，罗山县文化馆. 罗山县高店公社又发现一批春秋时期青铜器[J]. 中原文物，1981（4）.

[13] 洛阳博物馆. 洛阳哀成叔墓清理简报[J]. 文物1981（7）.

[14] 郑州市博物馆. 尉氏出土一批春秋时期铜器[J]. 中原文物. 1982（4）.

[15] 信阳地区文管会等. 春秋早期黄君孟夫妇墓发掘报告[J]. 考古，1984（4）.

[16] 中国社会科学院考古研究所洛阳唐城队. 1983洛阳西工区墓葬发掘简报[J]. 考古. 1985（6）.

[17] 赵清，王文华，刘松根. 河南新郑郑禹公路战国墓发掘简报[J]. 考古，1994（5）.

[18] 中国社会科学院考古研究所洛阳唐城队. 河南洛阳市中州路北东周墓葬的清理[J]. 考古，2002（1）.

[19] 洛阳市文物工作队. 洛阳市西工区几座春秋墓的清理[J]. 考古与文物，2003（2）.

[20] 中国社会科学院考古研究所洛阳唐城工作队. 洛阳凯旋路南东周墓发掘报告 考古学报，2000（3）.

[21] 洛阳市文物工作队. 洛阳解放路战国陪葬坑发掘报告[J]. 考古学报，2002（3）.

[22] 郑州市文物考古研究院等. 新郑铁岭墓地M429发掘简报[J]. 中原文物，

2010（1）.

[23] 郑州市文物考古研究院等. 新郑铁岭墓地M550发掘简报［J］. 中原文物，2010（5）.

[24] 陈公柔. 河南禹县白沙的战国墓葬［J］. 考古学报，1954（2）.

[25] 郑州大学历史学院考古系，河南省文物局南水北调文物保护办公室. 河南荥阳市官庄遗址春秋墓葬发掘简报［J］. 华夏考古，2012（1）.

[26] 河南博物院，台北"历史博物馆". 新郑郑公大墓青铜器［R］. 郑州：大象出版社，2001.

[27] 洛阳市文物工作队. 洛阳王城广场东周墓［R］. 北京：文物出版社，2009.

[28] 洛阳市文物工作队. 洛阳体育场路西东周墓发掘报告［R］. 北京：文物出版社，2011.

（四）河北

[1] 河北省文物研究所. 战国中山国灵寿城——1975～1993年发掘报告［R］. 北京：文物出版社，2005.

[2] 北京市文物研究所. 军都山墓地：玉皇庙（一）—（四）［R］. 北京：文物出版社，2007.

[3] 河北省文化局文化工作队. 河北邯郸百家村战国墓［J］. 考古，1962（12）.

[4] 河北省文物研究所. 河北新乐中同村发现战国墓［J］. 文物，1985（6）.

[5] 文启明. 河北灵寿县西岔头村战国墓［J］. 文物，1986（6）.

[6] 贺勇，刘建中. 河北怀来甘子堡发现的春秋墓群［J］. 文物春秋，1993（2）.

[7] 北京市文物研究所. 龙庆峡别墅工程中发现的春秋时期墓葬［C］//北京市文物研究所. 北京文物与考古（第四辑），1994.

[8] 河北省文物研究所. 行唐县庙上村、黄龙岗出土的战国青铜器［C］//河北省文物研究所. 河北省考古文集. 东方出版社，1998.

[9] 陈信. 河北涿鹿县发现春秋晚期墓葬［J］. 文物春秋，1999（6）.

[10] 胡金华，冀艳坤. 河北唐县钓鱼台积石墓出土文物整理简报［J］. 中原文物，2007（6）.

[11] 邯郸市文物保护研究所，涉县文物保管所. 河北涉县李家巷春秋战国墓发掘报告［J］. 文物，2005（6）.

（五）湖北和安徽

[1] 安徽省文物管理委员会等. 寿县蔡侯墓出土遗物［R］. 北京：科学出版社，1956.

[2] 湖北省博物馆．随县曾侯乙墓［R］．北京：文物出版社，1980．

[3] 湖北省荆州地区博物馆．江陵马山一号楚墓［R］．北京：文物出版社，1985．

[4] 河南省文物研究所．信阳楚墓［R］．北京：文物出版社，1986．

[5] 湖北省荆沙铁路考古队．包山楚墓［R］．北京：文物出版社，1991．

[6] 湖北省宜昌地区博物馆，北京大学考古系．当阳赵家湖楚墓［R］．北京：文物出版社，1992．

[7] 湖北省文物考古研究所．江陵望山沙冢楚墓［R］．北京：文物出版社，1996．

[8] 荆州地区博物馆．湖北江陵藤店一号墓发掘简报［J］．文物，1973（9）．

[9] 安徽省文物工作队，阜阳地区博物馆，阜阳县文化局．阜阳双古堆西汉汝阴侯墓发掘简报［J］．文物，1978（8）．

[10] 湖北省荆州地区博物馆．江陵天星观1号楚墓［J］．考古学报，1982（1）．

[11] 湖北省宜昌地区文物工作队．当阳金家山九号春秋墓［J］．文物，1982（4）．

[12] 武汉市文物商店．武汉市收集的几件重要的东周青铜器［J］．江汉考古，1983（2）．

[13] 湖北省博物馆江陵工作站．江陵溪峨山楚墓［J］．考古，1984（6）．

[14] 湖北省博物馆．1978年云梦秦汉墓发掘报告［J］．考古学报，1986（4）．

[15] 湖北省宜昌地区博物馆．当阳曹家岗5号楚墓［J］．考古学报，1988（4）．

[16] 湖北省宜昌地区博物馆．当阳金家山春秋楚墓发掘简报［J］．文物，1989（11）．

（六）其他地区

[1] 青海省文物管理委员会，中国科学院考古研究所青海队．青海都兰县诺木洪搭里他里哈遗址调查与试掘［J］．考古学报，1963（1）．

[2] 南京博物院．江苏盱眙东阳汉墓［J］．考古1979（5）．

[3] 苏州博物馆考古组．苏州城东北发现东周铜器［J］．文物，1980（8）．

[4] 浙江省文物管理委员会，浙江省文物考古所，绍兴地区文化局，等．绍兴306号战国墓发掘简报［J］．文物，1984（1）．

[5] 庞文龙，崔玫英．岐山王家村出土青铜器［J］．文博，1989（1）．

[6] 南京市博物馆，六合县文教局．江苏六合程桥东周三号墓［J］．东南文化，1991（1）．

六、工　具　书

[1] 张懋镕，张仲立．青铜器论文索引（1983 — 2001）［Z］．香港：香港明石文化国际出版有限公司．2005．